PRAXIS ideen

Schriftenreihe für Bewegung, Spiel und Sport

Bewegungskonzepte

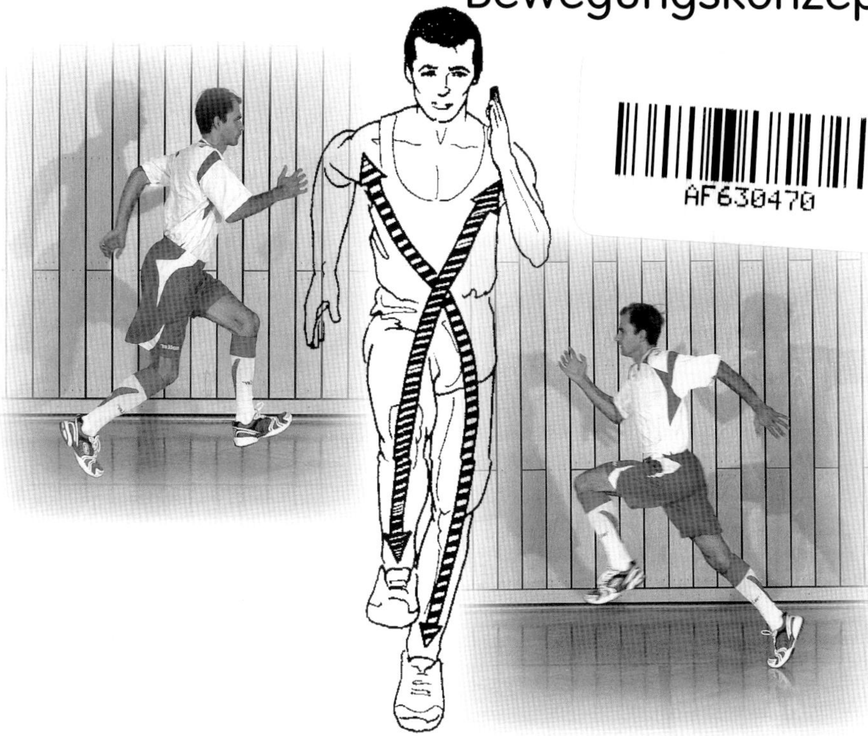

Schneller Sprinten und Laufen in allen Sportarten

Wolfgang Schöllhorn

unter Mitarbeit von Luis Mendoza, Peter Hurth und Erik Donner

hofmann.

Bibliografische Information der Deutschen Nationalbibliothek

Die Deutsche Nationalbibliothek verzeichnet diese Publikation in der Deutschen Nationalbibliografie; detaillierte bibliografische Daten sind im Internet über http://dnb.d-nb.de abrufbar.

Bestellnummer 0461

Fotos: Florian Stadler.

Erschienen als Band 46
der PRAXISIDEEN – Schriftenreihe für Bewegung, Spiel und Sport.

Grafik, Layout und Satz: consekwent, Konzepte für Print und Web.

Druck und Verarbeitung: Druckerei Djurcic, 73614 Schorndorf
Printed in Germany · ISBN 978-3-7780-0461-6

INHALT

Kapitel 1

Über Laufen und Sprinten

1 Über Laufen und Sprinten

Geschwindigkeit und Laufen nicht nur im Sport

Geschwindigkeit ist im Alltag und im Sport mit einer großen Faszination verbunden. Während im Alltag hohe Geschwindigkeiten mit ausgefeilten technischen Hilfsmitteln wie Zügen und Autos erzielt werden, ist der Sportler meist auf die Möglichkeiten seines eigenen Körpers angewiesen. Hierzu gehört neben dem Gehen sicher das Laufen, das sich immer größerer Beliebtheit erfreut. Oft laufen wir zum Ausgleich für einen gestressten Alltag, oft um gesund zu bleiben, oft um noch weiter laufen zu können und nicht selten wird Laufen zur Philosophie. Für nahezu jede Motivation lassen sich zahlreiche Hinweise und Tipps finden, die meisten in Bezug auf eine Verbesserung des Stoffwechsels. In einer Zeit raschen Wandels und großer Mobilität gilt es dabei nicht nur das Laufen zu ökonomisieren, sondern auch die Zeit, in der dieses stattfinden soll, zu effektivieren. Geschwindigkeit bezieht sich also nicht nur auf Fortbewegung sondern auch auf die Zeit, die man benötigt, um sich diese Ökonomisierung anzueignen. Benötigen wir weniger Zeit für das gleiche Ziel, kann die gewonnene Zeit für andere Ziele genutzt oder das gleiche Ziel gesteigert werden. Sowohl für die Effektivierung der Lauftechnik als auch des Aneignungsprozess werden im vorliegenden Band Grundlagen und zahlreiche Hinweise geboten.

Effektives Laufen bringt in den meisten Sportarten Vorteile

Vor allem im Sport ist es von entscheidender Bedeutung schneller zu sein als andere. Wer schneller ist, kann seinem Gegner im Angriff davonlaufen, ist in der Abwehr vor seinem Gegner am Ball, erreicht im Tennis mehr Bälle und ist beim 100 m Lauf früher am Ziel. Die Entwicklung des Sports in den letzten Jahren weist eine generelle Zunahme der Spiel- und Laufgeschwindigkeiten auf. Neben der Zunahme der mittleren Laufgeschwindigkeit werden während eines Spiels auch längere Wegstrecken zurückgelegt. Wurden in den 60er Jahren im Fußball von einem Mittelfeldspieler noch durchschnittlich 5 km zurückgelegt, so werden heute bis zu 11 km pro Spiel erzielt (Palvai, 1973; Ekblom, 1986). Hierbei werden nicht nur mehr Kilometer zurückgelegt, sondern auch mehr Strecken in höherem Tempo (Ekblom, 1986). Oft entscheiden die Laufgeschwindigkeiten auch über die Zugehörigkeit zu unterschiedlichen Spielklassen. So werden die Fast-Breaks in der NBA deutlich schneller abgeschlossen als in irgendeiner anderen Basketballliga der Welt und im Handball ist die Dauer des Ordnens in der Abwehr nach erfolglosen Angriffen in der höheren Ligen deutlich kürzer als in niedrigeren Klassen (Kuchenbecker & Zieschang, 1992).

Obwohl der Geschwindigkeit im Sport, und hier in erster Linie der Laufgeschwindigkeit, eine solch enorme Bedeutung zukommt, verwundert die lange Zeit sehr einseitigen Anstrengungen zu deren Steigerung durch Kraft. Vor allem in Spielsportarten die teilweise über mehrere Stunden (z. B. Tennis) gehen, sind übermäßige Kraftzuwächse für die Gesamtleistung eher hinderlich, da sie meist auch mit einer Gewichtszunahme verbunden sind. Vergleicht man zusätzlich in nahezu allen Spielsportarten die Wege, die mit Ball (< 1%) zurückgelegt werden mit denen ohne Ball (> 99%), so überrascht auch der vergleichsweise geringe prozentuale Anteil des Trainingsaufwands für die spezielle Verbesserung der Laufgeschwindigkeit durch Koordinationstraining.

Dabei führt eine verbesserte Lauftechnik nicht nur zur Steigerung der maximalen Laufgeschwindigkeit, sondern ermöglicht auch ein ökonomischeres Laufen bei geringeren Geschwindigkeiten. Die dabei eingesparte Energie steht dann vor allem gegen Spiel- oder Wettkampfende noch länger für kontrollierte Bewegungen zur Verfügung. Durch die länger kontrollierte Bewegung werden auch Ausweichbewegungen vermieden, wie sie oft bei Freizeitjoggern zu beobachten sind, d. h. durch eine funktionelle Lauf- und Sprinttechnik werden langfristig Fehlbelastungen und Verletzungen vorgebeugt.

Schnelleres Laufen nutzt in allen Spielsportarten

Die leistungssteigernde Wirkung von einfachen Koordinationsübungen auf die Sprintleistung wurde bereits vielfach gezeigt. Schon die Ergänzung des Trainings durch wenige Lauf-Koordinationsübungen zeigen deutliche Verbesserungen der Sprintleistungen im Handball, Hockey oder Fußball (Binz et al., 1987; Kuchenbecker et al., 1992; Mücke et al., 1992; Weber et al., 1992). Weiteres Training ohne sprintspezifische Koordinationsübungen führt jedoch wieder zu einer Verschlechterung der Sprintleistung (Mücke et al., 1992).

Wissenschaftlich fundiertes Lauftraining nutzt mehr

Zur Steigerung der Laufgeschwindigkeit und Ökonomisierung der Lauftechnik, werden jedoch leider noch allzu oft Koordinationsübungen durchgeführt, ohne deren eigentlichen Sinn und Wirkung zu kennen. Koordinationsschulung degeneriert nicht selten zu zeitaufwändiger Beschäftigungstherapie. Sehr häufig bilden eigene Sprint- und Lauferfahrungen sowie die subjektive Beobachtung anderer Athleten die einzige Grundlage für die Auswahl und Art der Übungen. Unbestritten sind auch bei dieser Vorgehensweise Erfolge zu erzielen. Da jedoch sowohl die eigene Erfahrung als auch die eigene Beobachtung äußerst subjektiv und dadurch oft durch Erwartungshaltungen geprägt sind, führt dies bei Anwendung auf einen Athleten mit anderer Bewegungserfahrung und anderen anatomischen Voraussetzungen oft nicht zum erhofften Ziel und meist noch zu unerwünschten Nebeneffekten.

Ausgehend von den funktionell-anatomischen und muskel-physiologischen Bedingungen des Menschen und biomechanischen Gesetzmäßigkeiten werden daher im zweiten Kapitel zunächst die Wechselwirkungen und Funktionsweisen der Bewegungselemente beim Sprint erläutert.

Einfache Anatomie, Physiologie und Biomechanik nutzen für effektiveres Laufen

Die theoretischen Grundlagen für das Erlernen solch komplexer Koordinationsabläufe wie der Sprintbewegung werden anhand von informations-theoretischen und neuro-physiologischen Organisationsprinzipien in Kapitel 3 diskutiert. Aus der Selbstorganisation und Plastizität des Gehirns werden grundlegende Regeln zum Erlernen von komplexen sensomotorischen Prozessen abgeleitet. Wichtigste Vorgehensweise ist dabei eine variable Trainingsgestaltung, die auch den engen Zusammenhang von sensomotorischem Lernen und Koordination verdeutlicht.

Die funktionelle Zuordnung spezieller Koordinationsübungen zu Teilaspekten des Sprint- oder Laufschritts erfolgt im Kapitel 4. Durch gezielte Variation, Kombination und Intensivierung der Koordinationsübungen wird ein vielseitiges Übungsrepertoire aufgezeigt, das sowohl dem Anfänger als auch dem fortgeschrittenen Sportler das Erlernen einer dynamischen und funktionellen Sprint- bzw. Lauftechnik ermöglicht. Grundlegendes Prinzip ist dabei das Ausnutzen der Freiheitsgrade des eigenen Körpers zur individuellen Ausbildung von stabilen Bewegungsmustern ohne größere Fremdlast. Es soll dadurch die vorhandene Muskelkraft eines Athleten durch verbesserte Koordination effektiver ausgenutzt werden.

Vielseitige Laufkoordination ist die Grundlage für schnelles Sprinten und Laufen

Die Koordinationsübungen betonen jeweils Aspekte der gesamten Sprint-/Laufbewegung. Der Sprintschritt wird somit nicht in einzelne Teile zerlegt und anschließend wieder zusammengesetzt, sondern es wird bei jeder Koordinationsübung die Aufmerksamkeit auf einen Aspekt der Bewegung gelenkt ohne dabei den gesamten Bewegungskomplex zu vernachlässigen. Die Vorteile dieser Vorgehensweise sind funktioneller (a–c) wie gesundheitlicher (d) Natur:

a) Zusammenwirkende (synergistische) Muskelgruppen werden stets gemeinsam aktiviert und entlastet – im Unterschied zu häufigen Formen des Krafttrainings, bei denen meist jede Muskelgruppe einzeln trainiert wird. Dadurch wird die inter-muskuläre Koordination im Vergleich zur intramuskulären stärker funktionell gefordert.
b) Durch die Vielzahl an verschiedenen Übungen kann sich im Zentralnervösen System selbstorganisierend die für jeden Sportler optimale Technik herausbilden.

c) Die Verschiedenheit der Übungen erschwert den Aufbau von Geschwindigkeitsbarrieren.
d) Der passive Bewegungsapparat (wie Knochen-Bänder) wird stets in der adäquaten Form mitbelastet und kann sich daher gleichzeitig an die steigende Belastung anpassen. Anpassungszeiten des aktiven Bewegungsapparats (Muskulatur) werden bei vier Wochen angenommen, Sehnen und Bänder bei drei bis sechs Monate und Knochen und Knorpel bis zu einem Jahr (Hefti et al., 1985; Maffuli et al., 1992). Gehen wir davon aus, dass das *System Sportler* lediglich so gut ist wie sein schwächstes Element, so bedeutet dies, dass sich bei Betonung des Krafttrainings der aktive Bewegungsapparat (Muskel) schneller an größere Belastungen anpasst, als der passive (Knochen, Knorpel, Schleimbeutel) und dieser zur Schwachstelle des Körpers wird. Dies äußert sich unter anderem in der zunehmenden Anzahl an orthopädischen Problemen bei Freizeit- und Leistungssportlern. Analoge Probleme sind bei falscher Lauftechnik zu beobachten.

Der Sprint beginnt beim Start

Aufgrund des dominanten Einflusses vom Start und den ersten Schritten in den Spielsportarten ist ein zusätzlicher Abschnitt speziellen Übungen zum Start und Beschleunigungsvorgang gewidmet. Durch die vielseitigen Übungsformen wird geschult, dass beim Ablauf (Start) mit dem ganzen Körper und aus unterschiedlichsten Positionen schnellkräftig reagiert wird. Dabei sind in erster Linie Reaktionsübungen mit unterschiedlichen Reizformen (optisch, akustisch und taktil), unterschiedlichen Reaktionen (Rolle vorwärts, rückwärts, seitwärts vorwärts laufen) und stets in Verbindung mit dem folgenden Beschleunigungsabschnitt dargestellt.

Ganzheitliche Gymnastik unterstützt die Laufkoordination

Ergänzt wird die funktionelle Sprint- und Laufschule durch ein Gymnastikkonzept das auf anatomischen und biomechanischen Bedingungen des menschlichen Bewegungsapparats beim Sprint basiert (Kapitel 5). Zentraler Bestandteil dieses Konzepts ist, den Belastungen des Sprints und Laufs entsprechend, das *Prinzip* der *diagonalen Koordination*. Basierend auf der Untergliederung des Muskulären Zusammenspiel in Muskelsynergiezonen werden neben funktioneller Gymnastik vor allem Übungen zur Gleichgewichts- bzw. Stabilisationsschulung und Bewegungskombinationen vorgestellt. Die Übungsformen sind auf sprintspezifische Belastungen des gesamten Körpers ausgerichtet, d. h., es wird nicht jeder Muskel einzeln behandelt, sondern immer seiner Funktion entsprechend in Kombination mit anderen Muskelgruppen. Die Belastungen sind bei zahlreichen Übungsformen absichtlich intensiver als bei üblicher funktioneller Gymnastik für Alltagsmotorik und in der Krankengymnastik, da auf wesentlich größere Belastungen während des Sprints und Laufs vorbereitet werden soll. Vor allem sollen einseitige Belastungen und daraus resultierenden Verletzungen vorgebeugt werden.

Im abschließenden Abschnitt werden Trainingsprogramme mit koordinativem Schwerpunkt im Anfänger- und Fortgeschrittenenbereich vorgestellt, die sowohl in der Saisonvorbereitung als auch während der Saison in Spielsportarten und in der Leichtathletik Anwendung finden.

Kapitel

2

Theoretische Grundlagen – Anatomische funktionelle Voraussetzungen

2 Theoretische Grundlagen – Anatomische funktionelle Voraussetzungen

2.1 Allgemeines zum Sprint

Unabhängig von der Sportart zeigt ein Sprint Gemeinsamkeiten

Betrachten wir gemeinsame Aspekte unterschiedlicher Erscheinungsformen des Sprints, von der Reizwahrnehmung bis zum Erreichen des Ziels, so lassen sich die in Abbildung 1 dargestellten Abschnitte erkennen, die miteinander in Wechselwirkung stehen:

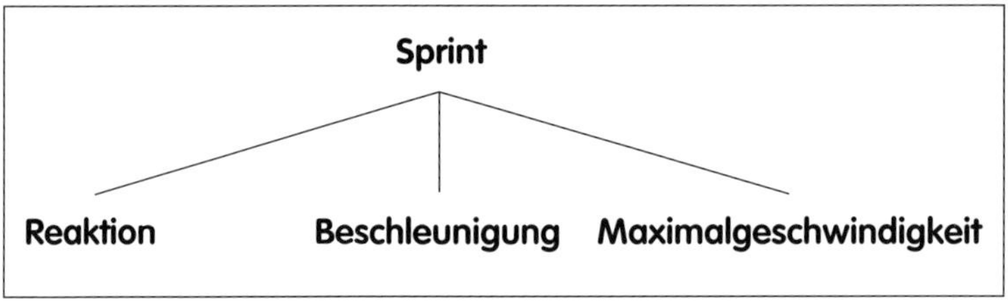

Abb. 1: Abschnitte des Sprints.

In der Darstellung und Erläuterung der funktionellen Zusammenhänge beim Sprint nehmen die Bewegungsformen der beiden Phasen eine zentrale Stellung ein.

Schnelles Reagieren auf äußere und innere Reize

Der *Reaktionsabschnitt* umfasst sämtliche Prozesse von der Reizwahrnehmung bis zum ersten messbaren Muskelaktionspotenzial. Die Reaktionszeit als ein Maß für die Qualität des Reaktionsabschnitts ist dabei von mehreren Faktoren abhängig, die unterschiedlich beeinflussbar sind. Während die Nervenleitgeschwindigkeit genetisch bedingt und daher nicht trainierbar ist, lassen sich die Übertragungsgeschwindigkeiten an den Schaltstellen zwischen zwei Nerven bzw. zwischen Nerv und Muskel (synaptischer Spalt) durch Training verbessern. Die Produktionsstätten der Überträgerstoffe weisen eine Art Gedächtnis auf und produzieren bei häufiger Beanspruchung vermehrt Überträgerstoffe (Kandel et al., 1991). Auch die Fähigkeit auf unterschiedliche Arten von Reizen eine entsprechende Reaktion auszuwählen, sowie diese Reaktion mit maximaler willkürlicher Anstrengung durchzuführen sind durch Training längerfristig zu verbessern. In diesem Zusammenhang wird jedoch zusätzlich auf Spezialliteratur zum Bereich der kognitiv psychologischen Trainingsmethoden, wie autogenes oder mentales Training, verwiesen (Seiler et al., 1994).

Die Übergänge vom Start zur Beschleunigung und zum Sprint müssen auch trainiert werden

Der *Beschleunigungsabschnitt* beginnt mit der ersten Muskelaktion und dauert bis zum Erreichen der maximalen Geschwindigkeit.
Der *Abschnitt der maximalen Geschwindigkeit* ist im Allgemeinen der zeitlich kürzeste Abschnitt und endet mit dem ersten Geschwindigkeitsabfall.

Primäres Ziel dieser beiden Abschnitte bzw. eines Sprintlaufs ist das Überwinden einer bestimmten Strecke in möglichst kurzer Zeit. Der Beginn der Strecke ist dabei jeweils durch die Ausgangsposition des Athleten festgelegt, und das Ende der Strecke kann sowohl ein zu erreichender Ball (im Tennis usw.) oder Gegner (im Fußball, Handball usw.) darstellen als auch die Ziellinie beim leichtathletischen Sprintlauf. Das Ziel der kürzestmöglichen Überwindung einer Strecke ist gleichbedeutend mit dem Erreichen einer möglichst großen mittleren Laufgeschwindigkeit.

Laufgeschwindigkeit wird durch Schrittlänge und -frequenz bestimmt

Einen Ansatzpunkt zur Steigerung der mittleren Laufgeschwindigkeit liefern biomechanische Einflussgrößen der Laufgeschwindigkeit wie Schrittlänge und Schrittfrequenz. Zwischen der *mittleren Laufgeschwindigkeit*, der *Schrittlänge* und der *Schrittfrequenz* eines Sportlers besteht eine funktionelle Abhängigkeit, d. h. die mittlere Laufgeschwindigkeit v ist das Produkt aus mittlerer Schrittlänge l und mittlerer Schrittfrequenz f: $v = l \times f$. Die Schrittfrequenz wird dabei in Schritten pro Sekunde [1/s] und die Schrittlänge in Meter [m] angegeben. Macht ein Sportler beispielsweise 5 Schritte pro Sekunde mit einer Länge von 2 m, so bewegt er sich mit einer mittleren Laufgeschwindigkeit von 10 m/s. Bei Steigerung der Laufgeschwindigkeit durch diese beiden Einflussgrößen besteht jedoch ein Problem. Sowohl die Schrittlänge als auch die Schrittfrequenz sind voneinander abhängig und führen nur bei individuell optimaler Abstimmung zur maximalen Laufgeschwindigkeit. Werden die Schritte zu lange gezogen, so leidet die Schrittfrequenz übermäßig darunter, wird die Schrittfrequenz zu sehr gesteigert, führt dies oft zu kleineren Schritten und zu einer geringeren Laufgeschwindigkeit. Um die Laufgeschwindigkeit zu erhöhen, sind theoretisch drei Kombinationen der beiden Einflussgrößen möglich:

1) Die Schrittlänge und die Schrittfrequenz werden gesteigert.
2) Die Schrittlänge wird so stark vergrößert, damit die Abnahme der Schrittfrequenz überkompensiert wird.
3) Die Schrittfrequenz wird so stark gesteigert, damit die Abnahme der Schrittlänge überkompensiert wird.

Je nach Konstitution und Vorerfahrung des Sportlers wird durch das Sprinttraining eine der drei Kombinationen zur Steigerung der Laufgeschwindigkeit individuell angeeignet. Die Gestaltung des Sprintschritts bezüglich seiner Länge und Frequenz hängt dabei von funktionell-anatomischen, muskelphysiologischen und biomechanischen Einflussfaktoren ab, die wir im Folgenden erläutern werden.

Jede Phase eines Schritts bietet die Möglichkeit zur Leistungssteigerung

Zur systematischen Darstellung werden Teilaspekte des Sprintschritts betrachtet, die keine isolierten Untereinheiten darstellen, sondern miteinander in Wechselwirkung stehen. Hierzu wird der Sprint/Laufschritt zunächst in eine Stütz- und eine Schwungphase unterteilt. Diese können je nach relativer Lage der drei Segmente Unterschenkel-Oberschenkel-Rumpf weiter in eine jeweils vordere und hintere Stützphase bzw. hintere, vordere und eine abwärtsgerichtete Schwungphase unterteilt werden (Abbildung 2).

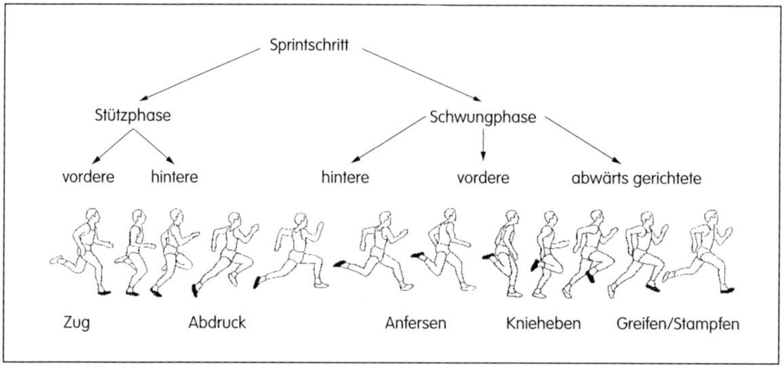

Abb. 2: Phaseneinteilung und Konturgramm eines Sprintschritts.

Die *vordere Stützphase* beginnt mit dem Bodenkontakt und endet mit Erreichen des minimalen Kniewinkels *(Amortisations-/Zugphase)*.
Die *hintere Stützphase* beginnt mit dem Öffnen des Kniewinkels und endet mit dem Lösen des Fußes vom Boden *(Abdruckphase)*.
Die *hintere Schwungphase* beginnt mit dem Verlassen des Bodens und endet mit Erreichen des minimalen Kniewinkels *(Phase des Anfersens)*.
Die *vordere Schwungphase* beginnt mit dem Verlassen des Bodens und endet mit Erreichen des minimalen Hüftwinkels bzw. der maximalen Höhe des Knies *(Phase des Kniehubs)*.
Die *abwärtsgerichtete Schwungphase* beginnt mit dem Absenken des Oberschenkels (Vergrößerung des Hüftwinkels) und endet mit dem Aufsetzen des Fußes auf dem Boden *(Phase des Greifens)*.

Die aufgeführten Phasengrenzen dienen lediglich einer groben Strukturierung und stellen keine funktionell getrennten Einheiten dar. Sie weisen vor allem zwischen benachbarten Phasen starke Interaktionen auf. Alle fünf Phasen zusammen bilden einen *Einzelschritt*. Werden sämtliche Phasen vom linken und rechten Bein durchlaufen, so sprechen wir von einem *Doppelschritt*. In Analogie zur Phaseneinteilung werden auch die Schwerpunkte der späteren Koordinationsübungen zugeordnet.

Berücksichtigen wir bei der Ausführung eines Sprint-/Lauftrainings bestimmte anatomische und muskelphysiologische Voraussetzungen sowie physikalischen Gesetzmäßigkeiten, so können die vorhandenen Energievorräte effektiver genutzt, und die Art und Weise der Fortbewegung zweckmäßiger gestaltet werden.

2.2 Physikalisch-biomechanische Voraussetzungen

Ein wenig Biomechanik hilft schon

Zur Erläuterung der Funktion und Zusammenhänge der Bewegungen in den einzelnen Phasen werden im Folgenden die wesentlichen anatomischen, muskelphysiologischen und physikalischen Prinzipien eines Einzelschritts dargestellt. Mit den folgenden Grundlagen soll keine Gewichtung der Phasen vorgenommen werden, da jede einzelne Bewegung nur einen Teil der komplexen Sprintbewegung darstellt und es nur bei optimaler Koordination aller Elemente zu einer optimalen Ausschöpfung der Reserven des Sportlers kommt. Deshalb sollten die physikalisch-biomechanischen Grundlagen nicht unabhängig von den folgenden funktionell-anatomischen und muskel-physiologischen betrachtet werden, sondern als sich gegenseitig ergänzende Grundlagen der Fortbewegung.

Wesentliche physikalische bzw. biomechanische Grundlagen des Laufschritts beziehen sich auf:

- Auftretende Kräfte
- Wechselwirkungsprinzip (Aktion und Reaktion)
- Hebel am Körper
- Impuls-/Drehimpulserhaltung

2.2.1 Zu den auftretenden Kräften

Aus physikalisch-biomechanischer Sicht wird im Allgemeinen seit der Definition von Newton 1665 in Kräften die Ursache von Bewegung gesehen. Die Wirkungen von Kräften lassen sich durch verschiedene biomechanische Mess- und Analyseverfahren bestimmen (Nigg & Herzog, 2000). Das Wissen um die Kräfte erlaubt unmittelbare Rückschlüsse auf die Bewegungsursachen und mittelbar lassen sich daraus entsprechende Anweisungen für Trainer und Athlet ableiten. Für den Bereich der menschlichen Bewegung und hier speziell für die Koordination beim Laufen bzw. Sprinten sind vor allem drei Gruppen von Kräften von zentralem Interesse:

1) Die Muskelkraft
2) Die Schwerkraft
3) Die Trägheits- bzw. Zentrifugal- und Corioliskraft.[1]

Schwerkraft und Trägheitkraft unterstützen die Muskelkraft wesentlich

Durch alle drei Gruppen von Kräften werden sowohl der Mensch insgesamt bewegt als auch einzelne seiner Gliedmaßen. Selten treten diese Kräfte isoliert auf, so dass Bewegungen meist durch eine Kombination dieser Kräfte zustande kommen. Die *Muskelkraft* wird benötigt, um sich aus dem Stand vorwärts zu bewegen, die *Schwerkraft* (oder *Gravitationskraft*) bewegt den Wasserspringer vom Sprungbrett ins Wasser und die *Trägheitskraft* bewegt die Insassen eines Autos nach vorne, wenn dieses gebremst wird. Bei Bewegungen des Menschen wirken diese drei Kräfte im Allgemeinen in komplexer Interaktion. Im Folgenden wird am Beispiel des Schwungbeins die Komplexität der Wechselwirkungen dargestellt (Abbildung 3).

Das Wechselspiel der Kräfte ist entscheidend

Betrachten wir hierzu die Bewegung des Schwungbeins vom höchsten Punkt (Abbildung 3 a–c) bis zum Aufsatz auf dem Boden (Abbildung 3 d). Phänomenal lässt sich dieser Vorgang als eine Streckung des Knies mit gleichzeitigem Absenken des Ober- und Unterschenkelschwerpunkts beschreiben. Eine physikalisch-dynamische Analyse dieses Phänomens zeigt mehrere Möglichkeiten der Ursache. Drei mögliche Varianten sollen hier diskutiert werden:

Eine Variante

Reine Muskelkraft ist uneffektiv

a) Eine Ursache könnte darin bestehen, dass das Knie durch die Muskelkraft (1) des vierköpfigen Oberschenkelmuskels (M. quardiceps femoris) gestreckt wird (1*) und mit Hilfe der Muskelkraft (2) der Hüftstrecker (Mm. gluteii et ischiocrurales) aktiv nach unten geführt wird (2*). Die gesamte Bewegung wird in diesem Fall ausschließlich durch Muskelkraft ausgeführt und wäre mit den Anwei-

[1] Diese drei Kräfte werden im Unterschied zu den ersten beiden eingeprägten Kräften den so genannten *Scheinkräften* zugeordnet, da sie vom Bezugssystem abhängen (Schäfer/Päßler, 1970; Kittel et al., 1979).

sungen verbunden „Kick den Unterschenkel aus und greife mit dem Fuß bzw. zieh den Boden unter den Rumpf".

Eine zweite Variante

Schwer- und Trägheitskraft alleine reichen nicht

b) Das Phänomen *Kniestrecken* zu erklären, kann mittels Trägheits- (1) und Schwerkraft (2) vorgenommen werden. Gehen wir davon aus, dass der Unterschenkel, vom Anfersen kommend, nach vorne schwingt, dann weist er in der gewählten Ausgangsposition eine Trägheit (1) auf, die den Unterschenkel ohne zusätzliche Muskelkraft weiter nach vorne bewegt und so das Knie streckt. Wird das so gestreckte Bein dann fallen gelassen, so bringt ausschließlich die Schwerkraft (2) das Bein in die gezeigte Endposition. Eine mögliche Anweisung in diesem Falle wäre „Lass den Unterschenkel ausschwingen und warte bis das Bein landet".

Die dritte Variante

Ausnutzen aller drei Kräfte macht schnell

c) Zur Erklärung des Phänomens liefert die Kombination von allen drei Kräften. Hängt der Unterschenkel senkrecht bei horizontalem Oberschenkel, dann kann durch eine entsprechend schnelle Kontraktion der hüftstreckenden Muskulatur (1) der Oberschenkel so schnell nach unten (1*) gebracht werden, dass der Unterschenkel aufgrund seiner Trägheit quasi stehen bleibt und so zu dem Phänomen der Kniestreckung führt (1**). Die Hüftstreckung wird dabei noch zusätzlich durch die Wirkung der Schwerkraft auf den Oberschenkel unterstützt. In diesem Falle entspricht die Anweisung „Stampfe bei hängendem/lockerem Unterschenkel nach unten", dieser Form der Erklärung.

Auf den ersten Blick scheinen alle drei Erklärungsansätze gleichwertig zu sein. Auf den zweiten Blick unterscheiden sich jedoch die drei Kräfte bezüglich des aufzubringenden Energiebedarfs.

Während die Schwerkraft und Trägheitskraft quasi kostenlos zur Verfügung stehen, ist die Muskelkraft stets mit einem gewissen Maß an Energieproduktion verbunden. Aus energetischer Sicht wäre demnach die zweite Lösung mittels Trägheit und Schwerkraft die ökonomischste, die erste Lösung ausschließlich mittels Muskelkraft die unökonomischste. Da die ökonomischste Lösung mittels Gravitations- und Trägheitskraft für Sprint- und viele Laufbelange jedoch sehr zeitaufwändig ist, scheint der dritte Erklärungsweg unter dem Kriterium der Zeitminimierung die effektivste Lösung zu sein.

Kräfte sind nicht zu sehen, nur deren Wirkung

In Bezug auf die Anweisungen hat dies jedoch dramatische Folgen. Bewegt sich der Unterschenkel aufgrund der Trägheitskraft nach vorne und der Athlet erhält noch zusätzlich die Anweisung, dass er den Unterschenkel auskicken soll, dann führt dies zum einen zu einem übertriebenen Strecken des Knies, zum anderen jedoch zusätzlich zu einem vergrößerten Bremsstoß und zu einer nicht optimalen Vorinnervation der Beinmuskulatur bei Bodenkontakt (vgl. Kapitel 2.3.2: „Durch Vordehnung größere Kräfte erzeugen"). Werden also Anweisungen ausschließlich aufgrund von Phänomenen mit zu stark vereinfachten Erklärungsmodellen abgeleitet, dann besteht die große Gefahr einer ungewünschten Reaktion beim Athleten. Es wäre daher sinnvoll öfters die eigenen Anweisungen und Erklärungsmodelle zu hinterfragen und nicht die Ursache ausschließlich in einer falschen Realisierung zu suchen.

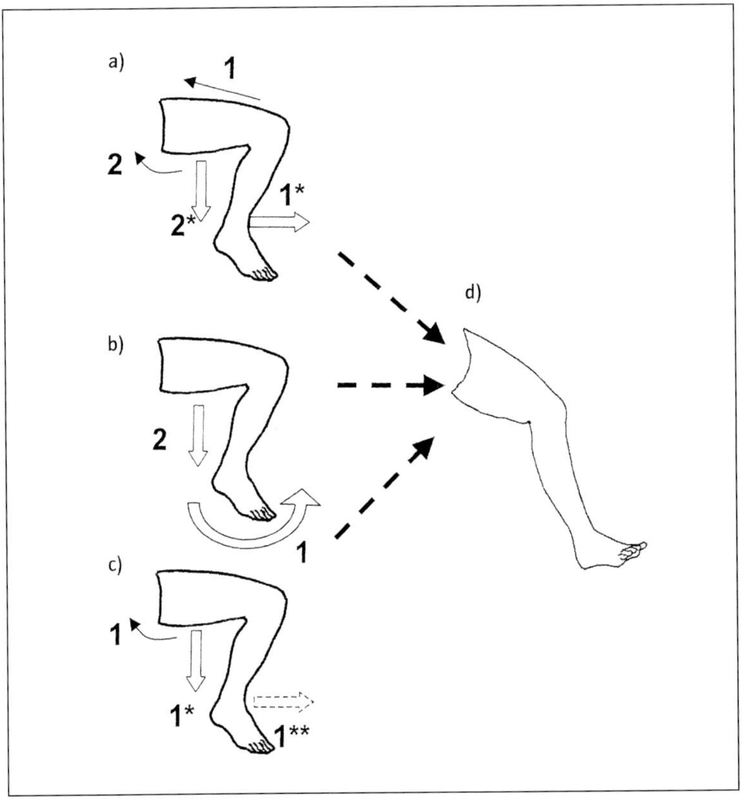

Abb. 3 a–d: Drei mögliche Ursachenmodelle für das Phänomen „Kniestreckung" beim Laufen vom maximalen Kniehub a–c bis kurz vor dem Bodenkontakt d. (Legende: →1, →2: Muskelkräfte ⇒1*, ⇒2*, ⇒1**: Wirkung der Muskel-, Schwer- und Trägheitskräfte. Nähere Erläuterungen siehe Text.).

2.2.2 *Zum Wechselwirkungsprinzip*

Keine Wirkung ohne Gegenwirkung

Diese physikalische Grundlage bezieht sich auf das dritte Newtonsche Axiom. Es besagt, dass zu jeder Wirkung (Kraft) eine gleich große, ihr entgegengerichtete Wirkung gehört (actio = reactio). Steht also ein Mensch mit 80 kg auf dem Boden, so wirkt auf die Unterstützungsfläche eine Kraft von ca. 800 N. Da der Untergrund im Allgemeinen starr ist bzw. das System Erde-Mensch sich im Gleichgewicht befindet, wirkt an der Unterstützungsfläche eine Reaktionskraft mit gleichem Betrag, jedoch entgegengesetzter Richtung. Um den Sportler vom Boden abzuheben, muss die Kraft größer als 800 N werden (Abbildung 4). Diese Kraft kann beim Sprint jedoch nur vom Athleten selbst aufgebracht werden.

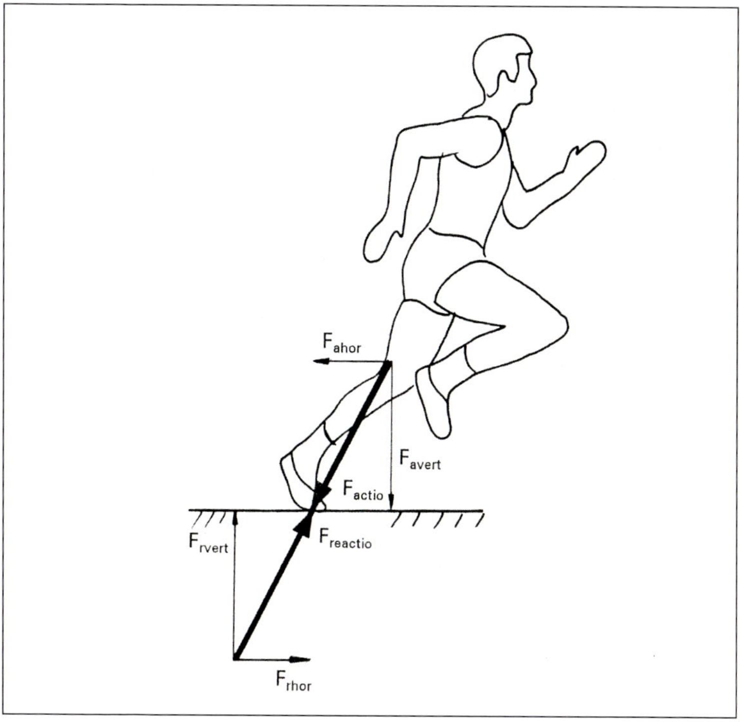

Abb. 4: Resultierende F_{actio}, horizontale F_{ahor} und vertikale F_{avert} Aktionskraft und Bodenreaktionskraft $F_{reactio}$.

Auf die Sprintbewegung übertragen, bedeutet dies, dass der Untergrund an den Sportler nur soviel Kraft zurückgeben kann, wie er in Richtung Untergrund abgibt. Werden allerdings dabei die höheren Gelenke nicht steif gestellt, so wird die gesamte Energie lediglich in Wärme des Fußes und Unterschenkels umgewandelt und dient nicht dem Vortrieb. Wird die Kraft F_{actio} nicht senkrecht nach unten sondern vom Sportler aus nach hinten unten gerichtet, so dient die aufgebrachte Kraft nicht nur dem Entfernen von der Erdoberfläche durch F_{avert} sondern auch dem horizontalen Vortrieb durch F_{ahor} (Abbildung 4).

Mehrere Aktivitäten steigern die Wirkung

Um die notwendige Kraft zu erzeugen, die den eigenen Körper vom Boden abhebt oder nach vorne beschleunigt, stehen im Prinzip zwei Möglichkeiten zu Verfügung:

a) Eine aktive Streckung bzw. aktives Durchziehen des Stützbeins unter dem Körper.
b) Die Schwungelemente: Arme und Schwungbein.

Effektive Armarbeit ist wesentlich für einen schnellen Sprint

Werden also die Arme durch Muskelkraft nach oben bewegt, führt dies zu einer entsprechenden Reaktionskraft, die in entgegengesetzter Richtung, nämlich in Richtung Boden wirkt. Da die Kraft zum Anheben der Arme und des Schwungbeins von der Schulter- bzw. Hüftbeugemuskulatur aufgebracht wird, wirkt auch die Reaktionskraft entsprechend an diesen Gelenken entgegen. Von diesen Gelenken aus wirkt die Kraft über den Rumpf und die Beine auf die Stützfläche. Wird diese Kraft ohne größere Verluste an die Stützfläche weitergeleitet, so wirkt am Boden wieder das gleiche Prinzip. Nehmen wir an, dass der Untergrund fest ist, so bewirkt die von der Schultermuskulatur verursachte Reaktionskraft am Boden wieder eine entgegengesetzte Kraft, die zu einer Vergrößerung der Schrittlänge führt.

Gute Rumpfmuskulatur überträgt die Kräfte der Arme besser auf den Boden

Voraussetzung für eine möglichst verlustfreie Weiterleitung der Kraft zum Boden ist eine entsprechende Rumpf- und Beinmuskulatur, die den Rumpf bzw. das Stützbein während der Aufwärtsbewegung der Schwungelemente ausreichend stabil hält. Ist die Muskulatur des Stützbeins nicht kräftig genug der Reaktionskraft standzuhalten, führt dies zu einem Einknicken im Hüft-, Knie- oder Sprunggelenk und dadurch zu einem Energieverlust, der nicht zum Vortrieb genutzt wird. Ist die Rumpfmuskulatur zu schwach, kann dies neben dem Energieverlust auch zu Verschiebungen der Wirbelsäule führen und bei häufigerem Auftreten zu Verletzungen und orthopädischen Fehlhaltungen.

Damit der Impuls und die Reaktionskraft, die durch die Schwungelemente verursacht wurden, dem Vortrieb optimal dienen, muss die Aufwärtsbewegung und das Abbremsen während des Bodenkontakts stattfinden. Wird die Bewegung der Arme bzw. des Schwungbeins in der Flugphase ausgeführt, bewegen sich lediglich andere Teile des Körpers nach unten und die Kraft kann ohne das Widerlager des Bodens nicht zum Vortrieb genutzt werden.

Arme schneller nach oben bewegen und abbremsen verlängert den Schritt

Sowohl der Impulsübertrag als auch das Prinzip der Gegenwirkung können auf einer einfachen Körperwaage mit Zeiger ausprobiert und demonstriert werden. Bewegt man aus ruhigem Stand die gestreckten Arme schnell nach vorn oben, so zeigt die Waage zunächst ein größeres Gewicht (Kraft) an. Sobald die Arme abgebremst werden, geht der Zeiger bis unter das eigentliche Körpergewicht (KG) zurück. Je schneller die Arme nach oben bewegt werden, desto stärker ist der Ausschlag. Je schneller die Arme angehalten werden, desto weiter geht der Ausschlag der Waage unter das Niveau des KG. Bei sehr schneller Ausführung der Aufwärtsbewegung und abrupten Anhalten kann es sogar zum Abheben von der Waage führen. Diese hier nach oben gezeigte Wirkung kann leicht eine horizontale Komponente bekommen, wenn man den gesamten Körper leicht nach vorne fallen lässt. Mit diesem Beispiel lässt sich auch sehr gut veranschaulichen, dass die Arme aus der Schulter bewegt werden müssen und nicht nur im Ellbogengelenk. Auch ein um 90° geöffneter Ellbogenwinkel liefert weit größere Reaktionskräfte als ein eng anliegender Unterarm.

Die Wirkung der Armarbeit kann auch ohne Körperwaage auf jedem festen Untergrund durch zwei einfache Übungen demonstriert und bewusst gemacht werden. Für den Lehrenden wäre dabei wichtig, dass er die Übungen von den Sportlern ausführen lässt und nicht nur anspricht und eventuell solange wiederholen lässt, bis jeder die Wirkung spürt.

Bei der ersten Übung sollen, wie auf der Körperwaage, im Stehen die Arme gestreckt so schnell wie möglich nach vorne oben bis in die Horizontale gehoben und angehalten werden. Bei entsprechend explosiver Ausführung ist ein leichtes Abheben der Füße zu spüren.

Wirkung der Armarbeit einfach demonstriert

Noch offensichtlicher wird die Bedeutung der Armarbeit für den Sprint durch die zweite Demonstrationsübung, eine sprintgemäße Armarbeit im Stehen. Dabei schwingen die Arme, wie beim Sprinten, so schnell wie möglich im Wechsel nach vorne und hinten. Bei schnellem Ausführen kommt es jeweils am Wendepunkt der beiden Arme (vorne und hinten) durch den abrupten Richtungswechsel zu einem Abbremsen der Arme und dadurch zu einem Impulsübertrag auf den Rest des Körpers. Wird das Hin- und Herschwingen nicht aus der Schulter ausgeführt, sondern nur durch Schwingen der Unterarme, dann wird schnell sichtbar und bewusst, wie wichtig die Armarbeit aus dem Schultergelenk ist. Eine Anweisung zur Unterstützung der Armarbeit lautet daher: „Ellbogen bewegen!“

2.2.3 *Zum Hebel*

Muskeln und zugehörige Knochen bilden immer Hebel für Bewegungen

Hebel kommen am menschlichen Körper in zahlreicher Form vor und dienen in erster Linie dem Heben von Lasten. Die einfachste und häufigste Form ist der einarmige Hebel mit einem Körper (Arm oder Bein), der frei um eine Achse (Schulter- bzw. Hüftgelenk) drehbar ist und einer Kraft, die außerhalb der Drehachse angreift. Die Kraft F_M, die aufgebracht werden muss, um den Hebel im Schwerefeld der Erde statisch horizontal zu halten, ist von mehreren Größen abhängig. Neben dem Gewicht des zu haltenden Körpers (Hebels) G, und der Erdbeschleunigung g (zusammengefasst zur Gewichtskraft F_G: $F_G = G \times g$) sind die Entfernung des Kraftangriffspunkts l_M und die Entfernung l_G des Körperschwerpunkts von der Drehachse bestimmend für die aufzubringende Kraft. Abbildung 6 zeigt schematisiert einen Hebel am Hüftgelenk. Der Einfachheit halber ist nur eine Muskelgruppe (M. iliopsoas) am Schwungbein zur Hüftbeugung eingezeichnet. Um das Bein bei hängendem Unterschenkel in der Waagrechten zu halten, muss der Athlet durch den Muskel folgende Kraft aufbringen:

$$F_M = \frac{G \times g \times l_G}{l_M} = \frac{F_G \times l_G}{l_M}$$

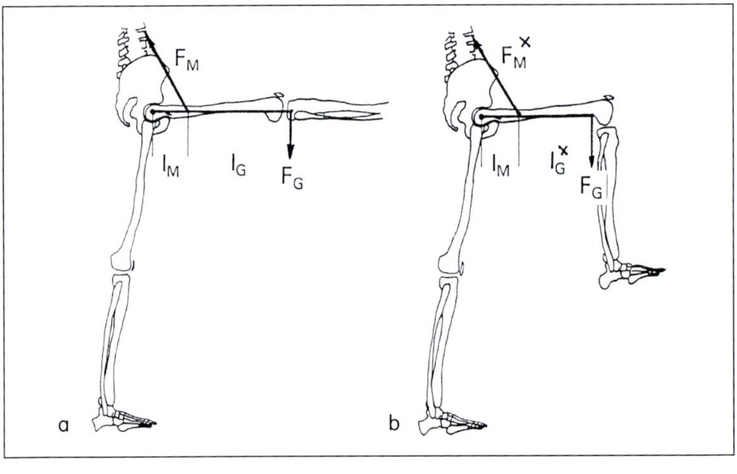

Abb. 5: a) Hebel bei gestrecktem Knie, b) Hebel am Hüftgelenk bei gebeugtem Knie.

Nehmen wir für die Hebellänge l_M des Muskelansatzes 10 cm an, für die Hebellänge des gebeugten Beins $l_G^x = 50$ cm und des gestreckten Beins $l_G = 65$ cm, sowie für die Gewichtskraft F_G des Beins 150 N, dann ergeben sich beim gebeugten Knie eine Muskelkraft von ca. $F_M{}^X$ = 600 N und im gestreckten Fall ca. F_M = 1000 N, die von der Hüftbeugemuskulatur aufgebracht werden muss, um den Oberschenkel in der Horizontalen zu halten.

Mit der Haltung werden Hebel verändert

Demnach kann der Sportler von diesen biomechanischen Einflussgrößen nur eine unmittelbar durch seine Bewegungstechnik bzw. Haltung beeinflussen[2], nämlich die Entfernung l_G des Körperteilschwerpunkts von der Drehachse. Er kann durch Strecken bzw. Beugen der Extremität die Hebellänge bezüglich des Gelenks vergrößern bzw. verkleinern. Zum Beispiel wird die Entfernung des Beinschwerpunkts zum Hüftgelenk durch die Haltung des Unterschenkels verändert. Ist das Knie abgewinkelt (Abbildung 5 b), so ist die Entfernung des Beinschwerpunkts wesentlich geringer als bei gestrecktem Kniegelenk (Abbildung 5 a), d. h. je mehr das Kniegelenk gestreckt wird, desto größer ist die vom Hüftbeuger aufzubringende Kraft, um das Bein zu heben. Kann diese Kraft vom Athleten nicht aufgebracht werden, kommt es meist zu Ausweichbewegungen und dadurch zu einer Abnahme der möglichen Vortriebskraft. Die Hebellänge beeinflusst also die Bewegungsgeschwindigkeit.

Wird z. B. beim Sprinten in der Schwungphase der Unterschenkel zu früh gestreckt, dann kann der Oberschenkel in den wenigsten Fällen bis zur Waagrechten angehoben werden, wenn die Hüftmuskulatur auf der Stützbeinseite das Becken stabilisiert. Wird das Schwungbein doch bis zur Horizontalen angehoben, so geschieht dies meist durch Aufrichten des Beckens und eine Rundrückenhaltung im Lendenwirbelbereich, d. h. die funktionelle Lendenlordose wird zu einer Lendenkyphose aufgelöst. Oft wird das Becken schon zu Beginn des Hebens aufgerichtet, um die beinhebende (= hüftbeugende) Muskulatur mehr vorzuspannen und das Schwungbein höher zu heben. Der Kniehub wird also durch die beckenaufrichtende Gesäß- und Bauchmuskulatur unterstützt, die dadurch schneller ermüdet und in ihrer eigentliche Funktion der Rumpfstabilisierung und Hüftstreckung langfristig beeinträchtigt. Zusätzlich wird mit dem Aufrichten des Beckens die hintere Streckung des Stützbeins in der Hüfte und im Knie eingeschränkt, und damit eine optimale Kraftübertragung verhindert, d. h. die Schrittlänge reduziert. Dies wird oft an einem *sitzenden Laufstil* erkennbar.

---

[2] Die Möglichkeit, die Kraft F_M des Muskels durch Training zu erhöhen oder das Gewicht G des Beins durch Ernährung und Muskelmassenänderung bzw. die Hebellängen l_G und l_M durch Wachstumsprozesse zu verändern, sind für die vorliegende Betrachtung weniger von Bedeutung und werden hier nicht behandelt.

Der Zusammenhang zwischen der muskulär aufzubringenden Kraft und der Hebelveränderung kann auch sehr gut zur Kräftigung der Muskulatur im Trainingsprozess genutzt werden. Durch gezielte Veränderung der Körper- bzw. Extremitätenhaltung können verlängerte Hebel für spezifisches Krafttraining eingesetzt werden. Wird dies bei laufähnlichen Bewegungen praktiziert (vgl. Kapitel 4), so spricht man auch von *disziplinspezifischem Krafttraining*. Das Ausnutzen der Hebelgesetzmäßigkeiten in der Gymnastik und der Dynamik in den weiterführenden Übungen ersetzt in weitem Maße das Training mit großen Fremdlasten (Gewichten). Das Krafttraining mit dem eigenen Körpergewicht und möglichst disziplinspezifisch wird im vorliegenden Buch unter anderem aus langfristig gesundheitlichen Gründen favorisiert, da das Gewichtstraining meist aufgrund der schnelleren Anpassungszeiten der Muskulatur zu einem Missverhältnis zwischen aktivem und passivem Bewegungsapparat führt, d. h. der Muskel adaptiert schneller an größere Belastungen als der passive Sehnen, Band- und Knochen-Knorpelapparat (Maffulli et al., 1992).

Hebel können zur Kräftigung genutzt werden

2.2.4 Zur Drehimpuls- und Impulserhaltung

Hebelverhältnisse spielen nicht nur in statischen Positionen eine wesentliche Rolle, sondern sind vor allem bei der Bewegung von Körpern um Drehachsen von Bedeutung. Durch das Entfernen und Annähern von Körpersegmenten an die Drehachse (Vergrößern oder Verkleinern des Hebels) wird das Trägheitsmoment des Gesamtkörpers bezüglich der Drehachse verändert. Das Trägheitsmoment ist ein Maß für den Widerstand eines Körpers, der bei einer Drehbewegung überwunden werden muss. Wird ein Segment von der Drehachse entfernt, so vergrößert sich das Trägheitsmoment und entsprechend umgekehrt. In engem Zusammenhang mit dem Trägheitsmoment Θ ist bei Drehbewegungen die Winkelgeschwindigkeit ω zu sehen. Wirkt auf ein drehendes System keine äußere Kraft, so bleibt das Produkt aus Winkelgeschwindigkeit und Trägheitsmoment konstant, d. h. der Drehimpuls bleibt erhalten (Drehimpuls = $\Theta \times \omega$ =const.).

Bewegungen von Armen und Beinen sind stets Drehbewegungen

Zur Veranschaulichung dieses Zusammenhangs soll ein Beispiel aus dem Eiskunstlauf dienen, die Eiskunstlaufpirouette (Abbildung 6 rechts). Hält die Eiskunstläuferin bei der Pirouette die Arme vom Körper weit weg, so ist das Trägheitsmoment groß und die Geschwindigkeit, mit der sie sich dreht (Winkelgeschwindigkeit), klein. Werden dagegen die Arme vor dem Rumpf verschränkt, d. h. an die Drehachse angenähert, so ist das Trägheitsmoment entsprechend verkleinert und die Drehgeschwindigkeit vergrößert. Das gleiche Prinzip gilt z. B. für

Das Prinzip der Drehimpulserhaltung gilt bei allen Drehbewegungen

das Anfersen beim Sprint-/Laufschritt in der Schwungphase (Abbildung 6). In angeferstem Zustand ist das Bein wesentlich schneller nach vorne oben zu bringen, als bei geöffnetem Kniewinkel, d. h., die Hüftwinkelgeschwindigkeit (Drehgeschwindigkeit des Schwungbeins um das Hüftgelenk) kann durch den Kniewinkel beeinflusst werden[3].

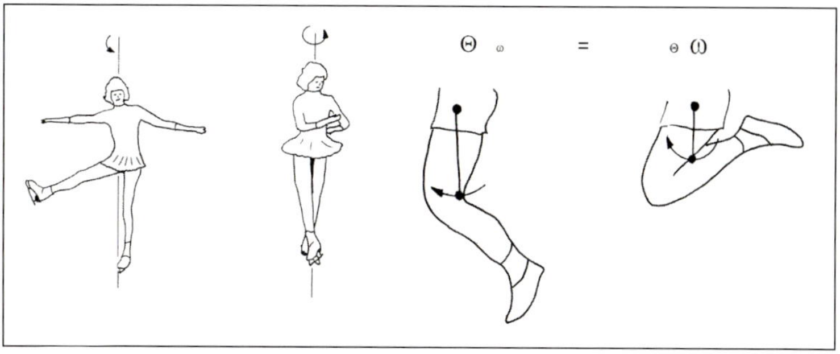

Abb. 6: Prinzip der Drehimpulserhaltung
großes Trägheitsmoment – kleine Winkelgeschwindigkeit
kleines Trägheitsmoment – große Winkelgeschwindigkeit.

Bei geradlinigen Bewegungen gilt entsprechend die Impulserhaltung

Die Entsprechung der Drehimpulserhaltung bei Rotationsbewegungen ist bei linearen Bewegungen das Prinzip der *Impulserhaltung*. Auch hier soll ein einfaches Beispiel der Veranschaulichung dienen: Stößt eine Kugel A mit einer anderen ruhenden Kugel B gleichen Gewichts zentral zusammen, so bleibt nach dem Zusammenstoß Kugel A liegen und Kugel B rollt mit der Geschwindigkeit weiter, mit der Kugel A ankam. Ähnliches geschieht, wenn beide Kugeln mit einer Schnur verbunden sind und Kugel A sich von Kugel B entfernt. Entfernt sich Kugel A von Kugel B, dann bewegen sich, sobald die Schnur gespannt ist und gespannt bleibt, beide Kugeln mit der halben Geschwindigkeit der Anfangsgeschwindigkeit von Kugel A weiter, d. h. ein Teil des Impulses von Kugel A ist auf Kugel B übertragen worden, der Gesamtimpuls blieb erhalten (Abbildung 7 links). Das Produkt aus Masse m und Geschwindigkeit v eines Körpers wird als Impuls ($p = m \times v$) bezeichnet. Ersetzen wir die Schnur durch ein Gummiband oder eine Feder, dann hängt die Endgeschwindigkeit beider Kugeln zusätzlich von der Elastizität und Länge des Gummibands bzw. der Feder ab,

[3] Das Anfersen muss nicht aktiv erfolgen, sondern kann durch entsprechende Trägheitskräfte bedingt sein. Da der Unterschenkel am Ende der Stützphase eine nach hinten oben gerichtete Geschwindigkeit aufweist und mit dem Lösen vom Boden der Oberschenkel schnellstmöglich nach vorne oben gezogen wird, erfolgt das Anfersen gewissermaßen *passiv*, durch Ausnutzen der Trägheitskräfte.

da stets ein Teil der Energie in Wärme umgewandelt wird. Die Geschwindigkeit der Kugel B hängt also von dem Gewicht, der Geschwindigkeit der beiden Kugeln vor dem Zusammenprall und von der Verbindung ab. Ersetzen wir Kugel A durch die Arme, Kugel B durch den Rumpf und das Stützbein sowie die Schnur durch die Muskulatur, die die Arme am Weiterbewegen hindern, so ist das physikalische Beispiel leicht auf den Sprint zu übertragen (Abbildung 7 rechts). Dieses Beispiel gilt auch für die Beine als Schwungelemente.

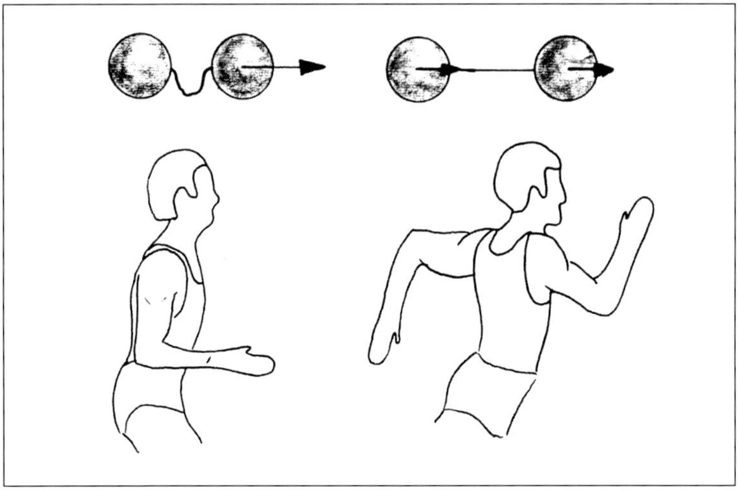

Abb. 7: Prinzip des Impulstransfers.

Aktives Abbremsen von Schwungelementen führt zum Impulstransfer

Für den Sprintschritt bedeutet dies, dass der Impuls der Arme und des Schwungbeins auf den Körper übertragen werden, sobald die Muskulatur angespannt wird, die ein Weiterbewegen der Arme und des Schwungbeins verhindert. Sobald die Arme bzw. das Schwungbein am Umkehrpunkt abgebremst werden, wird der Bewegungsimpuls der Schwungelemente auf den restlichen Körper übertragen. Der Körper wird regelrecht hinter den Armen hergezogen. Die Größe des Impulstransfers hängt also sowohl von dem erzeugten Bewegungsimpuls der Schwungelemente ab, als auch von der Stärke des Abbremsens (Impulsänderung) am Umkehrpunkt. In Verbindung mit der Drehimpulserhaltung zeigt dies, dass der erzeugte Bewegungsimpuls nicht nur von der Geschwindigkeit abhängt, mit der der Arm bzw. das Schwungbein nach oben geschwungen wird, sondern auch von der Arm- bzw. Beinhaltung. Mit gestrecktem Ellbogen bzw. Knie kann bei geringerer Geschwindigkeit ein gleich großer Bewegungsimpuls erzeugt werden, wie mit gebeugten Armen bzw. Beinen und größerer Geschwindigkeit. Koordinativ sind beim Sprint im Allgemeinen die Haltungen der Arme und Beine den individuellen Möglichkeiten der Muskulatur anzupassen. Langfristig ist eine Verbesserung der notwendigen Muskulatur anzustreben und soll durch die später aufgeführten Übungen gefördert werden.

Zusammenfassend sind für einen effektiven Sprintschritt demnach folgende Punkte von besonderer Bedeutung:

- Das aktive Aufsetzen und Greifen des Fußes und Beins.
- Die Haltung der Schwungelemente während der Schwungbewegung und im Umkehrpunkt.
- Das Abbremsen der Bewegung der Schwungelemente am Umkehrpunkt bei Bodenkontakt.
- Eine ausreichende Stützkraft in den Beinen und im Rumpf.

2.3 Anatomisch-funktionelle und muskelphysiologische Grundlagen

Die Wirkung einer Muskelkontraktion kann im technisch-koordinativen Bereich durch zwei Faktoren beeinflusst werden:

a) Ausgangslänge/Vordehnung des Muskels (geometrische Verhältnisse),
b) Bewegungszustand des Muskels.

2.3.1 Die Bewegung aus der optimalen Position beginnen – Zur Ausgangslänge des Muskels (Geometrische Verhältnisse)

Die Wirkung einer Muskelkraft hängt von seiner Länge und damit von den Gelenkstellungen ab

Die Kraft, die ein Muskel entwickeln kann, ist in starkem Maße von seiner Ausgangslänge abhängig (Gorden et al., 1966). Nur bei optimaler Länge kommt es zu einer maximalen Ausnutzung der Muskelkraft. Die optimale Länge eines Muskels am Menschen ist durch die Entfernung seiner Befestigungspunkte, des Ansatzes und Ursprungs, gegeben und kann durch die entsprechende Stellung der Gelenke verändert werden. Verläuft ein Muskel nur über ein Gelenk, dann bezieht sich die optimale Stellung nur auf dieses, z. B bezieht sich die optimale Ausgangslänge des Schollenmuskels an der Wade nur auf das Sprunggelenk. Zieht ein Muskel wie der zweiköpfige Wadenmuskel jedoch über zwei Gelenke, das Fuß- und das Kniegelenk, so kann seine optimale Länge durch eine Vielzahl an Kombinationen beider Gelenke erzielt werden. Die an der Vorwärtsbewegung wesentlich beteiligten Muskeln und ihre Grundfunktion (Körper in Ruhe) sind in den Tabellen 1-4 und Abbildungen 8 - 13 aufgeführt.

Die wichtigsten eingelenkigen Muskeln und ihre Funktionen in Ruhe sind in Tabelle dargestellt (Hauptmuskeln).

Tab. 1: Die wichtigsten eingelenkigen Muskeln und ihre Funktionen in Ruhe (Sportler bewegt sich nicht, sondern nur einzelne Körperteile) (Tittel, 1981)

Gelenk	Muskel	Funktion in Ruhe
Sprunggelenk	vorderer Schienbeinmuskel (M. tibialis anterior)	• Fußspitze anheben (Dorsalflexion) bzw. • Zieht Schienbein/Körper nach vorne.
	Schollenmuskel (M. soleus)	• Streckt das Sprunggelenk (Plantarflexion), z. B. Zehenstand.
Kniegelenk	innerer äußerer und mittlerer Kopf des vierköpfigen Oberschenkelmuskels (M. vastus medialis, lateralis et intermedius)	• Streckt das Kniegelenk, z. B. Auskicken.
	kurzer Kopf des zweiköpfigen Oberschenkelmuskels (Caput breve M. bicipitis femoris)	• Beugt das Kniegelenk, z. B. Anfersen.
Hüftgelenk	Großer Gesäßmuskel (M. glutaeus maximus)	• Streckt die Hüfte – richtet den Oberkörper auf.
	Lenden-Darmbeinmuskel (M. iliopsoas = M. psoas major + M. psoas minor + M. iliacus)	• Beugt die Hüfte – hebt das Knie an.

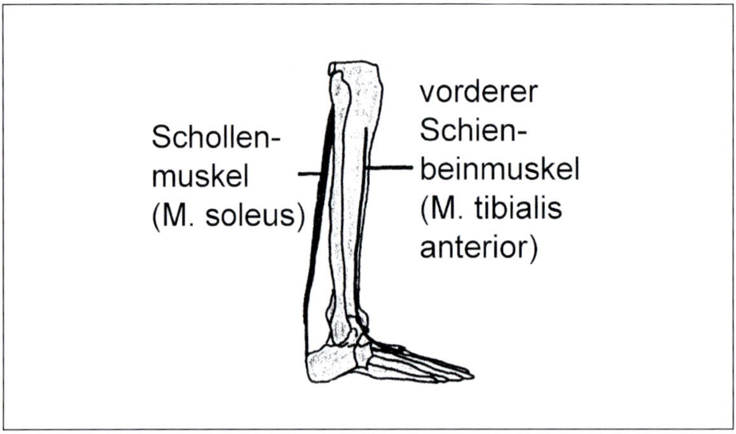

Abb. 8: Eingelenkige Hauptmuskeln am Sprunggelenk.

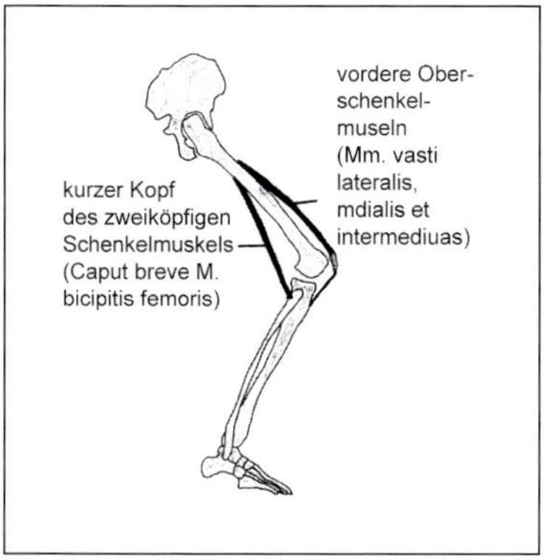

Abb. 9: Eingelenkige Hauptmuskeln am Kniegelenk.

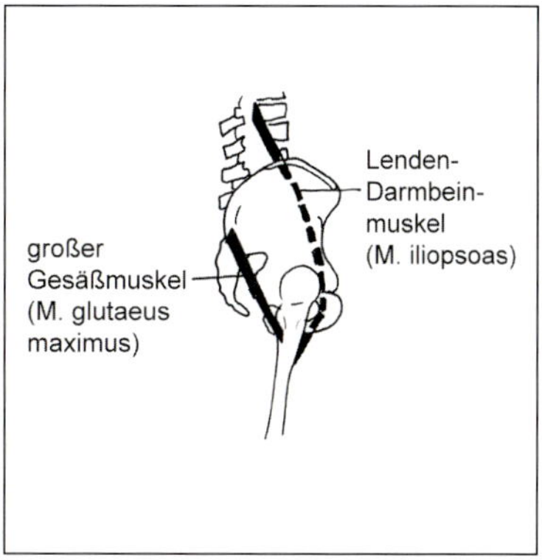

Abb. 10: Eingelenkige Hauptmuskeln am Hüftgelenk.

Die wichtigsten zweigelenkigen Muskeln und ihre Funktionen in Ruhe zeigen Tabelle 2 und Abbildung 11.

Tab. 2: Die wichtigsten zweigelenkigen Muskeln und ihre Funktionen in Ruhe (Tittel, 1981)

Gelenk	Bereich	Muskel	Funktion in Ruhe
Sprung- und Kniegelenk	Rückseite	zweiköpfiger Wadenmuskel (M. gastrocnemius)	• Streckt das Sprunggelenk. • Beugt das Kniegelenk.
Knie- und Hüftgelenk	Vorderseite	Gerader Oberschenkelmuskel (M. rectus femoris) Schneidermuskel (M. sartorius)	• Strecken das Kniegelenk. • Beugen das Hüftgelenk.
	Rückseite	Ischiocrurale Muskulatur = langer Kopf des zweiköpfigen Schenkelmuskels (caput longum M. bicipitis femoris) + Halbsehnenmuskel (M. semitendinosus) + Plattsehnenmuskel (M. semimembranosus)	• Beugen das Kniegelenk. • Strecken das Hüftgelenk.
	Außenseite	Schenkelbindenspanner (M. tensor fasciae latae)	• Beugt das Hüftgelenk. • Streckt das Kniegelenk.

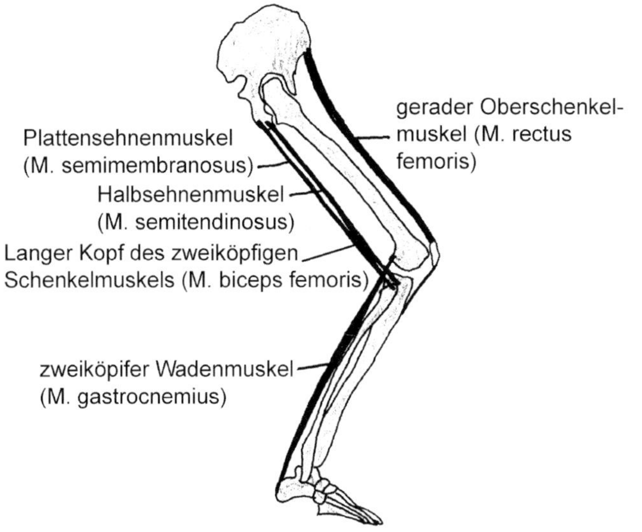

Abb. 11: Zweigelenkige Muskeln der Beine.

Die große Mehrheit unserer Bewegungen sind asymmetrisch

Die Sprintbewegung ist, wie die Mehrzahl der menschlichen Aktivitäten, bezüglich der Körpermittelebene (Medianebene) eine asymmetrische Bewegung, d. h. die linke Seite führt etwas anderes aus als die rechte. Während das linke Bein stützt, schwingt das rechte Bein vor, während der rechte Arm vorschwingt, schwingt der linke Arm zurück usw. Durch die Asymmetrie der Bewegung treten recht große Kräfte im Rumpf- und Hüftbereich auf, die durch die entsprechende Muskulatur ausgeglichen werden müssen, um den Rumpf stabil zu halten (Abbildung 13).

Werden die Kräfte nicht durch die Rumpfmuskulatur aufgebracht, führt dies zu einer nicht optimalen Kraftübertragung auf das Stützbein und vor allem zu unfunktionellen Belastungen der Wirbelsäule.

Für den Kräfteausgleich im Rumpf- und Beckenbereich sind in erster Linie die schrägen Bauch- und Rückenmuskeln, sowie die Add- und Abduktoren verantwortlich. Diese Muskelgruppen und ihre Grundfunktionen in Ruhe sind in den Tabellen 3 und 4 und Abbildungen 12 und 13 aufgeführt.

Tab. 3: Die wesentlichen Add- und Abduktoren (Tittel, 1981)

Bereich	Muskel	Funktion in Ruhe
Abduktoren	mittlerer und kleiner Gesäßmuskel (Mm. glutaeus medius et minimus) Schenkelbindenspanner (M. tensor fasiae latae) birnförmiger Muskel (M. piriformis)	• Heben das Bein seitlich hoch • Auf der Stützbeinseite wird ein Abkippen des Beckens zur Schwungbeinseite verhindert
Adduktoren	Kammmuskel (M. pectineus) langer, kurzer großer Schenkelanzieher (M. adductor longus, brevis, magnus) Schlanker Muskel (M. gracilis)	• Bringen das Bein zum Körper • Beim Lauf wird das Bein unter den Körper zur Mitte hingezogen

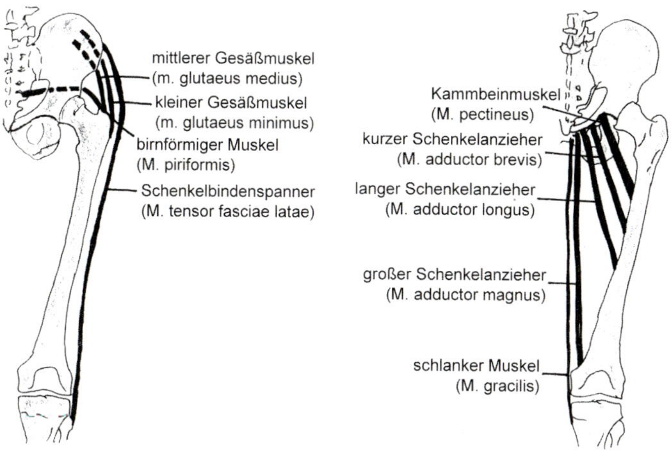

Abb. 12: Add- und Abduktoren.

Tab. 4: Die größten Rumpfmuskeln und ihre Funktion (Tittel, 1981)

Bereich	Muskel	Funktion in Ruhe
Rumpf-vorderseite	gerader Bauchmuskel (M. rectus abdominis) querer Bauchmuskel (M. transversus abdominis) Äußerer schräger Bauchmuskel (M. obliquus externus abdominis) innerer schräger Bauchmuskel (M. obliquus internus abdominis)	• Beugt die Wirbelsäule. • Bringen eine Schulter nach vorne.
Rumpf-rückseite	Langmuskel des Rückens (M. longissimus) Darmbein-Rippenmuskel (M. iliocostalis)	• Strecken die Wirbelsäule.

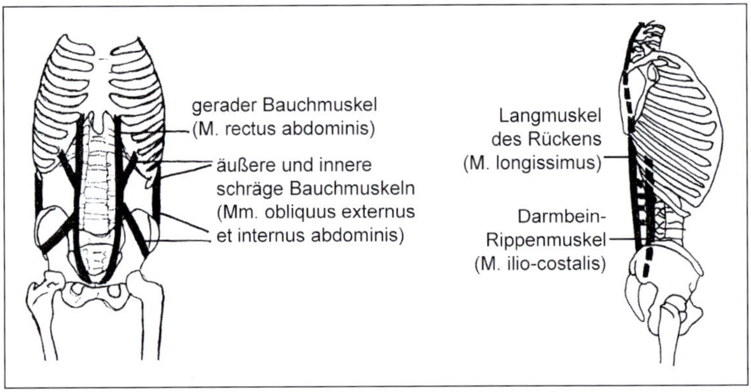

Abb. 13: Die größten Rumpfmuskeln.

Vor allem schräge Rumpfmuskulatur gleicht die asymmetrischen Bewegungen von Beinen und Armen aus

Betrachten wir die wesentlichen Kräfte im Rumpf-Beckenbereich während des Bodenkontakts so wird der Einfluss der Rumpfmuskulatur auf eine funktionelle Technik deutlich (Abbildung 14). Vor dem Auftreffen auf dem Boden weist das gesamte System einen nach unten gerichteten Impuls auf. Während mit dem Aufsetzen auf dem Boden dieser Impuls auf der Stützbeinseite im Bereich des Beckens durch die Knochen und Muskeln des Stützbeins abgebremst wird, neigt die Schwungbeinseite dazu, der ursprünglichen Bewegungsrichtung nach unten weiter zu folgen. Um dies und damit eine unfunktionelle Belastung der Wirbelsäule zu verhindern, muss sowohl das Becken als auch der Brustkorb über muskuläre Verspannungen fixiert werden. Das seitliche Abkippen des Beckens auf der Schwungbeinseite wird in erster Linie durch die Muskulatur zwischen äußerem Beckenkamm und Oberschenkelhügel (M. glutaeus medius et minimus) auf der Stützbeinseite verhindert, wohingegen das seitliche Abkippen des Brustkorbs durch die Kräfte der stützbeinseitigen Rumpfmuskulatur (äußere und innere schräge Bauchmuskulatur) aufgehalten wird. Durch die Verspannung der Stützbeinseite kann die diagonale Rumpfmuskulatur vom stützbeinseitigen Rippenbogen zum schwungbeinseitigen Beckenkamm und die äußere schräge Bauchmuskulatur der Schwungbeinseite zusätzlich das Halten des Beckens auf der Schwungbeinseite unterstützen. Berücksichtigt man zusätzlich, dass während des Bodenkontakts beim Sprint bis zum Sechsfachen der Körpergewichts an Bodenreaktionskraft auftritt und der ganze Körper noch bewegt wird, so werden die hohen Anforderungen an die Rumpfmuskulatur deutlich.

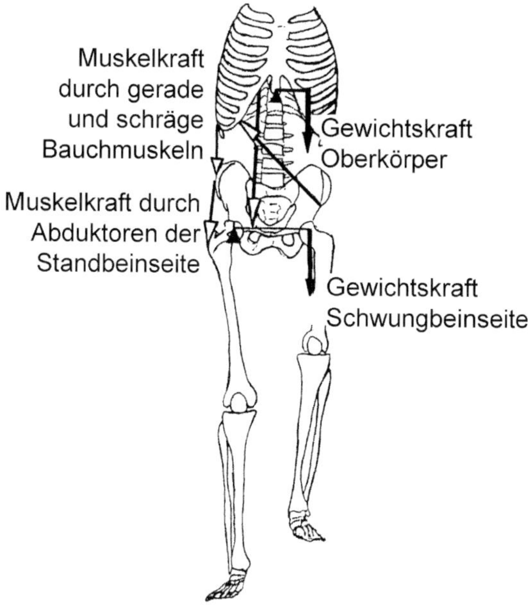

Abb. 14: Gewichts- und Muskelkräfte beim Einbeinstütz im unteren Rumpf- und Hüftbereich von vorne.

Effektiv trainierte schräge Rumpfmuskulatur erlaubt effektives Laufen und Sprinten

Daher ist eine entsprechende Ausbildung dieser Muskelgruppen für einen langfristig gesunden Trainingsaufbau auch aus präventiv-orthopädischer Sicht von großem Interesse. Gehen wir davon aus, dass die gymnastischen Dehn- und Kräftigungsübungen die Entwicklung der asymmetrischen Muskelkraft unterstützen sollen (vgl. Kapitel 5), so hat dies entsprechende Konsequenzen für die Übungsauswahl.

Gymnastische Übungen sollten mit fortschreitendem Stadium vor allem in asymmetrischer Form ausgeführt werden (diagonales Prinzip der Koordination).

Schnelle Gelenkbewegungen führen zu größerem Trainingsreiz für die Muskulatur

Dies kann durch Ausnutzen o. g. Hebel- und Wechselwirkungsgesetze praktiziert werden. Das Nutzen der Hebel bedeutet hier das Ersetzen von Zusatzlast durch unterschiedliche Haltungen des eigenen Körpers, z. B., dass durch Strecken der Arme oder Beine in der Horizontalen der arbeitende Muskel eine größere Kraft aufbringen muss und dadurch einen größeren Trainingsreiz erfährt. Das Wechselwirkungsprinzip ausnutzen, heißt z. B., die Bewegung nicht langsam fließend auszuführen sondern schnell, mit entsprechend abruptem Abbremsen und Halten in der Endposition.

Durch die schnellere Bewegung der Segmente wird eine stärkere Reaktionskraft erzeugt, die von der haltenden Muskulatur aufgebracht werden muss und für muskuläre Trainingseffekte genutzt werden kann. Diese schnellere Form sollte jedoch erst in fortgeschrittenerem Trainingsstadium angewandt werden, und darf zu keiner Änderung der korrekten Bewegungsgeometrie führen. Der Umfang und die Intensität der Trainingsübungen sollte langsam gesteigert werden, da sie sehr schnell zu Muskelkater führen und dieser oft das Training an den folgenden Tagen negativ beeinflussen.

Effektives Sprinten und Laufen nutzt biomechanische und Muskeleigenschaften

Die Effektivierung und Ökonomisierung der wirksamen Muskelkraft durch entsprechende Gelenkpositionen wird an drei Beispielen während eines Schrittzyklus veranschaulicht:

1) Führen wir das Knie am Ende der Stützphase weit hinter den Körper und Fersen den Unterschenkel an, dann wird der zweigelenkige gerade Oberschenkelstrecker (M. rectus femoris) sowohl durch die Hüftstreckung als auch die Kniebeugung gedehnt und somit vorgespannt. Durch diese erhöhte Vorspannung kann die anschließende Hüftbeugung (das Nachvornebringen des Knies) mit größerer Anfangskraft und damit schneller ausgeführt werden.
2) Durch Anziehen der Fußspitzen vor dem Aufsetzen auf den Boden werden sowohl der zweiköpfige Wadenmuskel (M. gastrocnemius) als auch der Schollenmuskel (M. soleus) stärker vorgespannt, wodurch die anschließende Streckung des Sprunggelenks mit grö-

ßerer Geschwindigkeit erfolgen kann. Die angezogenen Fußspitzen bis kurz vor dem Bodenkontakt sind vor allem bei Spitzen Sprintern und Läufern von vorne zu beobachten. Man sieht von vorne die Schuhsohlen kurz vor dem Aufsetzen. Durch das Anziehen der Fußspitzen kommt es über den zweigelenkigen Wadenmuskel (M. gastrocnemius) zu einem weiteren Effekt am zweiten Gelenk, der weiter unten behandelt wird.

3) Durch das Abkippen des Beckens nach vorne wird eine leichte Hohlkreuzhaltung hervorgerufen, durch die die Ansätze der ischiocruralen Muskulatur am Sitzbein von den Ursprüngen am Unterschenkel entfernt werden und die Muskulatur entsprechend vorgespannt wird. Die erhöhte Vorspannung führt zu einem schnelleren Absenken des Beins und einer schnelleren Hüftstreckung während der Stützphase. Diesem zweigelenkigen Muskel kommt beim Sprint eine wesentliche Funktion beim Vortrieb zu. Der Muskel scheint in Verbindung mit der Gesäßmuskulatur primär dafür verantwortlich zu sein, dass der Körper aktiv über den Unterstützungspunkt am Boden gezogen wird. Unterstützt wird dieser Sachverhalt unter anderem durch die Beobachtung einer extremen Hohlkreuzhaltung und ausgeprägten Gesäßmuskulatur bei nahezu allen Weltklassesprintern. Da häufiges und intensives Sprinttraining eine Hohlkreuzhaltung fördert, sollte zum Ausgleich verstärkt auf Dehn- und Haltungsübungen sowie auf Bauchmuskeltraining und Haltungskontrolle in der Alltagsmotorik (beim Sitzen oder Gehen) geachtet werden.

Die Funktion eines Muskels kann sich in der Bewegung ändern

Die Wirkungsweise der einzelnen Muskeln in Ruhe ist nicht unmittelbar identisch mit ihrer Funktion bei Bewegung. Zum Beispiel kann die kniebeugende Funktion der ischiocruralen Muskulatur in Ruhe zu einer kniestreckenden bei Bewegung, wie Laufen oder Radfahren (Wiemann, 1986; Zajac, 1989) werden. Die Funktion eines Muskels ist also immer abhängig von dem Bewegungszustand der beteiligten Gliedmaßen und dem Kontraktionszustand der an ihnen ansetzenden Muskelgruppen. Zur Zuordnung der Muskelfunktionen zu bestimmten Bewegungen sollten daher stets die Randbedingungen des kompletten Systems berücksichtigt werden.

Nicht zu vernachlässigen ist auch hier eine wechselseitige Abhängigkeit mit den oben beschriebenen physikalischen Grundlagen. Es kann sich zum Beispiel ein physikalisch optimaler Hebel für die Muskellänge als so ungünstig erweisen, dass dieser seine maximale Kraft nicht entwickeln kann. Es ist also eine optimale Kombination aus Muskellänge und Hebel anzusteuern. Auch hierfür gibt es nur grobe

Anhaltspunkte jedoch kein allgemeingültiges Rezept, da die Muskelansatzpunkte sowie Länge und Gewicht der Gliedmaßen von Sportler zu Sportler und während der Pubertät relativ stark variieren.

2.3.2 Durch Vordehnung größere Kräfte erzeugen – Zum Bewegungszustand des Muskels

Konzentrische und exzentrische Kontraktion führen zu unterschiedlicher Kraftproduktion

Die zweite Möglichkeit, die Kontraktionskraft eines Muskels zu beeinflussen liegt in der Wahl seines Bewegungszustands, d. h. ob der Muskel während einer Kontraktion belastet wird oder aus dem Ruhezustand. Zieht sich ein Muskel aus dem Ruhezustand zusammen *(konzentrische Kontraktion)*, so ist die entwickelte Kraft geringer, als wenn der Muskel in angespanntem Zustand entgegen seiner Wirkungsrichtung gedehnt wird *(exzentrische Kontraktion)*.

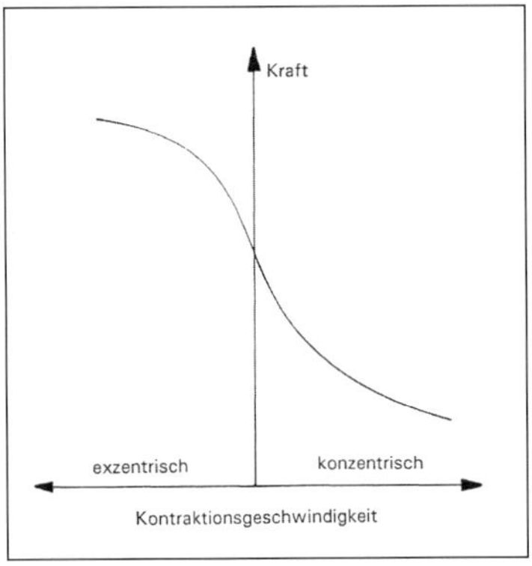

Abb. 15: Kraft-Geschwindigkeits-Verlauf (mod. nach Komi, 1973b).

Abbildung 15 demonstriert die Abhängigkeit der Kraft von der Kontraktionsgeschwindigkeit des Muskels. Der untere Teil der Kurve zeigt, dass mit zunehmender Kontraktionsgeschwindigkeit des Muskels seine entwickelte Kraft abnimmt. Im oberen Teil der Kurve wird sichtbar, dass mit zunehmender Dehnungsgeschwindigkeit auch die Kraft ansteigt, die der Muskel entwickelt. Dies geschieht jedoch nur bis zu einem bestimmten Grenzwert der Dehnungsgeschwindigkeit. Wird dieser überschritten, kommt es zur Schädigung des Muskels.

Eine kurze exzentrische Bewegung steigert die anschließend konzentrische

Kombiniert man eine kurzzeitige exzentrische mit einer anschließenden konzentrischen Kontraktion so spricht man auch von einem Dehnungs-Verkürzungs-Zyklus (DVZ). Der DVZ tritt bei vielen Alltagsbewegungen auf und wurde am umfangreichsten bei vertikalen Sprüngen untersucht (Komi, 1973a; 1978; Komi et al., 1987).

Wird z. B. von einer niedrigen Stufe herunter gesprungen und anschließend von der Landestelle wieder abgesprungen, so wird das Sprunggelenk am Boden zuerst gebeugt und dann wieder gestreckt, d. h., die Wadenmuskulatur wird zunächst in angespanntem Zustand gedehnt (exzentrische Kontraktion) bevor sie sich anschließend wieder zusammenzieht (konzentrisch). Wird das Abspringen von der Landestelle in der Form ausgeführt, dass die Fußspitzen kurz vor der Landung angezogen und dann wieder aktiv gestreckt werden, so können die Bodenkontaktzeiten kürzer gehalten werden und die anschließende Sprunghöhe wird größer als bei spitzfüßiger Landung (Schöllhorn et al., 1990). Die koordinativ bedingten Verbesserungen rühren von der größeren relativen Kontraktionsgeschwindigkeit der Wadenmuskulatur bei der Landung her. Wird der Fuß kurz vor der Landung aktiv gegen den Boden gestreckt (Plantarflexion), so wird bei Bodenkontakt die Wadenmuskulatur aus einer, im Vergleich zum passiven Fußaufsatz, größeren Kontraktionsgeschwindigkeit exzentrisch belastet und folglich die Kraft durch die exzentrische Kontraktion vergrößert. Dies wird auch durch Auftreten von Reflexen im Elektromyogramm (EMG) deutlich.

Durch Reflexe unterstütztes Sprinten und Laufen ist am effektivsten

Mithilfe eines Elektromyogramms kann die elektrische Aktivität eines Muskels sichtbar gemacht werden. Die myoelektrische Aktivitäten werden dabei mit Hilfe von Elektroden auf den Hautstellen über den Muskeln und einem Messgerät (Elektro-Myo-Graphie) gewonnen (McClay et al., 1990). Reflexe zeichnen sich im EMG durch hohe und kurze Spannungsausschläge unmittelbar nach der Reizsetzung aus.

Das Auftreten von Reflexen bei automatisierten Bewegungen ist ein Hinweis für eine Ökonomisierung der Bewegung und tritt mit zunehmender Leistungsentwicklung immer häufiger auf (Upton et al., 1971; 1975). Wird die aktive Streckbewegung (Plantarflexion) der Füße beim Sprint mit einer horizontalen Greifbewegung verbunden, so führt dies zu einem zusätzlichen positiven Effekt. Da die zweiköpfige Wadenmuskulatur (M. gastrocnemius) aufgrund ihrer Zweigelenkigkeit sowohl an der Streckung des Sprunggelenks als auch an der Beugung des Kniegelenks beteiligt ist, wirkt ein an dieser Muskulatur ausgelöster Reflex über die Beugung am Kniegelenk auf den ebenfalls zweigelenkigen rückseitigen Oberschenkelmuskel (M. biceps femoris). Die unterstützende Wirkung bei der Beugung im Kniegelenk durch die Wadenmuskulatur hat zur Folge, dass die Kontraktionsgeschwindigkeit der ebenfalls kniebeugenden ischiocruralen Muskulatur vergrößert wird und hier durch das Abbremsen des Unterschenkels auch Reflexe ausgelöst werden. Da hier ebenfalls zweigelenkige Muskeln wirken, die über Knie und Hüftgelenk verlaufen, hat dies eine schnellere Streckung des Hüftgelenks zur Folge. Die aktive Fußgelenksarbeit kann also nicht nur für die vertikale Bewegung genutzt werden, sondern vor allem auch für den horizontalen Vortrieb.

Schnelles Rückführen des Beins kann Exzentrik und Reflexe nutzbar machen

Ein ähnlicher Mechanismus, jedoch ohne Reflexaktivität kann beim Zurückführen des Stützbeins ausgelöst werden. Je schneller das Bein nach hinten geführt wird, desto größer ist die Dehnungsgeschwindigkeit des geraden Oberschenkelmuskels (M. rectus femoris), der wesentlichen Anteil an der Hüftbeugung hat. Durch die größere Dehnungsgeschwindigkeit wird ein schnelleres Schwungbein ermöglicht, da die Anfangskraft erhöht ist.

Schnelles Heben des Knies hilft der Vorspannung der Hüftstrecker

Auch am Ende der Schwungphase kann dieser Mechanismus ablaufen. Je schneller das Bein nach vorne und der Unterschenkel vor gebracht wird, desto größer ist die Dehnungsgeschwindigkeit der ischiocruralen und Gesäßmuskulatur, die durch eine vergrößerte Kraftentwicklung für das Aufsetzen (nach unten bringen) des Beins genutzt werden kann. Eine wesentliche Voraussetzung für große Bewegungsgeschwindigkeiten ist jedoch die völlige Entspannung der gegenwirkenden Muskulatur (Antagonisten). Das Geheimnis des Sprints besteht also nicht nur in der Fähigkeit einen Muskel maximal zu kontrahieren, sondern auch darin, durch Entspannung der Muskulatur zum richtigen Zeitpunkt die Wirkung der Agonisten nicht zu behindern, um zu einer optimalen Technik zu gelangen. Beim Sprint- bzw. Koordinationstraining wird demnach gelernt, die Muskulatur zum richtigen Zeitpunkt zu entspannen. Auch im Gehirn gibt es einen Hinweis auf diese Kunst, da hier der am häufigsten vorkommende Überträgerstoff (GABA) hemmende (inhibitorischen) Wirkung hat (vgl. Kapitel 3.4 „Bewegungen lernen und lehren") (Kandel et al., 1991). Der Sprint stellt somit die Kunst dar, in einem geschlossenen Kreis mit wechselseitig bedingenden Prozessen, die Muskulatur zum richtigen Zeitpunkt zu kontrahieren *und* zu entspannen.

Aktivitäten der Beinmuskeln werden durch ein Elektromyogramm sichtbar

Anhand eines EMGs werden die Vielseitigkeit der Wechselwirkungen und Funktionen einzelner Muskeln während eines einzelnen Sprintschritts deutlich. Abbildung 16 zeigt die elektrischen Aktivitäten ausgewählter Beinmuskeln während eines Sprintschritts mit maximaler Geschwindigkeit beginnend mit dem Lösen des Bodenkontakts. Mit Verlassen des Bodens beginnt das Anfersen, das durch die Restaktivität der ischiocruralen Muskulatur und die Trägheit des Unterschenkels bedingt ist. Die Trägheit des Unterschenkels bewirkt eine Bewegung nach hinten oben und führt im Folgenden durch gemeinsam mit dem Kniehub zu einer weiteren Verkleinerung des Kniewinkels, d. h. das Anfersen während des Sprintschritts erfolgt in erster Linie passiv. Dabei setzt die Aktivität des zweigelenkigen Oberschenkelstreckers (M. rectus femoris) zur Hüftbeugung (Kniehub) unmittelbar mit dem Lösen des Bodenkontakts ein. Etwas später werden die Fußspitzen durch den vorderen Schienbeinmuskel (M. tibialis anterior) angezogen, um die Massenteile des Fußes näher an die Drehachse der Hüfte zu bringen und über ein verringertes Trägheitsmoment eine größere (Dreh-) Winkelgeschwindigkeit zu erreichen. Ungefähr gleichzeitig beginnen die Öffnung des Kniewinkels durch den eingelenkigen Kniestrecker (M. vastus lateralis) und das Abbremsen des Oberschenkels durch die zweigelenkige ischiorurale (M. biceps femoris) und die Gesäßmuskulatur (M. glutaeus maximus). Durch das Abbremsen des Oberschenkels werden auch die Voraussetzungen für ein schnelleres Absenken des Beins durch eine höhere Vorspannung der beteiligten Muskulatur geschaffen. Ist die Aktivität des Kniehebers (M. rectus femoris) eingestellt und der Oberschenkel abgebremst, führt die Aktivität der Gesäß und zweigelenkigen ischiocruralen Muskulatur zum Absenken des Schwungbeins.

Ein- und zweigelenkige Muskeln ergänzen sich in ihrer Funktion

Besonders deutlich wird das ausgeklügelte und funktionelle Wechselspiel der ein- und zweigelenkigen Muskeln während des Absenkens. Mit dem Absenken stellt der eingelenkige Kniestrecker (M. vastus lateralis) zunächst seine Aktivität ein, da der Kniewinkel nun aufgrund der Streckung in der Hüfte und der Trägheit des Unterschenkels geöffnet wird. Gleichzeitig wird der eingelenkige vordere Schienbeinmuskel (M. tibialis anterior) aktiv und betont damit die Wirkung des zweigelenkigen Wadenmuskels auf das Kniegelenk.

Antagonisten können einen Agonisten durch Erhöhung der Vorspannung unterstützen

Um ein zu frühes Beugen des Kniegelenks zu vermeiden und durch einen Fußaufsatz hinter dem Körper die Schrittlänge zu verkürzen, wird der eingelenkige Kniestrecker (M. vastus lateralis) kurz danach wieder aktiv, was zu einem kontrollierten Beugen des Knies führt. Zusätzlich wird auch die Wirkung der stets aktiven zweigelenkigen ischiocruralen Muskulatur (M. biceps femoris) auf die Hüftstreckung verstärkt. Es werden demnach bereits vor dem Aufsetzen sowohl das gesamte Bein als auch der Unterschenkel entgegengesetzt zur Laufrichtung nach hinten gezogen. Einen zusätzlichen Effekt erzielt die Aktivität des vorderen Schienbeinmuskels (M. tibialis anterior). Er verhindert eine Streckung (Plantarflexion) des Fußgelenks und spannt die ein- und zweigelenkige Wadenmuskulatur entsprechend vor. Kurz vor der Landung wird die Aktivität des vorderen Schienbeinmuskels eingestellt und das Fußgelenk durch die Wadenmuskulatur (M. gastrocnemius) gestreckt bzw. für die Landung steif gestellt.

Während des Bodenkontakts sind der eingelenkige Kniestrecker (M. vastus lateralis) und die Gesäßmuskulatur (M. glutaeus maimus) nur zu Beginn aktiv, während die zweigelenkige Waden- und ischiocrurale Muskulatur bis kurz vor dem Abheben Aktivität zeigen. Durch den Kniestrecker wird zu Beginn des Bodenkontakts ein zu starkes Beugen des Kniegelenks verhindert, wohingegen die Aktivitäten der rückwärtigen Bein und Hüftmuskulatur auf eine streckende Funktion von Fuß-, Knie- und Hüftgelenk hindeuten.

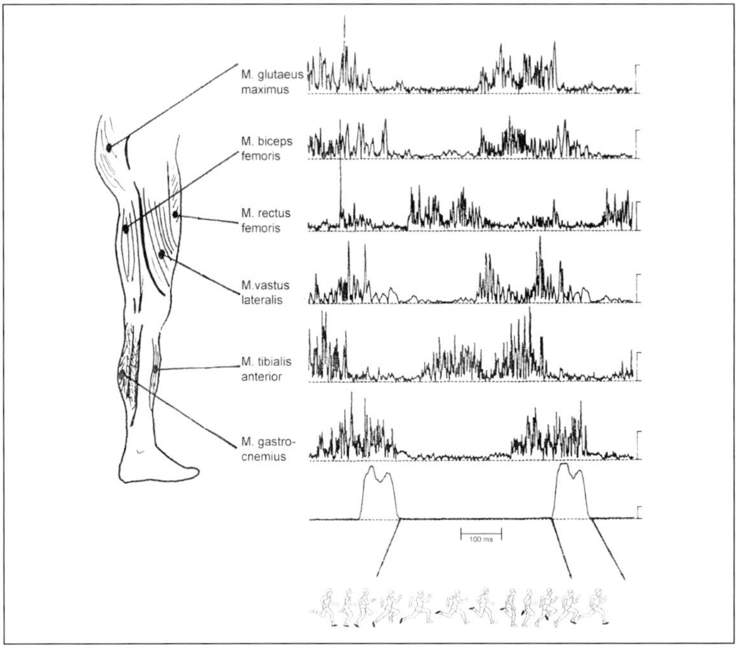

Abb. 16: Elektrische Muskelaktivität (EMG) während eines Sprintschritts im Maximal-Geschwindigkeits-Abschnitt. Die dargestellten EMGs sind von oben von folgende Muskeln abgeleitet: M. gluteaus maximus, M. biceps femoris, M. rectus femoris, M. vastus lateralis, M. tibialis anterior, M. gastrocnemius und der Bodenkontakt.

Die Muskelaktivierung ändert sich vom Start bis zum maximalen Sprint zunehmend

Im Unterschied zum Maximalgeschwindigkeitsabschnitt sind die Elektromyogramme im Beschleunigungsabschnitt vor allem im Bereich der Oberschenkel- und Hüftmuskulatur deutlich verändert (Abbildung 17). Während im Maximalgeschwindigkeitsabschnitt der große Gesäßmuskel (M. gluteaus maximus) mit dem Bodenkontakt seine Aktivität nahezu einstellt und der zweiköpfige Oberschenkelmuskel bis zur Mitte der Stützphase noch aktiv ist, sind die Verhältnisse im Beschleunigungsabschnitt umgekehrt. Hier stellt der zweiköpfige Oberschenkelmuskel seine Aktivität mit dem Bodenkontakt ein und der große Gesäßmuskel ist während der ganzen Stützphase aktiv. Die Hüftstreckung wird im Beschleunigungsabschnitt demnach primär von der Gesäßmuskulatur übernommen, wohingegen bei großen Geschwindigkeiten die rückwärtige Oberschenkelmuskulatur diese Funktion übernimmt. Auch die vorderseitige Oberschenkelmuskulatur zeigt ein abschnittspezifisches Innervationsverhalten. Im Beschleunigungsabschnitt wird der eingelenkige Kniestrecker (M. vastus lateralis) erst kurz vor Bodenkontakt aktiviert und wird demnach nicht benötigt, um den Unterschenkel in der Schwungphase nach vorne zu bringen wie im Maximalgeschwindigkeitsabschnitt. Der zweigelenkige Oberschenkelmuskel (M. rectus femoris) wird in beiden Abschnitten zwar für die Hüftbeugung des Schwungbeins aktiviert, bei hoher Geschwindigkeit jedoch während des Bodenkontakts ausgeschaltet, im Beschleunigungsabschnitt hingegen nochmals aktiv. Die gleichzeitige Aktivierung von großem Gesäß- und zweigelenkigem Oberschenkelmuskel während des Bodenkontakts weist auf eine unterschiedliche Funktion der Muskeln im Beschleunigungsabschnitt hin. Durch die gleichzeitige Aktivierung beider Muskeln wird ein Aufrichten des Oberkörpers beim Start verhindert. Der zweigelenkige Oberschenkelmuskel wirkt im Beschleunigungsabschnitt als Gegenspieler (Antagonist) zu dem großen Gesäßmuskel, der mit der Hüftstreckung den Oberkörper aufrichtet, und unterstützt dabei noch die Kniestreckung.

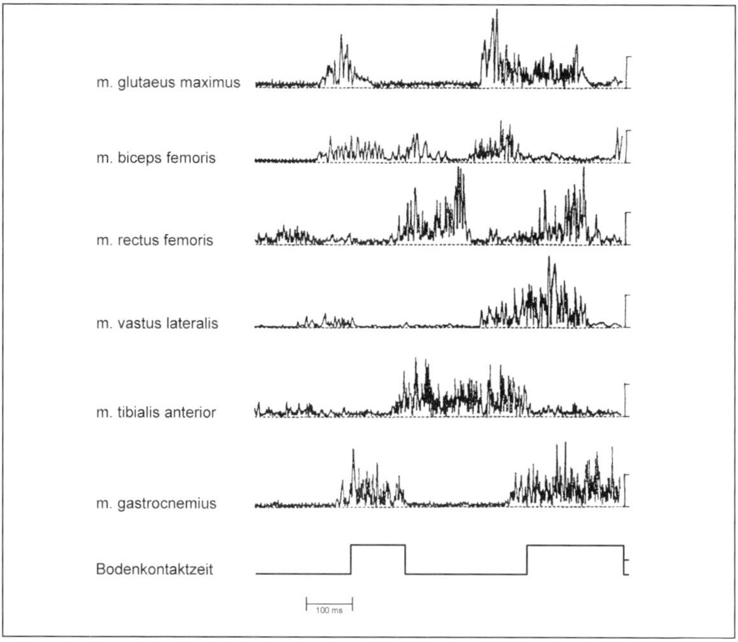

Abb. 17: Elektrische Muskelaktivität (EMG) während eines Sprintschritts im Beschleunigungs-Abschnitt.

Folgen der Muskelaktivierung sind in den Bodenkontaktzeiten und Bodenreaktionskräften sichtbar

Unterschiede sind auch bei den Bodenreaktionskräften zu beobachten (Abbildung 18). Neben den kürzeren Bodenkontaktzeiten von 100 ms im Vergleich zu 140 ms, den größeren vertikalen Kräften (Abbildung 18 rechts) im Maximalgeschwindigkeitsabschnitt zeigen vor allem die Verlaufscharakteristiken der horizontalen Bodenreaktionskräfte (Abbildung 18 links) Unterschiede. Im Beschleunigungsabschnitt (Abbildung 18 links unten) weist der anfänglich negative Ausschlag einen, im Vergleich zum Maximalgeschwindigkeitsabschnitt, relativ kleinen Bremskraftstoß auf und durch den positiven Ausschlag einen größeren Beschleunigungskraftstoß, d. h. es wird zwar mit dem Fußaufsatz zunächst gebremst, im weiteren Verlauf jedoch mehr beschleunigt. Hingegen sind die etwa gleich großen Flächen unterhalb der Kurven mit negativem und positivem Ausschlag im Maximalgeschwindigkeitsabschnitt (Abbildung 18 oben links) ein Zeichen für konstante Geschwindigkeit, d. h. der Sportler beschleunigt nicht mehr.

Aus den unterschiedlichen Innervationsmustern und Bodenreaktionskräften folgt, dass die Bewegungstechniken sowohl im Beschleunigungs- wie im Maximalgeschwindigkeitsabschnitt spezifisch zu trainieren sind.

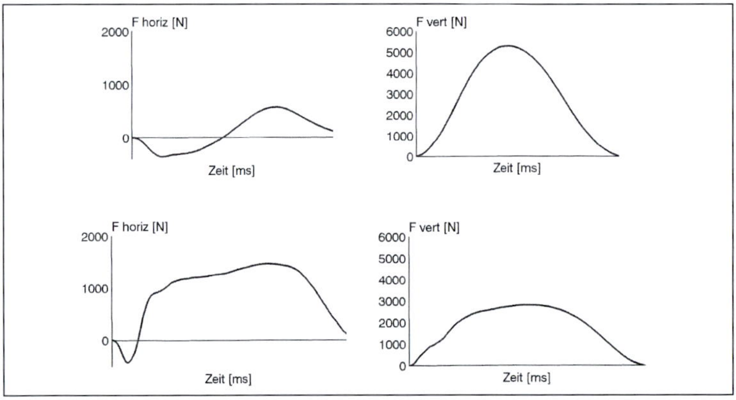

Abb. 18: Horizontale und vertikale Bodenreaktionskräfte im maximalen Geschwindigkeits- (oben) und Beschleunigungsabschnitt (unten).

Wesentliche Ziele des Koordinationstrainings sind also:

1) Optimale Gelenkpositionen (geometrische Voraussetzungen) zur optimalen Kraftentfaltung der aktiven Muskelgruppen.
2) Bedingungen schaffen, durch die mit Hilfe exzentrischer Bewegungsformen eine größere Kraft entfaltet werden kann.
3) Spezifisches Training des Beschleunigungs- und Maximalgeschwindigkeitsabschnitts.

Kapitel

3

Zum Bewegungslernen

3 Zum Bewegungslernen

Wie kann man eine effektive Laufkoordination bekommen?

Während das Verständnis der biomechanischen Prinzipien zur Steigerung der Geschwindigkeit durch eine optimale Lauf- und Sprinttechnik führt, steigert das Wissen um den Lernprozess die Geschwindigkeit der Aneignung. In beiden Fällen wird also ökonomisiert und somit Zeit gespart.

3.1 Das Bewegungslernen als Prozess der Informationsverarbeitung

Neurophysiologische und informationspsychologische Forschungsergebnisse unterstützen

Das Erlernen einer optimalen Lauftechnik erfolgt analog dem Lernen der meisten (sport-)motorischen Fertigkeiten auf der Grundlage von neuro- und psychophysiologischen Mechanismen, die es dem Menschen ermöglichen mit seiner Umwelt in Wechselwirkung zu treten. Einen wesentlichen Einfluss auf den Lernmechanismus hat die Aufnahme und Verarbeitung von Information aus dem eigenen Körper und der Umwelt. Die Informationsaufnahme ist hierbei kein ausschließlich passiver Vorgang, sondern zeigt eine wesentliche aktive Komponente seitens des Lernenden. Sie erlaubt dem Sportler eine gerichtete Wahrnehmung der Information.

Die Informationstheorie bietet am meisten Hilfe an

Aufgrund der Vielzahl an Informationen, die ein Sportler während einer Bewegung und im Lernprozess wahrnimmt, treten meist beide Formen gemischt auf. Während die passive Informationsaufnahme unbewusst abläuft, wird die aktive Aufnahme von Information als bewusst betrachtet. Lernfortschritte sind durch beide Arten von Informationsaufnahme und -verarbeitung möglich. So lernt ein Kind Bewegungen sicher durch unbewusstes Nachahmen und ein Läufer reagiert nach monotonem Absolvieren von unzähligen Kilometern sehr wahrscheinlich mit Adaptation der Lauftechnik an die Belastung. Während lange Zeit aus kognitionspsychologischer Sicht ein grundlegender Vorteil der bewussten Informationsaufnahme und Verarbeitung bzw. des expliziten Lernens in einem deutlich verkürzten Lernprozess gesehen wurde, zeigen jüngere Ansätze zum unbewussten bzw. impliziten Lernen (Polanyi, 1966) bei einfachen (Pew, 1970; Wulf & Lee, 1993; Perrig et al., 1993) Bewegungsaufgaben ähnliche Effekte. Untersuchungen zu großmotorischen Bewegungen führen bei implizitem Lernen (vgl. Kapitel 3.4.2.1 „Lernen aus Differenzen") zu gleichem Erfolg wie bei bewusstem Lernen jedoch in einem kürzeren Zeitraum und daher effektiver (Schöllhorn, 2001).

Schwierigkeiten beim expliziten bzw. bewussten Lernen werden vor allem darin gesehen, dass die durch den Trainer oder Lehrer bereitgestellte oder gerichtete Information die gleiche Bedeutung für den Athleten haben soll wie für den Lehrenden. Da dies jedoch sehr stark von der (Bewegungs-)Erfahrung bzw. Kultur beider als auch von der verwendeten Sprache bzw. Terminologie abhängt, scheint der Lernerfolg von bewusstem oder unbewusstem Lernen auch in hohem Maße von den Gewohnheiten und Voraussetzungen des Athleten abzuhängen.

3.2 Wie lernt der Sportler optimale Bewegungen?

Die klassische Lernpsychologie hat die längste Geschichte

Im Wesentlichen werden hier zwei Klassifikationsansätze unterschieden, die nicht disjunkt zueinander sind, jedoch unterschiedliche praktische Konsequenzen nach sich ziehen. Ein Ansatz stammt aus der *klassischen Psychologie*, der andere aus der Theorie *dynamischer Systeme*.

Versuch-Irrtum- bzw. Trial and Error-lernen

Aus Sicht der klassischen Psychologie erfolgt Lernen auf verschiedene Art und Weise. Die häufigsten Formen des motorischen Lernens sind die *operante Konditionierung*, die *Verstärkung*, das Lernen durch *Versuch und Irrtum* oder das durch *Einsicht*. Bei der *operanten Konditionierung* handelt es sich um eine relativ einfache Form des Lernens, wobei bestimmte Reize zu bestimmtem Reaktionsverhalten führen, die sich im Laufe des Lernprozesses als reflexähnliche (konditionierte) Reaktionsmuster auf die Problemsituation herausbilden. Bei der *Verstärkung* handelt es sich um eine positive Rückmeldung (Lob), die die Wirkung eines reaktionsauslösenden Reizes bzw. ein korrektes Antwortverhalten auf den Reiz betont. Der Lernmechanismus erfolgt analog der Konditionierung. Zwischen beiden Lernformen bestehen funktionelle Zusammenhänge und treten meist miteinander auf (Ungerer, 1977).

Die Kognition kommt ins Spiel

Beim Lernen durch *Versuch und Irrtum* wird das richtige Antwortverhalten auf einen Reiz bzw. auf eine Problemsituation aus einer Reihe von verschiedenen Reaktionsmöglichkeiten, die im Verhaltensrepertoire des Lernenden zur Verfügung stehen, gewählt und ausprobiert. Diese Art des Lernens erfolgt weitgehend selbstständig, wobei das richtige Antwortverhalten durch ständigen Wechsel der Reaktion allmählich erreicht wird. Beim *Lernen durch Einsicht* wird hingegen die Problemsituation umgehend und ohne Verhaltensänderung gelöst, indem der Lernende sein Wahrnehmungsfeld so organisiert, dass er auf frühere Erfahrungen zurückgreift, um das richtige Antwortverhalten spontan bereitzustellen. Diese vier Grundmechanismen ergänzen sich im Laufe eines Lernprozesses, um ein optimales Ergebnis zu erzielen. Der Anteil der einzelnen Lernformen am Lernprozess scheint vom

Lernstadium und von der Bewegungskomplexität abhängig. Im Anfangsstadium des *komplexen motorischen* Lernens wird in den klassischen Ansätzen von Vorteilen stärkerer äußerer Kontrolle (Verstärkung) ausgegangen während im fortgeschrittenen Lernstadium das eigenständige Lernen (Versuch und Irrtum) *überwiegen* soll. Komplexere Bewegungen bedürfen demnach einer größeren Beteiligung des Bewusstseins (Einsicht), während einfache Verhaltensformen durch *unbewusste* Konditionierung schnell gelernt werden sollen.

Die Komplexität einer Bewegung kann einen Einfluss auf die Lernform haben

Selbstorganisierendes Lernen

Lernen als dynamisches System

Abgeleitet aus der Theorie *dynamischer Systeme* (Förster, 1960; Rosen, 1970; Haken, 1983) wird Lernen auch unterschieden in *fremdgesteuertes* und *selbst organisierendes*. Fremdgesteuertes Lernen setzt dabei einen externen Lehrer, hier in Form eines Trainers, voraus, der das Wissen um das zu erlernende Ideal hat und durch entsprechende Rückmeldungen über das Ergebnis der einzelnen Handlungen zu diesem führt. Selbstorganisierendes Lernen hingegen ist ausschließlich auf den Lernenden selbst bezogen, der aus den eigenen Eigenschaften und Fähigkeiten heraus Strukturen in seine Bewegungen bringt. Ein Kern dieser Unterscheidung liegt in einem Phänomen, das auch den Kern der **Synergetik** (Haken, 1983) ausmacht, nämlich dem der Selbstorganisation. Damit ist das spontane Auftreten (Emergenz) von Ordnungszuständen in einem System gemeint, das in belebter und unbelebter Natur (Jantsch, 1979; Haken, 1983; Deutsch, 1994) zu beobachten ist. Voraussetzungen für ein selbstorganisierendes System sind dabei die Eigenschaft der Veränderbarkeit (Dynamik), der Offenheit und der Komplexität. Selbstorganisation ergibt sich demnach nur in Systemen, die sich verändern können, die in eine Umwelt eingebettet sind, die es antreibt und die aus mehreren Komponenten bzw. vielen Freiheitsgraden bestehen (Tschacher & Schiepek, 1997). Die Existenz sämtlicher Voraussetzungen beim Menschen führte für das Erlernen von komplexen Bewegungsmustern (als Ordnungszustand) u. a. zu dem Ansatz des *differenziellen Lernens*, bei dem die Offenheit, Dynamik und Komplexität des Systems Athlet genutzt wird, um durch eine Vielzahl an Übungsdifferenzen einen selbstorganisierenden Prozess beim Athleten auszulösen und somit dem Athleten zu ermöglichen, das eigene Bewegungsoptimum herauszufinden und nicht ein fremdes Vorbild zu kopieren.

3.3 Information – ein Schlüssel-Element des Lernens

Ist Information der Schlüssel zum Geheimnis?

Sämtlichen Lernmechanismen ist eines gemeinsam: die bewusste und unbewusste Verarbeitung von Informationen aus dem eigenen Körper und aus der Umwelt, um eine motorische Problemsituation zu lösen. Auf dieser Grundlage kann das motorische Lernen aus informationstheoretischer Sicht sehr vereinfacht als ein Regelkreisprozess betrachtet werden, der große Ähnlichkeiten mit den in der Regelungstechnik vorhandenen Systemen (z. B. Temperaturregelung in modernen Heizanlagen) aufweist.

Informationsverarbeitung als Regelkreis modelliert

Der Mensch verfügt über verschiedene Eingangskanäle, die zur Aufnahme sowohl äußerer Umweltinformationen als auch innerer Zustände des eigenen Bewegungsapparats dienen (Thermometer der Heizanlage). Diese Informationen gelangen in das Zentral-Nervensystem (ZNS) zur Bewertung und Verarbeitung (Steuerelektronik des Heizungsreglers). Dabei entstehen Nervenimpulse, die An- und Entspannungsreihenfolge der verschiedenen Muskeln wesentlich bewirken (Einschalten des Heizkessels), um eine Vielzahl an Haltungen und Bewegungen des Körpers (gewünschte Raumtemperatur) zu erreichen. Das motorische Verhalten liefert wiederum Informationen bzw. Rückmeldungen über die durchgeführte Bewegung und im ZNS wird über Erfolg oder Misserfolg im Verhältnis zum angestrebten Sollbild geurteilt. Anhand dieser Information kann eine Korrektur des Verhaltens stattfinden, bis die durchgeführte Bewegung (Istwert) dem angestrebten Bewegungsmuster (Sollwert) vollkommen entspricht (bei einer Heizanlage bleibt z. B. der Heizkessel angeschaltet, bis die Lufttemperatur – Istwert – den eingestellten Sollwert – z. B. 20 °C – erreicht hat).

Neben den Informationen aus dem eigenen Körper (innerer Regelkreis) sind Rückmeldungen durch den Lehrer oder Trainer, der die Bewegungsausführung beobachtet und anhand seiner Beurteilung Korrekturhinweise vermittelt, ein zusätzlicher Bestandteil des Regelkreises beim motorischen Lernen (äußerer Regelkreis). Im Rahmen des Informationskreises können wir vier Teilprozesse unterscheiden, die die Qualität des Lernprozesses beeinflussen und von psycho- und neurophysiologischen Eigenschaften des Lernenden abhängen und zu entsprechenden Konsequenzen für das Training führen:

1) Informationsaufnahme
2) Informationsübermittlung
3) Informationsverarbeitung
4) Informationsausgabe

Diese Teilprozesse sind funktionell miteinander verknüpft und laufen während des Lernens zum Großteil parallel ab.

3.3.1 Die Informationsaufnahme – überall im Körper sind Sensoren

Information kommt über verschiedene Kanäle rein

Sowohl in seiner natürlichen Umgebung als auch beim Erlernen einer speziellen Bewegung wird der Athlet mit einer großen Menge an Information konfrontiert, die je nach Art (Licht, Schall, Wärme, Druck usw.) von den verschiedenen Sinnesorganen (z. B. Augen, Ohren, Haut) empfangen werden. Jedes Sinnesorgan besteht aus hochspezialisierten Zellen (Rezeptoren), die auf eine spezifische Reizform reagieren. Neben den optischen, akustischen und taktilen Reizen werden Sportler vor allem mit körpereigenen Signalen versorgt. Hierzu gehören kinästhetische Informationen über die Spannungszustände in der Muskulatur und die Lage der Körpergelenke sowie vestibulare Informationen über die Lage und Bewegung des Kopfes im Raum.

3.3.1.1 Die Augen können nicht alles sehen

Über das visuelle System erhalten wir die meisten Informationen

Die visuelle Wahrnehmung beim Bewegungslernen bezieht sich im Wesentlichen auf zwei zeitlich getrennte Prozesse:

a) Das Sehen während der Bewegungsausführung und
b) das Sehen von Video- oder Bildmaterial der eigenen Bewegung nach der Bewegungsausführung.

Dabei dient die visuelle Informationsaufnahme dem Athleten während der Bewegung in erster Linie der Orientierung im Raum und subjektiven Eigenkontrolle und das Bildmaterial der Verbesserung (Objektivierung) der Selbsteinschätzung bzw. der Bewegungsempfindung. Die auch im Alltag zu beobachtende Dominanz des visuellen Systems (de Marees, 1987) wird häufig bei Anweisungen für die Bewegungsausführung genutzt, um mit der damit verbundenen Kopfhaltung gezielt Position und Haltungen einzelner Körperteile hervorzurufen. Soll z. B. beim Laufen auf ein weit entferntes Objekt geachtet werden, so ist dies meist mit einer geraden Kopfposition und aufrechten Oberkörperhaltung verbunden. Soll der Blick auf ein Ziel am Boden gerichtet werden, bewirkt dies in der Regel beim Startvorgang eine stärkere Vorlage des Körpers. Das eigene Beobachten der Hände beim Nachvorneschwingen erlaubt die selbstständige visuelle Kontrolle der Armarbeit. Durch die Betrachtung der eigenen Bewegung anhand von Video oder Spiegeln wird versucht, die subjektive propriozeptive Bewegungswahrnehmung des Sportlers mit Hilfe der visuellen zu objektivieren.

Die visuelle Information ist nicht alles

Die visuelle Informationsaufnahme ist relativ eingeschränkt sowohl in Bezug auf die räumliche Abbildung auf der Retina als auch hinsichtlich der Dauer des zu beobachtenden Ereignisses. Scharfes Sehen ist lediglich in einem eingeschränkten Bereich der Retina (Fovea centralis) möglich. So kann z. B. bei einer Entfernung von 10 m nur ein Umkreis von ca. 35 cm Durchmesser in der Mitte des sichtbaren Umfeldes scharf (im Detail) erfasst werden. Alles, was sich außerhalb dieses Bereichs befindet, wird in der retinalen Peripherie nur unscharf abgebildet. Durch schnelle Augen-(Sakkaden) und Kopfbewegungen kann der Bereich scharfen Sehens vergrößert werden. Während einer Sakkade ist jedoch kein Sehen möglich, da eine Überlappung der Reize auf der Retina erfolgt. Die Informationsaufnahme findet ausschließlich während der Fixation der Augen statt. Diese muss mindestens 100 ms dauern, um eine vollständige (ungestörte) Ereigniswahrnehmung zu erzielen (vgl. Kornhuber, 1978; Murch & Woodworth, 1978).

Auch das Auge des Trainers ist oft überfordert

Diese Einschränkungen sind vor allem für die Beobachtungsstrategie des Lehrers oder Trainers von Bedeutung, da Details bei schnellen und kurzzeitigen Bewegungen bzw. Bewegungsphasen nur schwer sichtbar und schwierig zu beurteilen sind. Dies wird häufig bei der Fernsehübertragung von Sportereignissen deutlich, wenn in der Zeitlupenwiederholung viele, während der vorangehenden Live-Übertragung nicht wahrgenommenen Einzelheiten augenfällig werden.

Von der zeitlichen und räumlichen Einschränkung der visuellen Wahrnehmung sind vor allem Trainer/Lehrer betroffen. Hier hängt die Qualität der Bewegungskorrekturen in den meisten Fällen von der Genauigkeit der Bewegungsbeobachtung ab. Dies ist besonders der Fall, wenn die zu beurteilenden (Teil-)Bewegungen schnell ablaufen oder von kurzer Dauer sind. Darüber hinaus, tritt bei der Bewegungsbeobachtung ein Speicherungsproblem auf, da mit hoher Wahrscheinlichkeit nicht alle Bewegungseindrücke im Gedächtnis gespeichert werden können.

Meist wird visuelle Information durch Erfahrungswissen ergänzt

Der Unterschied zwischen erfahrenen und unerfahrenen Lehrern/Trainern liegt sicherlich nicht in ihrer Sehfähigkeit, als vielmehr in unterschiedlichen Beobachtungsstrategien. Erfahrene Beobachter konzentrieren sich auf die sichtbaren, leistungsrelevanten Merkmale der Bewegung und können somit nicht mehr als andere sehen sondern beschränken sich auf „das Wesentliche". Dabei führen die visuellen Wahrnehmungen zu einer relativ guten Beurteilung von Verlaufsmerkmalen (Körperstellungen, Gelenkbewegungen im Verlauf der Ausführung), während Zeitpunktmerkmale (Körper-, Gelenkstellungen zu einem bestimmten Zeitpunkt) nur ungenau erfasst werden (Tidow, 1983; Fassmann, 1979).

Eine Detailerkennung erfordert die Konzentration auf einem begrenzten Bereich der Bewegung, da nur ein kleiner Umkreis des sichtbaren Feldes scharf wahrzunehmen ist. Die Entfernung des Beobachters zum Beobachtungsobjekt ist daher in Abhängigkeit zur Größe des gewünschten scharfen Sehbereichs abzustimmen. Eine geringe Beobachtungsentfernung ermöglicht die Beurteilung kleiner Bewegungsdetails, aber sie erschwert die Erfassung der Gesamtbewegung. Dies gelingt eher durch eine große Entfernung zum Beobachtungsobjekt, welche wiederum die Detailerkennung beeinträchtigt. Die Anwendung von Videoaufnahmen während des Lernprozesses ist daher auch für den Lehrer/Trainer von großer Hilfe, wobei eine wiederholte und verlangsamte Darstellung in gleichem Maße die Informationsaufnahme begünstigt wie beim Lernenden.

3.3.1.2 Das Gehör hilft beim Schrittrhythmus

Akustische Information wird oft vernachlässigt

Die Wahrnehmung akustischer Information ist im Rahmen des Lauf- und Sprinttrainings vor allem im Hinblick auf unterschiedliche Schrittrhythmen und -frequenzen (Guttmann, 1982) zu nutzen. Da ein bestimmter Schrittrhythmus oder die Schrittfrequenz akustisch exakter wahrzunehmen ist als visuell, kann diese Fähigkeit wiederum vom Sportler und Trainer zur zeitlichen Abstimmung der Bewegung genutzt werden. Die Schrittfrequenz kann dabei aufgrund des Geräusches beim Bodenkontakt ‚gehört' oder extern durch Tonsignale (Klatschen) vorgegeben werden.

3.3.1.3 Das Bewegungsgefühl liefert am schnellsten Informationen über den Körper

Ohne Informationen des eigenen Körpers geht es nicht

Das Bewegungsgefühl entsteht aus der Verarbeitung kinästhetischer Empfindungen. Diese setzen sich aus Informationen zusammen, welche spezielle Rezeptoren aus den Muskeln (Muskelspindeln), aus den Sehnen (Golgi-Organe), sowie aus den Gelenkkapseln und Bändern (Ruffini-, Golgi-Rezeptoren und Pacini-Körperchen) liefern. Auf diesem Wege erhält das Gehirn u. a. Informationen über Muskellänge, Sehnenspannung, Gelenkstellung und Geschwindigkeit der Gelenkbewegungen. Diese Informationen werden nicht einzeln registriert sondern komplex im ZNS integriert und bilden die kinästhetische Wahrnehmung oder *Tiefensensibilität*. Sie dienen in Verbindung mit Informationen aus dem Vestibularorgan im inneren Ohr (verantwortlich für den Gleichgewichtsinn) zur Feststellung der Lage einzelner

Körperteile im Raum sowie deren Bewegung und dem Maß der dafür notwendigen Muskelspannung.

Körpereigene Information gewinnt an Bedeutung im Lernprozess

Die kinästhetischen Informationen nehmen im Laufe des Lernprozesses an Bedeutung zu, da sie im Vergleich zu anderen Sinnesinformationen eine präzisere und schnellere Kontrolle von Körperbewegungen ermöglichen. Im fortgeschrittenen Lernstadium nimmt daher die kinästhetische gegenüber der visuellen und akustischen Bewegungskontrolle eine dominante Rolle ein. Die Entwicklung des Bewegungsgefühls und der Fähigkeit, kinästhetische Informationen bewusst (gerichtet) wahrzunehmen, ist daher als eine der wichtigsten Aufgaben im motorischen Lernprozess zu bezeichnen.

Die Entwicklung und Förderung eines ausgeprägten und detaillierten Bewegungsgefühls wird im Wesentlichen durch die variable Gestaltung des motorischen Lernprozesses erzielt. Die Übungsvielfalt wird dabei neben korrekt ausgeführten Bewegungen mit variierenden Rhythmen und Tempi auch durch kontrastierende (bewusst falsche) Ausführungen der gleichen Bewegung (z. B. Laufen mit extremer Rumpfvorlage bzw. -rücklage) erreicht (vgl. auch Kapitel 3.4.2.1 „Lernen aus Differenzen").

3.3.2 Die Informationsübertragung – Nerven als „verknotete" Leitungen

Die elektrischen Impulse (Aktionspotenziale), die an den spezifischen Sensoren durch Reize oder in Form von Bewegungskommandos zentralnervös ausgelöst wurden, gelangen über Nerven und Synapsen zu den verschiedenen Ebenen des zentralnervösen Systems bzw. zu den entsprechenden Muskeln.

Mechanismen zur Übertragung von Information über das ZNS lassen sich trainieren

Für eine schnelle Bewegungskontrolle ist vor allem die Übertragungsdauer der elektrischen Impulse von Bedeutung. Diese hängt neben der Leitungsgeschwindigkeit und Länge der Nervenbahnen auch von der Anzahl der Synapsen, der Menge an Transmittersubstanz und den Synapsenzeiten (Czihak et al., 1984) ab. Mit Ausnahme der Menge an Transmittersubstanz sind die anderen Parameter genetisch relativ festgelegt. Die Transmittersubstanz hingegen zeigt eine Art von Gedächtnis: Je häufiger ein Signal den synaptischen Spalt überquert desto mehr Transmitterstoff wird, innerhalb gewisser Grenzen, produziert.

Optische und akustische Signale treffen vor allem aufgrund der räumlichen Nähe von Augen und Ohren zum Gehirn relativ schnell dort ein.

Auch Impulse aus den oberen Extremitäten gelangen in kürzerer Zeit zum Gehirn als Signale aus den unteren Extremitäten. Kinästhetische Signale können in erster Linie wegen der hohen Leitungsgeschwindigkeit der beteiligten Nervenfasern schnell das ZNS erreichen. Taktile Informationen benötigen hingegen für vergleichbare Übertragungsstrecken eine relativ lange Zeit.

3.3.3 *Die Informationsverarbeitung – Das ZNS als Kommandozentrale und Speicher von Bewegungen*

Bei der Informationsverarbeitung werden zwei Teilprozesse unterschieden:
1) die Informationsauswertung und
2) die Informationsspeicherung.

Information wird auf verschiedenen Ebenen des ZNS verarbeitet

Die *Informationsauswertung* erfolgt auf verschiedenen Ebenen des ZNS. Die einfachsten Haltungs- und Bewegungsmuster *(Spinalmotorik)* werden vom Rückenmark in Form von Reflexen kontrolliert. Die Körperhaltung und -stellung im Raum *(Stützmotorik)* wird vorwiegend durch das Kleinhirn und die willkürlichen Bewegungsabläufe *(Zielmotorik)* von den höheren Zentren des Gehirns, in der motorischen Großhirnrinde, gesteuert. Während die Spinal- und Stützmotorik im Allgemeinen unbewusst abläuft, gilt die Zielmotorik als bewusster Prozess, da uns lediglich Signale, die in den spezifischen sensorischen Bereichen des Großhirns ankommen, bewusst werden. Hierbei können bewusst gelernte Bewegungen einen solch hohen Automatisierungsgrad erlangen, dass sie über unbewusste Kontrollmechanismen geregelt werden.

Länge und Dicke der Nerven bestimmen die Dauer der Informationsübertragung

Betrachten wir den Einfluss des ZNS auf die einzelnen Körperteile, so sind die Augenmuskeln am stärksten vom Gehirn gesteuert und „… die Skelettmuskulatur ist in umso größerem Ausmaß rückenmarksgeregelt, je weiter der motorische Nerv des Rückenmarksquerschnitts vom Gehirn entfernt ist“ (Keidel, 1989). Die stärkere Rückenmarkssteuerung der unteren Extremitäten liefert einen Hinweis auf die Schwierigkeit der Umstellung eines vorhandenen Bewegungsmusters über bewusste Prozesse im Großhirn. Sie ist aus klassischer Sicht nur durch eine große Anzahl an optimierten Übungsausführungen zu erzielen.

Ein charakteristisches Unterscheidungsmerkmal zwischen der bewussten und der unbewussten Bewegungskontrolle ist die *Reaktions-*

zeit. Während Bewegungsreflexe (wie z. B. Dehnungsreflexe der Muskulatur) oder hoch automatisierte Bewegungsabläufe (wie der Start beim 100-m-Lauf) in kürzester Zeit (ca. 0,1 s) ausgelöst werden können, benötigen bewusst gesteuerte Bewegungsreaktionen (z. B. das Bremsen an einer Ampel) vergleichsweise lange Zeit (ca. 0,3 s).

Nur ein Teil der Information zum und weg vom ZNS wird bewusst

Die bewusste Bewegungsteuerung durchläuft dabei drei Schritte der Informationsverarbeitung. Im ersten Schritt findet eine Auswahl der eintreffenden sensorischen Signale nach ihrer Bedeutung für den Ausführenden statt. Im zweiten Schritt wird anhand der gefilterten Information eine Handlungsstrategie zur Lösung der Bewegungsaufgabe erstellt und in einem dritten Schritt in ein Erregungsmuster mit entsprechender sensorischer Voreinstellung umgewandelt, erneut überprüft und abschließend an die Ausführungsorgane (Muskeln und Rezeptoren) geleitet. Aufgrund der Beteiligung von wesentlich mehr Neuronen und damit auch mehr Synapsen, ist die bewusste Informationsverarbeitung zeitlich umfangreicher als die unbewusste Bewegungskontrolle.

Auf Großhirnebene wird die Information in komplexen Netzwerken verarbeitet

Die sensorischen Informationen werden sowohl spezifisch in sensorische Bereiche (Areale) der Großhirnrinde weitergeleitet als auch unspezifisch auf das gesamte Großhirn verteilt. Charakteristisch für die zentralnervöse Verschaltung der Großhirnrinde ist die Verbindung der spezifischen sensorischen Areale untereinander sowie Verbindungen zwischen diesen und assoziativen Arealen, in denen die Repräsentation von Bewegungen angenommen wird (Mezernich et al., 1988). D. h. der Zugang zu einer Bewegungsrepräsentation erfolgt über verschiedene Sinnsystem und kann im Rahmen eines motorischen Lernprozesses unter Verwendung möglichst verschiedener Sinnsysteme genutzt werden. So kann eine Bewegung *gesehen*, *gehört*, *gefühlt* und *beschrieben* werden. Ein Ziel des Erlernens komplexer Bewegungen sollte daher auch in der vielseitigen Nutzung der unterschiedlichen Sinnesorgane zur Informationsaufnahme bestehen.

Für die Speicherung von Information werden zwei Speicher angenommen

Die Erstellung und Korrektur einer Handlungsstrategie vor, während und nach einer Bewegungsausführung erfolgt anhand von sensorischen Informationen, Erfahrungen und vorgestellten Idealbildern. Zur Integration dieser drei Komponenten ist eine *Speicherung* der wahrgenommenen Informationen während der Bewegungsausführung im Gedächtnis Voraussetzung. Die Kapazität der zentralnervösen Informationsspeicherung ist hierbei in Bezug auf Umfang und Behaltensdauer der eintreffenden Signale relativ begrenzt. Während der Umfang durch eine Auswahl der Information nach ihrer Bedeutung teilweise bewusst begrenzt wird, erfolgt die Einschränkung der zeitlich abhängigen Speicherkapazität bei bewusster Informationsverarbeitung durch das Modell eines Kurz- und eines Langzeitspeichers.

Ein Kurzzeitspeicher für schnell vergessene Informationen

Im Kurzzeitspeichermodell wird dabei ein relativ kleiner Teil der sensorischen Informationen für einen Zeitraum von wenigen Sekunden bis mehrere Minuten aufbewahrt. Ein geringer Teil dieser Information kann in das Langzeitspeichermodell übergehen, wo sie langfristig erhalten bleibt. Der Kurzzeitspeicher wird oft auch als *Arbeitsspeicher* bezeichnet, da die Korrektur einer zu starken Bewegungsabweichung im vorhergehenden Versuch beim nächsten in erster Linie auf Grund der Informationen des Kurzzeitspeichers durchgeführt wird.

Ein Langzeitspeicher für nicht vergessene Informationen

Der Langzeitspeicher ist für den Erfolg des Lernprozesses insofern maßgeblich beteiligt, als dass eine Bewegung erst dann als gelernt gilt, wenn sie wiederholt ausgeführt werden kann, d. h. wenn die entsprechenden Erregungsmuster aus dem Langzeitspeicher wieder aufgerufen werden können. Lernen wird daher auch als die Bildung von lang dauernden Gedächtnisinhalten bezeichnet (vgl. Flechtner, 1979, 12). Ein derzeit gängiges Modell der Kurz- und Langzeitspeicherung beschreibt die Mechanismen der Gedächtnisbildung durch wiederkehrende Erregungen innerhalb eines Neuronennetzes. Dabei entstehen strukturelle Änderungen an den Synapsen, die zu einer langfristigen Verfügbarkeit der Information führen. Die strukturellen Änderungen treten jedoch nur bei ständiger Aktivierung der Synapsen durch die beteiligten Neurone auf. Durch die wiederholte Aktivierung zweier Neurone können sogar neue Synapsen ausgebildet werden. Werden die Synapsen jedoch nicht mehr beansprucht, werden sie auch wieder vollständig abgebaut (Singer, 1988; von der Malsburg, 1987). Aufgrund dieser Plastizität der Großhirnrinde wird der Aufbau neuer Neuronen-Netzwerke und somit neuer Bewegungsmuster sogar bis ins hohe Alter angenommen. Diese Prozesse können z. B. durch die Wiederholung der Bewegungen oder durch emotionale Einflüsse, wie eine lobende Verstärkung, nach einem erfolgreichen Bewegungsversuch gefördert werden. Zum Verlust auch an langfristig gespeicherten Informationen kann es kommen, wenn diese über längere Zeit nicht aufgerufen oder die alten und neu eintreffenden Informationen überlagert werden.

Die Art der Information beeinflusst das Gedächtnis

Einen wesentlichen Einfluss auf die Gedächtnisleistung hat die *Informationsmodalität* (motorisch, verbal, visuell usw.) (Engelkamp, 1990). Das motorische Gedächtnis weist eine höhere Leistungsfähigkeit als andere Gedächnismodalitäten auf (Engelkamp, 1990; Kuhn, 1984). D. h. einmal gelernte und automatisierte Bewegungen sind relativ stabil und können nur unter großem Aufwand verändert werden. Aus diesem Grund ist es wichtig, sich wiederholende starke Bewegungsabweichungen möglichst schnell zu korrigieren und ihre Automatisierung zu vermeiden.

Praxisbezogen führt das Wissen um die Funktion der Kurz- und Langzeitspeicher zu der Konsequenz, dass auch hoch automatisierte Bewegungen immer wieder auf ihre optimierte technische Ausführung zu überprüfen und technische Details durch Übungen weiter zu festigen sind.

3.3.4 Die Informationsausgabe – Die Impulsmuster unterliegen Schwankungen

Die Impulsmuster des ZNS werden über Nervenbahnen an die unterschiedlichen Körperpartien geleitet, wo es durch Depolarisation (Änderung der elektrischen Ladung) der Muskelmembran zur Kontraktion der Muskulatur führt.

Du steigst niemals zweimal in den selben Fluss (Heraklit)

Da eine komplexe Bewegung nicht nur durch die Kraft der Muskeln selbst zustande kommt, sondern zusätzlich durch Gravitations- und Trägheitskräfte bestimmt wird (vgl. Kapitel 2.2 „Physikalisch-biomechanische Voraussetzungen“), kann mit hoher Wahrscheinlichkeit davon ausgegangen werden, dass keine Bewegungswiederholung völlig identisch ist oder dass gleiche Randbedingungen herrschen. Ständig variierende Randbedingungen machen jedoch bei dem Ziel, eine Bewegung wiederholt (gleich) auszuführen, eine ständige Anpassung der Muskulatur und des ZNS notwendig. Eine Form der Anpassung des ZNS an ständig variierende äußere Bedingungen sind Schwankungen des Impulsmusters bei jeder Bewegungsausführung. Häufig werden diese Schwankungen auch als notwendige Fehler des Systems bezeichnet, da nur ein System, das Fehler macht auch lern- und anpassungsfähig ist (Zanone et al., 1991). Ein weiterer Vorteil variabler Übungsbedingungen besteht demnach in der Bereitstellung einer Vielzahl an Situationen, die es dem Sportler erlauben das eigentliche Bewegungsziel gegen variierende äußere Bedingungen abzusichern, d. h. der Sportler wird befähigt in unterschiedlichsten Situationen adäquat zu reagieren oder die Bewegung modifiziert auszuführen.

Einen Hinweis auf die Art der Impulserzeugung liefert die Menge an Überträgerstoffen im Gehirn. Den größten Anteil nimmt ein hemmender Überträgerstoff namens GABA (Gamma-Amino-Butter-Säure) ein. Es ist daher anzunehmen, dass die Hemmung von Motoneuronen und damit von bestimmten Muskelgruppen wesentlicher Bestandteil des zentralnervösen Lernprozesses darstellt. Elektromyografisch lässt sich dies durch die Abnahme von Ko-kontraktionen während eines motorischen Lernprozesses beobachten. Während im Anfängerbereich häufig Strecker (Agonisten) und Beuger (Antagonisten) gleichzeitig (simultan) aktiviert werden und sich dadurch gegenseitig in ihrer Wirkung hemmen, erfolgen die Muskelkontraktionen im fortgeschrittenen Bereich eher nacheinander (sukzessive). Neben der Möglichkeit mit Hilfe sukzessiver Kontraktionen größere Geschwindigkeiten zu erzeugen, besteht eine zusätzliche Wirkung in der Ökonomisierung einer Bewegung. Der aktive Muskel arbeitet im fortgeschrittenen Stadium nur noch gegen die Last des Körperteils und nicht mehr gegen die Muskelkraft des Antagonisten, der in dieser Phase zusätzlich noch regenerieren kann.

Ein ähnliches Phänomen ist bei Ermüdung zu beobachten. Bei ermüdeten Sportlern kommt es meist zu steifen und verkrampften Bewegungsabläufen.

Koordination ist die Kunst der Entspannung

So fängt nach längerem Laufen der Oberkörper an, unruhig zu werden, oder der Tennisschläger macht jede Bewegung des Körpers mit und kann nicht mehr isoliert bewegt werden. Als Ursache hierfür wird, neben muskelphysiologisch bedingten Ermüdungsprozessen, ebenfalls eine zentralnervöse Beeinträchtigung der Hemmwirkung des Überträgerstoffs GABA angenommen. Durch die Entstehung von Ammoniak bei intensiver Muskelarbeit und beim Abbau von Eiweiß im Gehirn wird die Produktion von GABA gehemmt und somit die Funktion der hemmenden Synapsen gestört (Mutch et al., 1983). Daher wird Bewegungskoordination auch als die Fähigkeit bezeichnet, **„die richtigen Muskeln zum richtigen Zeitpunkt zu entspannen“**. Dies wird durch Übungen und Übungskombinationen trainiert, die ein schnelles Wechseln von Kontraktion und Entspannung erfordern. Für den Lauf und Sprint werden solche Übungen bzw. -kombinationen im Folgenden vorgestellt.

Lieber kurz und oft als lange und wenig

▶ *Bewegungstechniken in häufigen und kurzen Einheiten trainieren*
Eine praktische Konsequenz der zentralnervösen Ermüdung innerhalb einer Trainingseinheit und die damit verbundene Abnahme der Gedächtnisleistung ist, dass Koordinationsübungen nicht zu lange, dafür aber häufiger trainiert werden sollten. Die Dauer der Trainingseinheiten ist jedoch so zu wählen, dass genügend Zeit zur Festigung der Erregungsmuster der gelernten Bewegung bleibt.

Pausen sind genauso wichtig wie die aktiven Phasen

Die Pause zwischen zwei Trainingseinheiten sollte zwar lang genug sein, um die körperliche Erholung sowie die unbewusste Reifung der gelernten Bewegungen zu ermöglichen (die Informationsverarbeitung im ZNS wird nach Beendigung der Trainingseinheit sogar im Schlaf noch fortgesetzt). Um Vergessens- und Interferenzeffekte zur Störung der gelernten Koordinationen zu vermeiden, sollte die Pause andererseits nicht zu lang sein. Daher ist eine Bewegungstechnik besser häufig und kurz als selten und lang zu trainieren.

3.4 Bewegungen lernen und lehren

Was ist eigentlich Information?

Versucht man sowohl die klassischen als auch die neueren Ansätze zum Lernen von Bewegungen informationstheoretisch zu erklären, so ist der *Informationsbegriff* etwas stärker zu differenzieren. Gehen die klassischen Lernansätze von einem weitestgehend neutralen (objektiven) Informationsbegriff aus, der unabhängig vom Absender und Adressaten (Sender und Empfänger) ist, so greifen jüngere Ansätze auf einen Begriff der subjektiven Information im Lernbereich zurück (von Cube, 1982).

Im ersten Fall der objektiven Information hat also jede Koordinationsübung den gleichen Informationsgehalt (Laskowski & Pohlit, 1974) unabhängig von der motorischen Erfahrung des Sportlers. Im Sinne eines linearen Kausalitätsverständnisses hat dann jede Übung auf jeden Sportler die gleiche oder zumindest eine ähnliche Wirkung. Im zweiten Fall wird Information relativiert ausschließlich auf den Informationsvorrat des Empfängers, d. h., in Abhängigkeit von dem Bewegungsrepertoir bzw. der -erfahrung des Athleten wird bei jeder Übung von einem anderen Effekt auf jeden Sportler ausgegangen.

Nicht nur die Informationsmenge sondern die Information pro Zeiteinheit beeinflusst Lernprozess

Während also nach objektivem Informationsverständnis eine methodische Reihe jeden Athleten über lang oder kurz zum Ziel bringen sollte, sind die Übungen nach dem subjektiven Informationsverständnis auf jedes Individuum einzeln abzustimmen. Da jedes biologische System nicht nur Kapazitätsgrenzen in Bezug auf die gesamte aufzunehmende Informationsmenge zeigt, sondern auch in Bezug auf die Informationsmenge, die pro Zeiteinheit (Fluss) aufgenommen werden kann, stellen diese plausible Kriterien für eine mögliche Lernstrategie dar, unabhängig von der Art des Informationsverständnis. Die Kontrolle des Informationsflusses wird daher zunächst allgemein behandelt, Ursachen und mögliche Konsequenzen der unterschiedlichen Informationsauffassungen im Anschluss spezifisch.

3.4.1 Eine Lernstrategie – die Kontrolle des Informationsflusses

Vor allem den Informationsfluss steuern

Vergleichen wir die große Menge an Informationen, die während einer Ganzkörperbewegung wie dem Laufen zentralnervös einströmen mit der kleinen Menge an Information, die dabei bewusst verarbeitet werden kann, so wird deutlich, dass der größere Teil des motorischen Lernprozesses unbewusst abläuft. Unabhängig von der Art der Verarbeitung ist die zentralnervöse Kapazität der Informationsverarbeitung begrenzt. Da die Verarbeitung sowohl durch die Menge als auch die Dauer begrenzt ist, lässt sich die maximale Kapazität durch den Quotienten aus beiden Größen quantitativ beschreiben und bildet eine leistungslimitierende Größe des ZNS. Die maximale Verarbeitungskapazität unterliegt ermüdungsbedingten Tagesschwankungen, ist individuell jedoch relativ konstant. Strömt wenig Information pro Zeiteinheit ein, kann über einen längeren Zeitraum wahrgenommen werden, kommt viel Information pro Zeiteinheit an, wird die Speicherkapazität in kürzerer Zeit ausgeschöpft. Das variable Verhältnis von Informationsmenge und Zeit bildet den Informationsfluss, der im Lehrprozess die maximale Verarbeitungskapazität des Lernenden nicht überschreiten sollte.

Wiederholen reduziert Information und gibt Sicherheit

Betrachten wir Information als ein Maß für das Unbekannte (Neue) also entsprechend dem subjektiven Informationsbegriff, so lässt sich ein Lernprozess mit Hilfe des Informationsflusses wie folgt vorstellen. Sitzen wir das erste Mal hinter dem Lenkrad eines Autos, ist alles unbekannt und stellt daher eine große Menge an Information dar. (Bei objektivem Informationsbegriff würde diese Menge für jeden gleich groß sein unabhängig von der Anzahl an gefahrenen Kilometern.) Mit der Gewöhnung an das Auto und seine Einrichtung kommt es zum Abbau von Unbekanntem und zum Freiwerden von Verarbeitungskapazität für Neues. Fahren wir das erste Mal mit dem Auto, so fahren wir in der Regel langsam, da neben den Informationen aus dem umgebenden Verkehr noch Informationen für das Bedienen des Autos verarbeitet werden müssen. Durch langsames Fahren wird also der zentralnervösen Verarbeitung weniger Information pro Zeiteinheit zugemutet um Kapazitäten für die Bedienung des Autos frei zu haben. Ist die Bedienung des Autos vollkommen automatisiert, d. h. nichts Unbekanntes mehr vorhanden, können die freigewordenen Kapazitäten für zügigeres Fahren genutzt werden. Dies entspricht einer Zunahme an Neuem (Information) in gleicher Zeit und führt daher wieder zum gleichen Informationsfluss. Lernen wird daher auch oft als **Abbau von Information** bezeichnet (von Cube, 1980).

Entsprechend der Änderung von objektiver bzw. subjektiver Informationsmenge und Zeit lassen sich bekannte lernmethodische Merksätze strukturell zuordnen.

Änderung	Merksatz
… der Informationsmenge	• vom Bekannten zum Unbekannten (Neuen) • vom Einfachen zum Komplexen • vom Leichten zum Schweren
… der Zeiteinheit	• Vom Langsamen zum Schnellen

Zahlreiche methodische Ansätze in der Praxis (z. B. methodische Übungsreihen) sind, oft ohne es speziell zu erwähnen, am Abbau von Information orientiert.

Langsam die Schwankungen des Systems erhöhen

Erst das Bekannte und dann das Neue trainieren
Selbst bei automatisierten Bewegungsabläufen ist es oft nicht zu vermeiden, dass nach einer mehrtägigen Pause grobe Fehler auftreten. Dieser Effekt tritt vermehrt nach dem „Neulernen" einer Bewegung auf. Daher ist es zweckmäßig, innerhalb der Übungsreihe mit bekannten Bewegungen der letzten Trainingseinheit zu beginnen, bevor neue Übungen hinzukommen. Dies ist insbesondere wichtig, wenn die neuen Übungen auf den vorherigen aufbauen. (Diese methodische Vorgehensweise lässt sich nur mit Hilfe des subjektiven Informationsverständnisses erklären.)

Durch Vereinfachung werden Schwankungen gering gehalten und Sicherheit gewonnen

Erst die Bewegung vereinfachen und später komplex ausführen
Bei komplexen Ganzkörperbewegungen wie dem Laufen und Sprinten kann durch die Akzentuierung von einzelnen Teilen der Gesamtbewegung die bewusst zu verarbeitende Informationsmenge reduziert werden, um die Verarbeitungskapazität des Lernenden nicht zu überfordern. In extremen Fällen werden Bewegungen sogar vollständig in Teilbewegungen zerlegt, diese werden isoliert gelernt und, wenn die Teilbewegung beherrscht wird, zur Gesamtbewegung wieder zusammengefügt.

Zuerst sollten solche Teile erlernt werden, die physiologische und biomechanische Voraussetzungen für die Ausführung der darauf aufbauenden Übungen schaffen.

Mit zunehmender Geschwindigkeit werden die Schwankungen und der Informationsfluss gesteigert

Erst die Bewegung langsam dann schneller ausführen
Durch eine langsamere Bewegungsausführung (Reduktion des Informationsflusses) ist der Lernende in der Lage, die Teile der Bewegungsempfindungen noch während der Ausführung bewusst zu verarbeiten, bzw. eine größere Anzahl von Empfindungen bewusst wahrzunehmen. Dabei ist im Anfangsstadium in erster Linie auf räumliche Aspekte wie Knie- oder Hüftwinkel zu achten und erst im fortgeschrittenen Stadium

auf die räumlich-zeitlichen Merkmale der Bewegung, wie Winkelgeschwindigkeiten (Marteniuk et al., 1983; Marteniuk, 1986).

Berücksichtigt man den großen Einfluss des unbewussten Lernens, so wird ferner deutlich, dass neu- und umgelernte Bewegungen nicht zu früh zu schnell ausgeführt werden sollten, da es gerade bei zu schneller Ausführung häufig zu Rückfällen auf alte, nicht optimierte Bewegungsmuster kommt und diese gefestigt werden. Auch sollten neu- und umgelernte Bewegungen nicht zu früh in Stresssituationen wie Wettkämpfen ausgeführt werden, da emotionale Effekte verstärkenden Charakter haben.

Der unbewusste Anteil des Lernens wird oft unterschätzt

3.4.2 Lernen als Abbau von Information

Das Prinzip des Abbaus von Information ist auch in physiologischen Prozessen der Sinnesrezeptoren zu beobachten. Ein charakteristisches Merkmal der Sinnesrezeptoren beim Menschen ist ihre zeitlich abhängige Adaptation an Reize. Hat sich ein Rezeptor an einen Reiz ‚gewöhnt', reagiert dieser erst wieder auf eine Änderung dieses Reizes. Zum Beispiel führt längeres Tragen einer Armbanduhr dazu, dass wir sie nach einer gewissen Zeit nicht mehr wahrnehmen. Erst wenn wir uns auf die Armbanduhr konzentrieren oder sie bewegen, wird sie uns wieder bewusst.

Wiederholen führt zur Gewöhnung und dient dem Vergessen

Ein ähnliches Verhalten zeigt auch das zentrale Nervensystem in Bezug auf Bewegungen. Ist eine Bewegung automatisiert, so kann sie erst durch das Lenken der Aufmerksamkeit oder Erzeugen von Unterschieden in den Bewegungsbedingungen geändert werden. Das Herstellen von Unterschieden wird von unserem Körper jedoch nicht nur zur Aufmerksamkeitslenkung eingesetzt, sondern ist nahezu überall und ständig in unterschiedlichem Ausmaß zu beobachten.

Unterschiede wecken Aufmerksamkeit

So zeigen Muskeln bei äußerlich gleichem Bewegungsablauf ständig veränderte Aktivierungsmuster (u. a. Pollmann, 1993; Kelso, 1995), Neuronen im Gehirn ständig veränderte Erregungen (Fuchs et al., 1992) und selbst Wiederholungen von einfachen Bewegungen immer wieder Differenzen im Vergleich zu den vorangegangenen Ausführungen (Kelso, 1995).

Veränderung ist das einzig Konstante

Differenzen werden demnach genutzt, um Informationen zu gewinnen, die in der jeweils einfachen Ausführung nicht vorhanden sind. Differenzen der Abbilder beider Augen werden für räumliche Information genutzt, die nicht aus dem einzelnen Auge isoliert zu erhalten ist. Aus

Information wird aus Differenzen gewonnen

informationstheoretischer Sicht werden also Differenzen auch eingesetzt, um den Informationsfluss entsprechend hoch zu halten und nicht zuviel Information abzubauen. Jüngere Ansätze nutzen verstärkt diese Eigenschaft zur Effektivierung von Bewegungslernen.

3.4.2.1 Lernen aus Differenzen

Lernen findet anhand von Unterschieden statt

Im Rahmen der Forschungsarbeiten zum systemdynamischen Ansatz (Kelso, 1995; Turvey, 1990) wurden *Differenzen* in Form von einer Vielzahl von Abweichungen zu einem vorgegebenen Sollwert analysiert, in Form von Schwankungen. Diese konnten bei einer Vielzahl von rhythmischen Bewegungen, wie z. B. zyklisches Bewegen des linken und rechten Zeigefinger abwechselnd nach links und rechts, oder abwechselndes Beugen und Strecken des Ellbogen- und Handgelenks beobachtet werden. Das Auftreten dieser Schwankungen wies zum einen wiederholt auf die geringe Wahrscheinlichkeit hin, zwei identische Bewegungswiederholungen auszuführen und zum anderen auf ein Phänomen, das anpassungsfähige Systeme auszeichnet. Betrachtet man die Schwankungen als Abweichungen von einem vorgegebenen Wert, dann stellen sie aus traditioneller Sicht Fehler dar. Im Unterschied zum traditionellen Ansatz werden diese Schwankungen jedoch nicht als zu vermeiden betrachtet, sondern als eine Notwendigkeit.

Nur lernende Systeme machen Fehler

Die Eigenschaft, keinen Fehlern bzw. Schwankungen zu unterliegen, wird im Allgemeinen Maschinen zugeschrieben. Diese sind jedoch im klassischen Sinne bislang nicht fähig, zu lernen. D. h. Fehler bzw. Schwankungen werden aus systemdynamischer Sicht als eine notwendige Voraussetzung für Lernen in Kauf genommen.

Wenn keine exakte Wiederholung möglich ist, wofür schleifen wir dann ein?

Ein Transfer des systemdynamischen Ansatzes auf ballistische Bewegungsformen im Sport bestätigte die Phänomene der Schwankungen und die äußerst geringe Wahrscheinlichkeit zwei identische Bewegungswiederholungen durchzuführen (Schöllhorn, 1999). Darüber hinaus konnten unabhängig von Alter, Geschlecht und Leistungsklasse beim Laufen, Werfen, Springen und Gehen Personen anhand ihrer Bewegungen erkannt werden (Bauer & Schöllhorn, 1997; Schöllhorn & Bauer, 1998; Schöllhorn et al., 1999; Jaitner et al.; 1999). Sowohl die Unmöglichkeit zweimal dieselbe Bewegung auszuführen, als auch der Nachweis der Individualität von Bewegungsmustern führt jedoch zum Hinterfragen der Effektivität des klassischen Ansatzes vom sukzessiven Annähern an eine für alle gültige Idealtechnik. Wird eine Bewegung 8000 x wiederholt, dann weist die 8001. Bewegung wieder etwas Neues auf, das in den vorherigen 8000 Wiederholungen nicht zu beobachten ist (zur Unmöglichkeit identischer Bewegungen vgl. auch Hatze, 1986). D. h. der Athlet muss eine Fähigkeit entwickeln, um auf das Neue entsprechend reagieren zu können. Lassen sich sowohl beim Anfänger als auch beim Fortgeschrittenen und Könner bis auf Weltmeisterschaftsniveau personencharakteristische Bewegungen erkennen, dann scheint es weiterhin verschiedene Lösungsmöglichkeiten zu geben, um am weitesten zu werfen oder am schnellsten laufen zu können. Und genau dies lässt sich auch bei den Weltbesten beobachten. Jeder lässt sich aufgrund seiner charakteristischen Bewegungen erkennen.

Differenzielles Lernen = Das Adaptieren lernen

Der Ansatz des differenziellen Lernens versucht auf diese beiden bislang vernachlässigten Aspekte des Bewegungslernens einzugehen. Durch Konfrontation des Athleten mit ständig veränderten Bewegungsausführungen wird der Athlet gezwungen sich ständig in größerem Maße neu anzupassen.

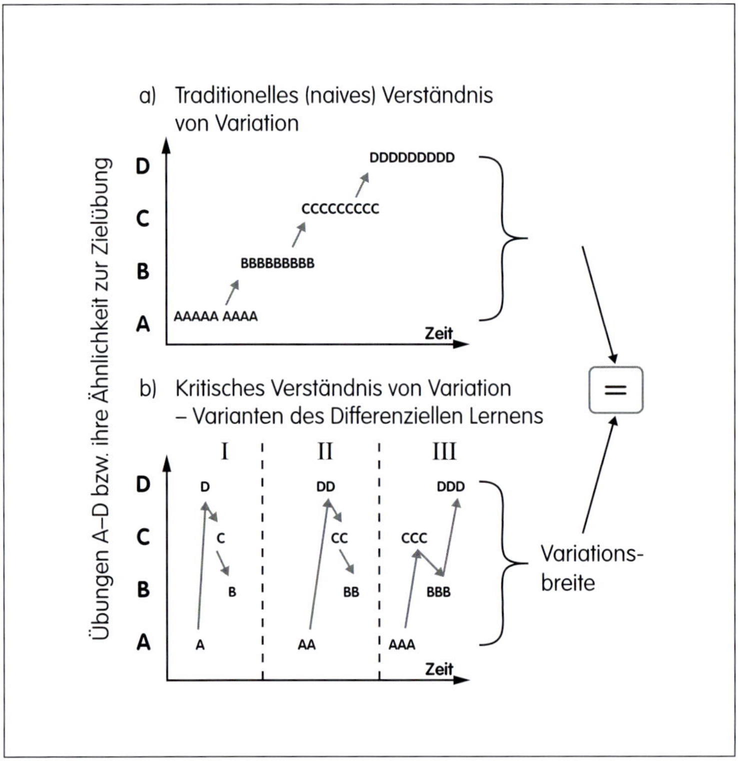

Abb. 19: Unterschiedliche Betrachtungen von Variation.

Abbildung 19 veranschaulicht schematisch das Prinzip des Differenziellen Lernens. Werden zum Beispiel im Rahmen einer methodischen Reihe vier Übungen (A–D) ausgewählt, die immer mehr einer zu erlernenden Bewegung ähneln, dann werden im klassischen Ansatz des Variationstrainings jeweils alle vier Übungen erst mehrere Male wiederholt (Abbildung 19 oben), bevor zur nächsten Übung fortgeschritten wird. In Erweiterung hierzu können diese Übungen jedoch auch in verschiedenen Reihenfolgen (Abbildung 19 unten) ausgeführt werden.

Variables Lernen ist ein Spezialfall des Differenziellen Lernens

Das Lernen durch Variation stellt daher einen Spezialfall des differenziellen Lernens dar. Während im ersten Fall die wesentlichen Anpassungsvorgänge jeweils beim Wechsel zwischen den einzelnen Übungen stattfinden, bei den Wiederholungen finden immer nur kleinere Anpassungen statt, sind diese im zweiten Fall wesentlich häufiger und größer. Da in beiden Fällen die Variation ausschließlich von der Anzahl der unterschiedlichen Übungen abhängt, liegt der Unterschied nicht in der Variation sondern in der Anzahl und Größe der Anpassungsvorgänge.

Das Bewegungsoptimum ist individuell und jeden Moment anders

Im differenziellen Lernansatz wird demnach eher der Anpassungsvorgang trainiert, der es erlaubt bei der nächsten Bewegungswiederholung auf das Neue schneller adäquat zu trainieren und weniger die zu erlernende Bewegung an sich. Die einzelnen Übungen werden auch nicht wiederholt bis sie eine vom Trainer erwartete bestimmte Qualität erreicht haben, sondern der Athlet findet quasi durch Abtasten des potentiellen Lösungsraums das für ihn individuelle Bewegungsoptimum. Das Bewegungsoptimum wird hier nicht nur als individuell betrachtet, sondern auch noch als zeitlich ständig verändert. Im Bereich vom Training oder Unterrichten größerer Gruppen weist der Ansatz des differenziellen Lernens noch zusätzlich den Vorteil auf, dass durch ständige Veränderung der Übungen wesentlich mehr Athleten für sich adäquate Übungen entdecken, als bei einer mehrfachen Wiederholung von wenigen speziellen Übungen einer methodischen Reihe. Ein angenehmer Nebeneffekt ist eine wesentlich höhere Motivation der Lernenden durch die ständige Abwechslung.

Künstliche Neuronale Netze als Modell für Differenzielles Lernen

Eine Grundlage des differenziellen Lernansatzes bildet das Wissen um die Eigenschaften künstlicher neuronaler Netze. Diese zeichnen sich u. a. dadurch aus, dass die innerhalb des Bereichs, in dem sie trainiert wurden, sehr gut interpolieren können, das Extrapolieren auf Bereiche außerhalb liefert nur mäßige Resultate. Um den Anwendungsbereich eines solchen neuronalen Netzes zu erweitern, wird das Netz in der Trainingsphase mit Daten versorgt, die einen möglichst weiten Bereich abdecken. Wird z. B. ein Roboter nicht exakt auf die Orientierung in einer einzelnen Umgebung hin trainiert, sondern die Lerndaten/Informationen mit zusätzlichem Rauschen versehen, dann schafft es der Roboter sich auch in anderen Umgebungen entsprechend zurecht zurechtzufinden (Miglioni et al., 1995).

Rauschen im System stabilisiert

Übertragen auf das Bewegungslernen wird also die zu erlernende Bewegung mit entsprechendem *Rauschen* belegt, damit der Athlet auch noch bei der 3001. Bewegungswiederholung auf Bekanntes zurückgreifen kann. Bekannt ist diese nächste Wiederholung deshalb, weil sie innerhalb eines Bereiches liegt, in dem mit großer Wahrscheinlichkeit durch das *Rauschen* schon trainiert wurde. Aus traditioneller Sicht entspricht dieses *Rauschen* einem Trainieren von und mit Fehlern, d. h. im Falle des differenziellen Lernens, werden Fehler nicht mehr vermieden, sondern gezielt eingesetzt, helfen sie die Bewegung besser und schneller zu individuell zu optimieren. Werden Bewegungen 8–10 000 x wiederholt, dann entsteht sicher ein ähnliches Rauschen. Ziel des differenziellen Ansatzes ist jedoch das *Rauschen* direkt einzusetzen um die Wiederholungszahlen zu reduzieren. Der Optimierungsprozess wird quasi durch eine initiierte Selbstorganisation ausgelöst.

Vorschläge für verrauschtes Laufen

Für die Laufkoordination bedeutet dies, dass die im zweiten Teil aufgeführten Übungen mit all ihren Kombinationen und Übergängen zwischen den Übungen das Rauschen erhöhen, um die dabei entwickelte Muskelkraft auch in jedem Schritt optimal einzusetzen und umgekehrt bei jedem Schritt einen optimaler Reiz für die Muskeln geboten wird.

Neben den Schwankungen, die durch das Nerv-Muskel-System bedingt sind, kann der Lernprozess prinzipiell durch Variationsmöglichkeiten von außen gefördert:

- Unterschiede in der räumlichen Bewegungsausführung.
- Unterschiede in der raum-zeitlichen Bewegungsausführung.
- Unterschiede in der dynamischen Bewegungsausführung.
- Unterschiede im Rhythmus der bzw. in der zeitlichen Bewegungsausführung.
- Lenkung der Aufmerksamkeit auf einzelne Aspekte der Bewegung.

Möglicher Ansatz: neurophysiologische Korrelate

Diese fünf Variationsmöglichkeiten schließen einander nicht aus und sind in den meisten Fällen sogar miteinander verbunden. So ist mit der Änderung der *räumlichen* Bewegungsausführung (z. B. höherer Kniehub) sicher auch eine Änderung der *zeitlichen* (längere Aktivität der Hüftbeuger) und *dynamischen* (Intensität der Aktivierung) verbunden und bedingt dadurch oft auch einen veränderten Bewegungsrhythmus oder eine veränderte Aufmerksamkeitslenkung (veränderter Hüftbeugewinkel). Ziel aller fünf Variationen ist, durch einen veränderten Impulseinstrom aus den Sensoren der Peripherie und Impulsausstrom zu den Muskeln, sowie durch veränderte zentralnervöse Verarbeitungsprozesse, Mechanismen auszulösen, die zu einer selbstorganisierten Adaptation an die geforderten Randbedingungen führen. Die entsprechenden Randbedingungen werden durch spezifische Anweisungen bzw. Auswahl an Übungsformen und durch so genannte *zwingende Maßnahmen* (Gelände, Gerätehilfen) geschaffen.

Während die Aufmerksamkeitslenkung durch spezifische Anweisungen in stärkerem Maße von psychologischen Prozessen abhängen (vgl. Seiler et al., 1994), werden durch die Auswahl an Übungsformen und die zwingenden Maßnahmen primär Veränderungen der sensorischen und motorischen Impulsmuster durch äußere Bedingungen erzielt. Sensomotorische Impulsmuster können beim Laufen daher strukturell durch die Veränderung folgender Parameter variiert werden:

1) Räumlicher Aspekt
   - Bewegungsumfänge der Gelenke
   - Körperseite: Links/rechts
   - Extremität: Arme/Beine
2) raum-zeitlicher Aspekt: Bewegungsgeschwindigkeit
3) dynamischer Aspekt: Beschleunigung
4) zeitlicher Aspekt: Bewegungsrhythmus
5) Lenkung der Aufmerksamkeit auf einzelne Aspekte der Bewegung

Den potentiellen Lösungsraum ausloten

Durch den Bewegungsumfang wird die räumliche Amplitude einer Bewegung in Bezug auf ein Gelenk verändert. Die Variation der Bewegungsgeschwindigkeit ist verbunden mit einer zeitlichen Änderung der Impulsmuster und kann mit Hilfe der Dauer, die für eine bestimmte Distanz benötigt wird, beschrieben werden. Da es sich beim Laufen um eine zyklische Fortbewegungsart handelt, bei der die linke und rechte Körperseite im Allgemeinen die gleiche Bewegung mit etwas Zeitverzögerung ausführen, und diese sowohl zwischen den Körperseiten als auch Extremitäten auf neuronaler Ebene funktionell miteinander verbunden sind (Schöner, 1990), kann auch durch eine Variation dieser Parameter der sensomotorische Lernprozess unterstützt werden. Wird die linke Seite schnell und die rechte Seite langsam bewegt, führt dies zu einer internen Rhythmusänderung. Zu Rhythmusänderungen gehören auch Übungen, in denen die Arme doppelt so schnell bewegt werden wie die Beine, und umgekehrt. Eine Änderung der Dynamik kann zum einen durch Fremdlast (Gewichtsmanschetten) erzielt werden und zum anderen durch eine Veränderung der Hebel wie z. B. Kniehebelauf mit vorgebeugtem Oberkörper.

Beliebige Kombinationen schaffen ein unendliches Bewegungsrepertoire[4]

Anhand dieser Parameter lassen sich eine Vielzahl an Übungsformen herleiten, die am Beispiel von drei Parametern in Abbildung 20 veranschaulicht werden. Nehmen wir in Bezug auf die Bewegungsgeschwindigkeit und den Bewegungsumfang jeweils zwei extreme Ausprägungen an, nämlich langsame und schnelle bzw. große und kleine Bewegungen, so ergibt dies für jede Körperseite vier Ausführungsmöglichkeiten. Da es sich beim Laufen um eine zyklische Bewegungsform handelt, bei der sich das linke und rechte Bein in ihrer Tätigkeit abwechseln, stehen für die Beine schon vier x vier (16) Kombinationen zur Verfügung. So kann eine große langsame Bewegung der linken Seite mit einer kleinen langsamen der rechten Seite verbunden werden oder eine kleine schnelle der einen Seite mit einer großen langsamen der anderen usw. Entsprechend diesen Kombinationen können Übungsformen bzw. äußere Randbedingungen ausgewählt werden. Durch Laufen bei leichtem Gefälle werden z. B. die Bewegungsformen beider Körperseiten schneller. Durch Tragen von unterschiedlichem Schuhwerk bzw. Gewichten am linken und rechten Bein werden nicht nur die Bewegungsausführungen unterschiedlich schnell, sondern zusätzlich noch Variationen im taktilen Bereich erzielt (Sensibilisierung). Wird das linke Bein angeferst und das rechte vorne hochgehoben, so sind die Bewegungsumfänge sowohl im Hüft- als auch Kniegelenk unterschiedlich.

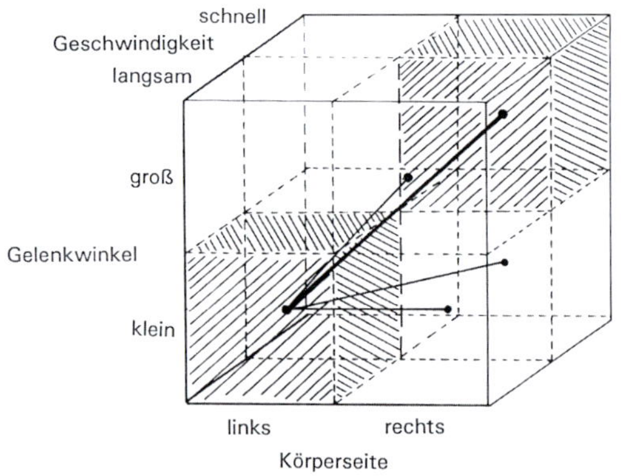

Abb. 20: Schema zu den Kombinationsmöglichkeiten bei Koordinationsaufgaben.

---

[4] Hier wird der Begriff der Übung gezielt vermieden, da dieser das Wiederholen impliziert.

Berücksichtigen wir zu den 16 Kombinationen der Beine zusätzlich die Koordinationsarbeit mit und ohne Arme (Extremitäten), dann ergeben sich doppelt so viele Übungsmöglichkeiten. Es stehen also schon bei Kombination von zwei Modi pro vier Parameter eine relativ große (32) Anzahl an koordinativen Variationsmöglichkeiten für den sensomotorischen Lernprozess zur Auswahl.

Mindestens 2 hoch 14 hoch 4 Möglichkeiten (bei 14 Gelenken und 4 Gelenkmerkmalen)

Betrachten wir Bewegungen anhand von Winkeln, Winkelgeschwindigkeiten und Winkelbeschleunigungen für jedes Gelenk, dann stehen bei Modifikation jedes Merkmals an jedem Gelenk für differenzielles Training nahezu beliebig viele Kombinationsmöglichkeiten im Gesamtsystem zur Verfügung, um durch Differenzen gezielt die Anpassung zu trainieren und den Informationsfluss entsprechend hochzuhalten.

3.4.2.2 Lernen durch Differenzen

Klassisches Variables Lernen nach Schmidt schleift die Invarianten durch Wiederholung ein

Früher oft etwas undifferenziert als vielseitiges Training bezeichnet (u. a. Nett, 1960) wird Lernen durch Variation mittlerweile häufig mit der „theory of variability of practice" von Schmidt (1985) in Verbindung gebracht. Diese wiederum basiert auf der von ihm selbst entworfenen *Schematheorie* (Schmidt, 1975), die Bewegungen grob nach Invarianten (Anteilen) und variablen Parametern strukturiert. Analog der Gestalttheorie können dadurch Klassen von Bewegungen ihrer Topologie entsprechend (Bernstein, 1967) zusammengefasst und gemeinsam trainiert werden. Unterschreiben wir langsam oder schnell, groß oder klein, so bleibt jeweils die Charakteristik der Buchstaben als Invariante konstant, werden jedoch durch die variablen Parameter der Geschwindigkeit und Größe modifiziert. Als Invariante werden entsprechend relative Muskelkräfte, relative Zeiten und die Reihenfolge der Muskelaktivierungen betrachtet, wohingegen die absoluten Muskelkräfte, absolute Zeiten, der Bewegungsumfang und die Muskelauswahl den variablen Parameter zugeordnet werden. Eine Annahme der Schematheorie besagt nun, dass sich die Invarianten der Unterschrift umso stabiler ausbilden, je mehr sie mit verschiedensten variablen Parametern gelernt wurde. Der Informationsgehalt der Übungen wird also durch die Verbindung von Invarianten mit variierenden Parametern erhöht.

Invarianten sind nur sehr grob zu erkennen. Im Detail findet man sie nicht

Schwierigkeiten bereitet diese an kleinmotorischen Bewegungen entwickelte Theorie bei dem Transfer auf großmotorische Bewegungen im Sport. Im Unterschied zu kleinmotorischen Bewegungen ist das Wechselspiel der verursachenden Kräfte (Muskel-, Schwer- und Trägheitskraft) bei großmotorischen Bewegungen wesentlich ausgeprägter, d. h. weder relative Muskelkräfte noch die relativen Zeiten oder die Reihenfolge der Muskelaktivierungen bleiben invariant. Auch sie zeigen ständig Schwankungen, wenn auch in etwas kleinerem Umfang als die variablen Parameter. Wenn jedoch auch die Invarianten variieren, dann benötigt das *System Athlet* wiederum einen Mechanismus, der es ihm erlaubt an die veränderte Invariante anzupassen. Durch die Verbindung der Invarianten mit den variablen Parametern wird das System nur mit einem kleinen *Rauschen* versetzt, das die auftretenden Möglichkeiten nur zum Teil abdeckt und deshalb auch mit entsprechend hohen Wiederholungszahlen verbunden ist.

Lernexperimente im Sport sprechen für Differenzielles Lernen

Jüngste Forschungsergebnisse zum Differenziellen Lernen im Sprint (u. a. Schöllhorn et al., 2001; Beckmann et al., 2009), im Fußball (u. a. Schöllhorn et al., 2004), im Basketball (Schönherr et al., 2003) oder im Tennis (Humpert et al., 2006) liefern deutliche Hinweise auf eine größere Effektivität dieses Ansatzes aufgrund gleicher Leistungssteigerungen bei weniger Trainingsumfang.

Unabhängig von dieser Theorie variablen Lernens sind im Folgenden noch ein paar häufig angewandte klassische Ansätze zur Gestaltung eines variablen bzw. differenziellen und motivierenden Trainings aufgeführt.

▶ *Auf einzelne Aspekte der Gesamtbewegung konzentrieren*

Schwankungen erst in einzelnen Bereichen erhöhen

Diese Vorgehensweise ist überwiegend bei Komplexbewegungen wie dem Lauf zu beobachten. Das komplette Ausführen der Sprint/Laufbewegung im Rahmen der Koordinationsübungen hat dabei den Vorteil, dass andere Teile der Bewegung weiter automatisiert werden, d. h. Information abgebaut wird, und der Athlet gleichzeitig eine Unterscheidung und Abgrenzung ähnlicher Bewegungen vollziehen kann (Variabilität des Trainings). Durch die Konzentration auf einzelne Aspekte der Gesamtbewegung wird die bewusst zu verarbeitende Informationsmenge reduziert um Kapazitäten für die Korrektur der falschen Bewegung zur Verfügung zu stellen.

▶ *Die Übungsbedingungen zuerst konstant halten und später variieren*

Durch diese Maßnahme soll im Anfangsstadium des Lernens gewährleistet werden, dass die Informationsverarbeitung nicht zu sehr durch unerwartete Ereignisse gestört wird, d. h. zunächst Information abgebaut werden kann. Am Anfang kann davon ausgegangen werden, dass der Athlet von sich aus die Varianz noch so groß hält, dass dies von außen nicht notwendig ist. Damit soll die Festigung des Grundbewegungsmusters im Langzeitspeicher ermöglicht werden. Mit fortschreitendem Lernprozess sollten hingegen die Ausführungsbedingungen immer variabler gestaltet werden, um die Zielbewegung auch bei unerwarteten Bedingungen erfolgreich durchführen zu können (variable Verfügbarkeit der Bewegungstechnik als Endstadium des Lern- und Trainingsprozesses).

Durch Kontrast und Zwang aus der Sackgasse

Größere Differenzen zeigen meist größere Wirkung

Ist es nicht möglich, einen Bewegungsfehler durch die Anweisung des Lehrers/Trainers auf einzelne Aspekte zu korrigieren, sollten die Übungsbedingungen geändert werden, um das fehlerhafte Bewegungsstereotyp (Automatismus) zu modifizieren. Da der Bewegungsfehler aufgrund der Automatisierung keine Information für den Sportler mehr darstellt, wird durch die neue Übungsbedingung Information erzeugt. Hierfür stehen zwei Möglichkeiten zur Verfügung:

1) Durch kontrastierende (übertriebene) Bewegungen die Schwankungen vergrößern, indem z. B. mit extrem gebeugten Knien gelaufen wird.
2) Durch Veränderung der äußeren Randbedingungen (zwingende Übung) zur veränderten Bewegungsausführung. So kann z. B. ein mangelhafter Schwungbeinhub durch Laufen über unterschiedliche Hindernisse vorteilhaft verändert werden.

3.5 Die Bedeutung der Rückmeldungen zur Bewegungskorrektur

Interaktion mit anderen hilft den blinden Fleck zu sehen

Prinzipiell sind Bewegungskorrekturen nur möglich, wenn der Sportler während und nach der Bewegungsausführung Rückmeldungen über den Erfolg oder Misserfolg der Handlung erhält. Diese Rückmeldungen schließen den (Regel-)Informationskreis, da sie den Prozess der Informationsaufnahme wieder in Gang setzen. Innerhalb der Rückmeldungen werden Informationen der eigenen Sinnesorgane des Lernenden (Eigeninformation) und Informationen des Lehrers/Trainers über seine Bewegungsbeobachtung (Ergänzungsinformation) unterschieden.

Außen- und Innensicht eines Athleten sind nicht immer kongruent

Für die Verständigung zwischen Athlet und Trainer und damit für den Lernprozess ist es daher von Vorteil, wenn die Empfindungen des Lernenden mit den Ergebnissen der Bewegungshandlung übereinstimmen. Dies ist jedoch vor allem im Anfangsstadium des Lernens nicht immer der Fall. Um solche Diskrepanzen zu beheben, sind die Ergänzungsinformationen des Trainers sowie seine Anweisungen von wesentlicher

Bedeutung. Die Unterstützung des Lernprozesses mit Ergänzungsinformation führt dabei nicht nur zum Erfolg, sondern führt dabei vor allem zu einer schnelleren und besseren Bewältigung von Lernsituationen (Thorhauer, 1974; Ramella, 1984; Montare, 1985; 1988; Bennett & Simmons, 1984).

Der Lernerfolg ist abhängig von Informationsinhalt, -umfang, -zeitpunkt, -häufigkeit und -modalität.

3.5.1 Die Kommunikation zwischen Trainer und Sportler optimieren

Die Sprache von Trainer und Athlet angleichen bringt Vorteile

Der *Informationsinhalt* einer Traineranweisung sollte nur solche Bewegungsmerkmale einschließen, die aus biomechanischer Sicht einen hohen Einfluss auf die Bewegung besitzen. Dabei sind Traineranweisungen und Bewegungsaufgaben deutlich zu unterscheiden von Fehlerbeschreibungen durch den Trainer. Wird nur eine Fehlerbeschreibung gegeben, bleibt es dem Sportler nach dem Prinzip des Versuchs und Irrtums überlassen, die Bewegung zu ändern. Bei der Traineranweisung hingegen sind konkrete Handlungsvorschriften enthalten. Für eine erfolgreiche Kommunikation ist zwischen Trainer und Athlet bzw. Lehrer und Schüler dabei ein gemeinsamer Wortschatz (Zeichenvorrat) Voraussetzung, und dieser ist bei Bewegungen in starkem Maße abhängig von der Bewegungsvorstellung bzw. der Sicht des Sportlers seiner eigenen Bewegung.

Hier gilt es zunächst herauszufinden, ob der Athlet sich in der *Außen-* oder in der *Innensicht* wahrnimmt. Geometrisch entspricht die Außensicht einem raumfesten und die Innensicht einem körperbezogenen Koordinatensystem. Entsprechend sind die Anweisungen raum- oder körper(sportler)bezogen ausgerichtet. „Mach einen längeren Schritt" ist eine raumbezogene, wohingegen „Streck das Bein länger" eine körperbezogene Anweisung darstellt.

Nur kleine Informationsbissen geben

Der *Informationsumfang* sollte nicht zu groß sein, d. h. eine Bewegungskorrektur darf nicht sämtliche Bewegungsfehler beinhalten, da dies stets zu einer Überforderung bzw. Informationsüberflutung beim Lernenden führt. Bewegungsanweisungen erfordern daher eine Informationsstrategie, wobei jeweils nur ein oder zwei (wichtige) Fehler zu korrigieren sind, bis diese abgestellt werden. Erst danach wird mit der Korrektur weiterer Fehler fortgefahren. Zunächst sollen die räumlichen Bewegungsfehler behoben und später die Dynamik der Bewegung optimiert werden.

Beim *Informationszeitpunkt* wird in erster Linie zwischen Korrekturanweisungen unterschieden, die während der Bewegungsausführung *(Synchroninformation)* und unmittelbar nach einem Bewegungsversuch *(Schnellinformation)* vermittelt werden. Synchroninformationen erweisen sich nur bei langsamen oder zyklischen Bewegungen als effektiv, da eine gewisse Zeitspanne benötigt wird (ca. 0,3 s), bis die erhaltene Information vom Lernenden verarbeitet und umgesetzt werden kann. Gerade bei Koordinationsübungen im Sprint bietet die Synchroninformation die Möglichkeit, die Bewegungsausführungen schon beim nächsten Schritt zu korrigieren und somit die Anzahl an falschen Ausführungen zu reduzieren.

Nach einer Bewegung mind. 5 Sekunden bis zur Bewegungskorrektur warten

In den meisten Fällen erfolgen die Bewegungskorrekturen mit Hilfe einer Schnellinformation nach der Bewegungsausführung. Dabei ist einerseits zu beachten, dass die Dauer zwischen Versuchsende und Rückmeldung nicht zu lang wird, damit möglichst viele Bewegungsempfindungen im Gedächtnis des Lernenden präsent bleiben und nicht durch Verfall oder Interferenz anderer Ereignisse vergessen werden. Andererseits darf die Dauer auch nicht zu kurz sein, um dem Sportler zunächst eine eigene Verarbeitung der Sinneseindrücke zu ermöglichen (Wulf, 1994).

Zu häufige Rückmeldung macht abhängig. Dem Athleten nur bei Nachfrage Rückmeldung liefern

Die Informationshäufigkeit hat entscheidenden Einfluss auf Dauer und Festigkeit der gelernten Fertigkeiten. Hierbei benötigt ein Anfänger häufiger Trainerrückmeldungen als ein Fortgeschrittener aufgrund der vergleichsweise schlechteren Selbsteinschätzung. Mit fortschreitendem Lernprozess sollten Anweisungen immer seltener gegeben und öfter die Selbsteinschätzung des Sportlers verlangt werden. Dadurch soll einerseits die Gefahr einer „Fremdregulation" der Bewegung vermieden (Pöhlmann & Bernien, 1981) und andererseits die Speicherung des Bewegungsmusters gefördert werden (Wulf, 1994).

Unterschiedliche Sinne und unterschiedliche Abstraktion für die Rückmeldung nutzen

Die *Informationsmodalität* beschreibt die Form, in der die Rückmeldung dem Sportler übermittelt wird. Die Rückmeldung kann visuell (Mimik, Demonstration, Bilder, Grafiken, Texten usw.) oder auditiv (Stimme, Laute, Ton usw.) bzw. verbal (Text, gesprochenes Wort) oder nichtverbal (Bilder, Zeichnungen usw.) übermittelt werden. Die zweckmäßigste Informationsmodalität ist dabei von der Komplexität der zu erlernenden Bewegung, vom Alter und von der Bewegungserfahrung des Sportlers abhängig. Im Allgemeinen führen visuelle, nichtverbale Informationen (Zeichnungen, Bilder, Videoaufzeichnungen) vor allem im Anfangsstadium des Lernprozesses und bei Kindern zu besseren Lernfortschritten als akustisch-verbale Informationen.

Auch hier gilt das Prinzip der variablen Nutzung unterschiedlicher Sinnsysteme, d. h. die einzelnen Informationsformen ergänzen sich im Rahmen einer Bewegungskorrektur.

Videorückmeldung kann helfen

Eine heute häufig angewandte Informationsmodalität ist die Videorückmeldung. Bei Anwendung dieses Informationsmediums im motorischen Lernprozess ist vor allem auf die Einschränkungen der visuellen Wahrnehmung zu achten, um eine optimale Wirkung der Rückmeldung zu erzielen. Eine Videoinformation gilt dabei als wirkungsvoller, wenn die Videoaufnahme mehrfach gezeigt wird (mindestens 3 x), wenn die Darstellung in verlangsamter Geschwindigkeit erfolgt (wobei eine 4-fache Zeitlupe bessere Ergebnisse als eine 2-fache Zeitlupe aufweist) und wenn die Aufmerksamkeit des Lernenden auf die wichtigen Aspekte der Bewegung während der Darstellung gelenkt wird (Daugs, Blischke, Olivier & Marschall, 1989).

Wichtig ist:

- Die Sprache des Athleten zu sprechen.
- Nur ausgewählte, nicht zu viel Information in einer Anweisung zu vermitteln.
- Anweisungen gegenüber Fehlerbeschreibungen zu bevorzugen.
- Anweisungen während und nicht zu kurz nach einer Bewegung zu geben.
- Selbsteinschätzung des Athleten zu fordern.
- Durch variable Anweisungen und Übungen die grundlegende Prinzipien der Bewegung bewusst zu machen.

Kapitel

4

Die Sprint- und Laufschule

4 Die Sprint- und Laufschule

4.1 Der Sprintschritt

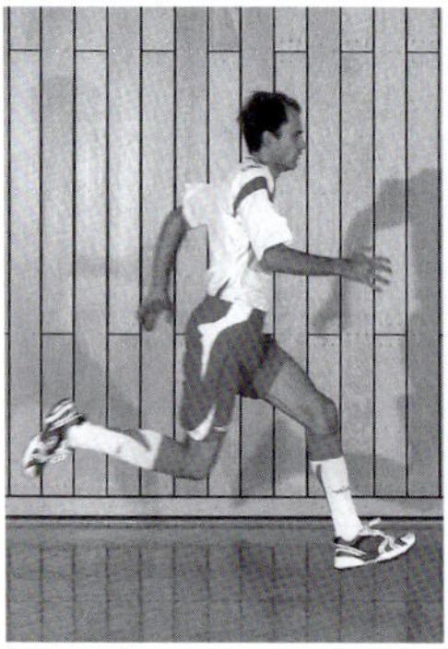

Abb. 21

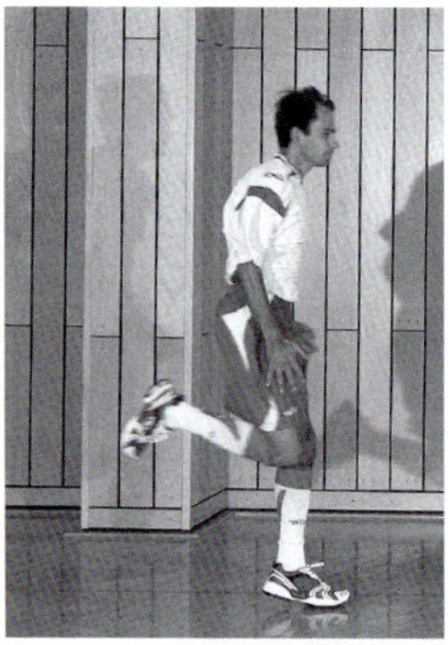

Abb. 22

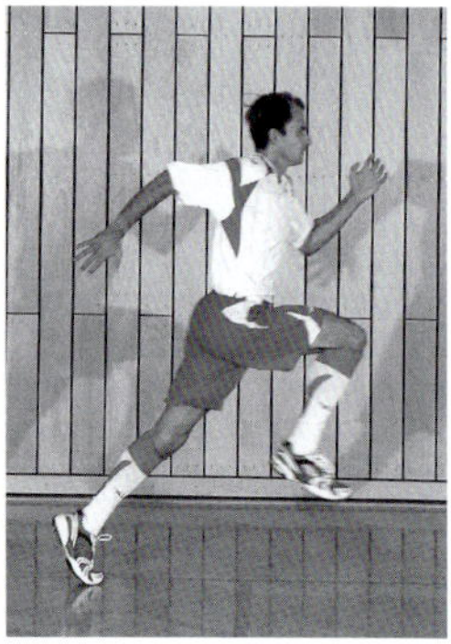

Abb. 23

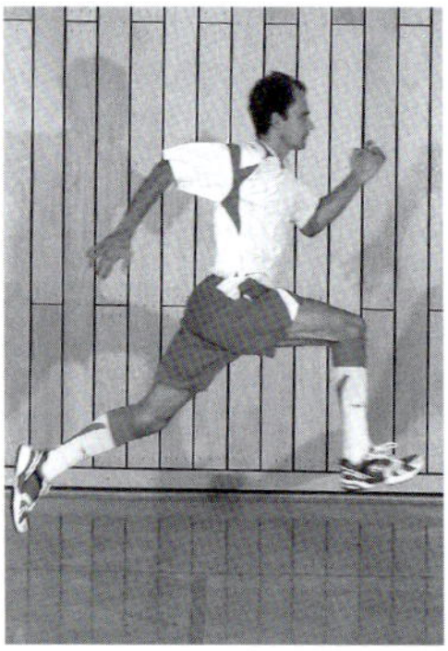

Abb. 24

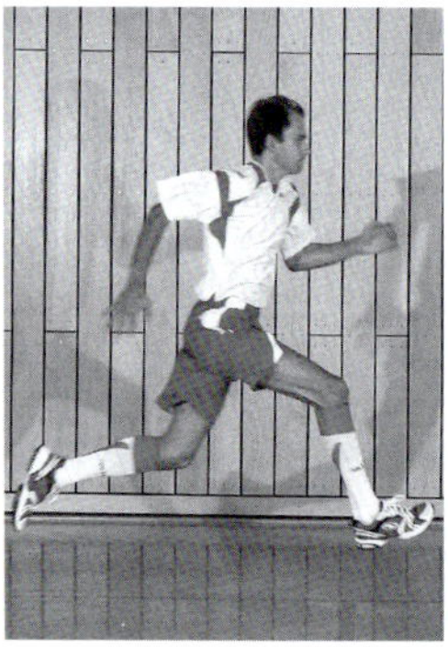

Abb. 25

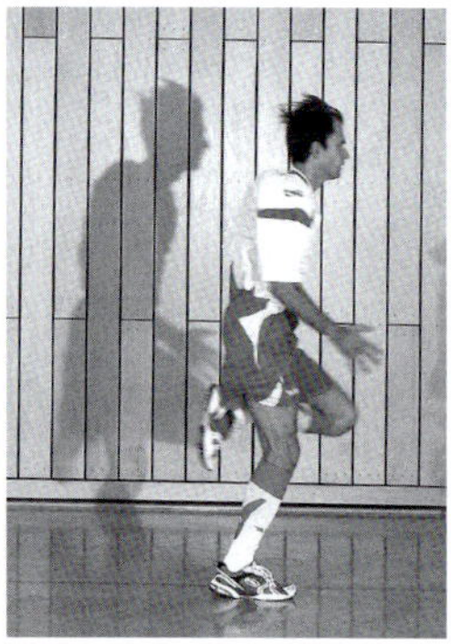

Abb. 26

4.2 Die Rumpf-Kopf-Haltung

Beim Laufen und Sprinten wird der Haltung des Rumpfes meist wenig Bedeutung beigemessen. Häufig wird sie lediglich als Folge von Fehlern, selten jedoch als Fehlerursache gesehen. Der Einfluss der Rumpfhaltung im Groben kann dem Sportler durch zwei einfache Übungsformen bewusst gemacht werden.

Übungsform 1

Mit der Oberkörpervorlage spielen

Im lockeren Trab (beim Einlaufen) lässt der Läufer lediglich den Oberkörper nach vorne fallen und richtet ihn dann wieder auf. Da man in der Regel beim Nachvornefallen schneller und beim Aufrichten wieder langsamer wird, lernt er so die Möglichkeit der Geschwindigkeitsregulation mit Hilfe des Oberkörpers kennen. Diese Übungsform eignet sich auch sehr gut bei Steigerungsläufen, wobei der Läufer den Oberkörper immer wieder vorfallen lässt und wieder aufrichtet.

Übungsform 2

Mit dem „Hohlkreuz" spielen

Ebenfalls im lockeren Trab soll der Läufer versuchen, die Lenden-Wirbelsäule zum Bauchnabel zu bringen ohne dabei die Schultern nach hinten zu schieben. Normalerweise ist eine leichte Geschwindigkeitszunahme zu spüren, solange die Wirbelsäule nach vorne gedrückt wird. Durch diese Übung wird ein Abkippen des Beckens hervorgerufen, das der ischiocruralen Muskulatur eine größere Vorspannung verleiht und zu einer größeren Kraftentwicklung mit dem Aufsatz des Stützbeins führt. Diese wiederum ist mit einer stärkeren horizontalen Beschleunigung verbunden.

Rumpfhaltung wirkt auf die Beinmuskulatur

Da der Rumpf sowohl die Reaktionskräfte der Bein- als auch der Armbewegungen tolerieren muss, sollte die Rumpfhaltung funktionell sein, d. h. die Rumpfhaltung sollte aufrecht und nicht zu verkrampft sein und beim Sprint mit Oberkörpervorlage sogar eine Verstärkung der Lendenlordose (leichtes Hohlkreuz) aufweisen.

Tab. 5: Häufige extreme Abweichungen bei der Rumpf- und Kopfhaltung

Extreme Abweichung	Wirkung	Mögliche Hilfe
Kopf nach unten geneigt	Führt zu einer verstärkten Krümmung der Wirbelsäule und verhindert damit die optimale Kraftübertragung der Beine auf den Rumpf sowie die Impulsübertragung der Arme auf den Rumpf; ist langfristig mit Wirbelsäulenproblemen verbunden	• Ziel in der Ferne anvisieren. • Vorne auf die Hände achten. • Brust nach vorne.
Kopf nach hinten oben	Bewirkt eine Überstreckung der Wirbelsäule und kann bis zur Rücklage des Oberkörpers führen	• Trikot mit dem Mund festhalten.
Rundrücken Wird oft als Folge beobachtet, wenn die Knie höher angehoben werden.	Führt zu einer sitzenden Haltung und dadurch zu einer mangelhaften Ausführung der hinteren Stützphase – meist ein Zeichen für schlecht entwickelte Rumpfmuskulatur.	• Brust nach vorne drücken. • Stolz und aufrecht laufen. • Gymnastik. **(Fortsetzung nächste Seite)**

Extreme Abweichung	Wirkung	Mögliche Hilfe
Rumpfrücklage	Führt zu mangelhafter Kraftübertragung von den Beinen auf den Rumpf und zu Fehlbelastungen im Lendenwirbelbereich.	• Einfluss der Rumpfposition bewusst machen. • Koordinationsarbeit im Gelände, Hang auf- und abwärts.

4.3 Die Armarbeit beim Sprint und bei den Übungen

„Der Läufer läuft mit den Armen"

Beim Laufen und speziell beim Sprint hat die Armarbeit vier wesentliche *Funktionen*.

1) Die Arme gleichen die Seitwärtsbewegungen des Rumpfes aus und sorgen somit für eine relativ geradlinige Bewegung des Körperschwerpunkts ohne große seitliche Schwankungen.
2) Beide Arme sollen den Drehimpuls um die Körperlängsachse des Körpers ausgleichen, der durch die Beine erzeugt wird.
3) Die Reaktionskraft, die während der Aufwärtsbewegung der Arme entgegengesetzt nach unten wirkt, sorgt für eine erhöhte Kraftentwicklung der Beinstreckmuskulatur.
4) Durch das Abbremsen der Arme am Umkehrpunkt wird der Impuls der Arme auf den Körper übertragen und führt dadurch in Verbindung mit Punkt 2 zu einer größeren Schrittlänge. Eine optimale Wirkung wird jedoch nur erzielt, wenn die Arme am Umkehrpunkt abbremsen, bevor das Stützbein den Boden verlassen hat.

Funktionelle Armarbeit

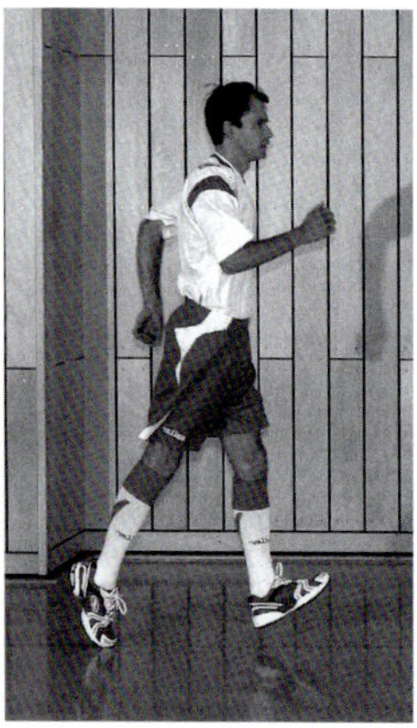

Abb. 27: Armhaltung beim Sprint

Als Faustregel für die *Haltung* der Arme während des Schwingens wird ein Ellbogenwinkel von 90° mit gestreckter Hand und gestreckten Fingern angenommen. Die Haltung und Führung der Arme beim Sprint zeigt sicher bei jedem Sportler eine individuelle Ausprägung, einen persönlichen Stil. Die Faustregel hat jedoch u. a. den Vorteil, dass der Sportler seine eigene Armarbeit bei entsprechender Anweisung durch zusätzliche Sinnessysteme (optisch, taktil) selbst kontrollieren kann. In dieser Armhaltung sollten die Finger vorne bis in Augenhöhe schwingen und hinten soweit, dass die Finger gerade noch den Hüftknochen berühren. Die beiden entsprechenden Anweisungen wären dann: „Guck (bei gerader Kopfhaltung) vorne die Finger an!“ bzw. „Bring die Finger zum Hüftknochen!“. Aufgrund der funktionell-anatomischen Verbindung des Schultergelenks kann durch die Armhaltung die des Rumpfs beeinflusst werden. Da die Rumpfhaltung einen wesentlichen Einfluss auf die Stellung des Beckens hat und durch beide die Effektivität der Sprint- und Laufbewegung maßgeblich bestimmt wird, liefern die Arme eine Möglichkeit des indirekten Einflusses. Die Koordinationsübungen sollten daher auch mit den folgenden unterschiedlichen Armhaltungen ausgeführt werden. Bei der Haltung der Arme zur Seite ist dabei darauf zu achten, dass die Handflächen nach oben zeigen. Dadurch wird der Arm außenrotiert und führt über die Schultermuskulatur zu einem Aufrichten der Oberkörperhaltung.

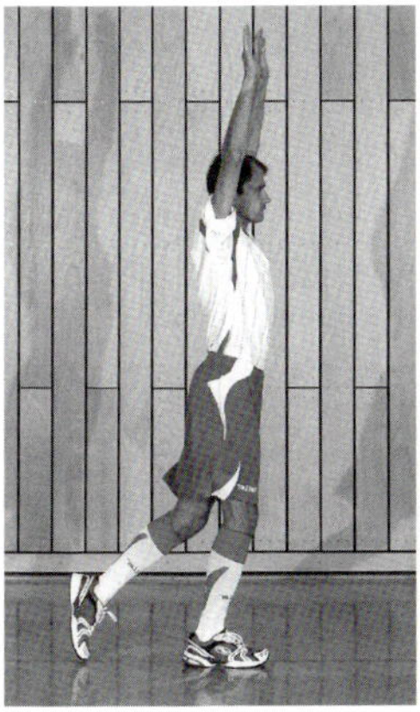

Abb. 28: Arme nach oben.

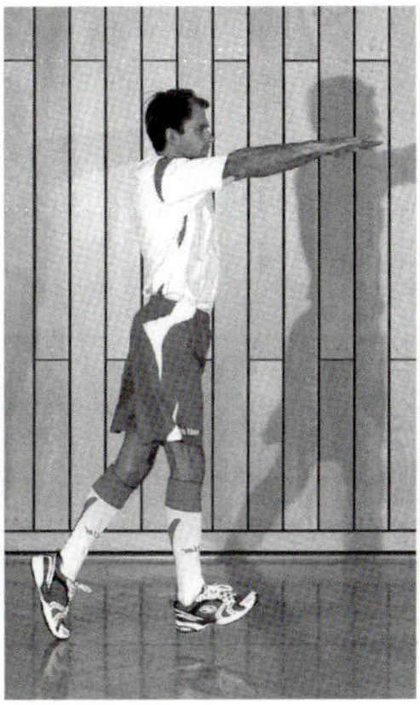

Abb. 29: Arme nach vorne.

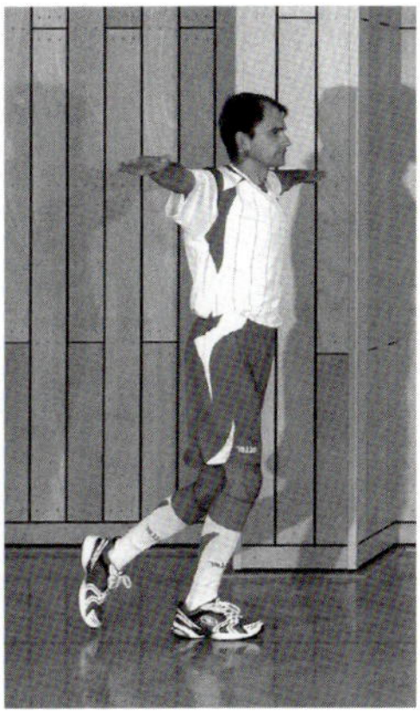

Abb. 30: Arme zur Seite.

Tab. 6: Häufige extreme Abweichungen bei der Rumpf- und Kopfhaltung

Extreme Abweichungen	Wirkung	Mögliche Hilfe
Der Oberarm wird bei der Rückwärtsbewegung nur bis zur Rumpfachse geführt und dann der Unterarm nach unten gestreckt.	Der Drehimpuls um die Körperlängsachse, der durch den vorderen Arm bedingt ist, wird nicht vollständig ausgeglichen und führt dadurch zu einer unruhigen Oberkörperhaltung. Sehr häufig führt diese Abweichung auch zu einer Rundrückenhaltung und zu einer sitzenden Haltung beim Sprint.	• Ellbogen hinten hochziehen. **(Fortsetzung nächste Seite)**

Extreme Abweichungen	Wirkung	Mögliche Hilfe
Nachschwingen von Unterarm und Hand am vorderen und hinteren Umkehrpunkt, d. h. Ober-Unteram und Hand werden nicht festgestellt bevor der Stützfuß den Boden verlässt.	Der Impulsübertrag auf den Körper und damit auch die Schrittlänge wird verringert.	• Hand und Finger strecken und steif halten.
Arme schwingen vorne höher als in Augenhöhe.	Aufgrund des längeren Wegs, den die Arme zurücklegen, wird es schwerer im entsprechenden Zeitraum (solange Bodenkontakt besteht) die Arme anzuhalten. Ferner weisen die Schwungelemente vermehrt Komponenten auf, die nicht in Bewegungsrichtung und damit nicht zur Vorwärtsbewegung beitragen.	• Arme nach vorne bewegen. • Die Arme ziehen aus dem Körper heraus.
Arme werden nicht in Laufrichtung geführt, sondern diagonal.	Der Impuls der Arme geht quer zur Bewegungsrichtung und verringert dadurch die Schrittlänge, oft auch mit einer Rundrückenhaltung verbunden.	• Handflächen nach oben zeigen (Unterarme nach außen drehen).

4.4 Koordinationstraining zu den fünf Phasen

Allgemeines zur Praxis des speziellen Sprint- und Laufkoordinationstrainings

Die Übungen sollten zunächst einzeln geübt werden und erst bei fortgeschrittener Automatisierung komplex verknüpft werden (vgl. Kapitel 6 „Trainingspläne“). Da die Koordinationsübungen anfangs sehr stark die Konzentration eines Sportlers beanspruchen und damit relativ schnell zu zentralnervösen Ermüdungen führen können, sollte das Koordinationstraining im **Anfänger**stadium **10–15 Minuten** nicht überschreiten. Hierbei ist jede Übungen über 20 m jeweils maximal 3 x zu wiederholen. Die Länge der Übung (20 m) ist dabei so bemessen, dass es während eines Übungsdurchgangs zu keiner Ermüdung kommt. Die Übungen sollten lieber häufiger und mit entsprechender Pause (Gehpause) wiederholt werden, als einmal lange und ohne Pause. Dies bezieht sich sowohl auf eine Trainingseinheit als auch auf einen Trainingszyklus. In einer Trainingseinheit heißt dies: „Lieber 5 x 20 m als 1 x 100 m“, im Wochenzyklus entsprechend: **„Lieber jeden Tag zehn**

Minuten üben als einmal die Woche eine Stunde.“ In fortgeschrittenem Stadium sollten zuerst die Anzahl der Wiederholungen gesteigert werden und dann die Distanz.

Als angemessener Rhythmus zum Erlernen der entsprechenden Übungen hat sich zunächst ein Fünfer- dann ein Dreier- und am Ende ein Einer-Rhythmus herauskristallisiert, d. h. anfangs werden die Übungen nach jeweils fünf Schritten gewechselt, dann nach drei und am Ende bei jedem. Durch die Verkürzung des Rhythmus wird Information pro Zeit für das Wahrnehmungssystem gesteigert und stellt daher eine Steigerung des Schwierigkeitsgrades dar. Um in einem fortgeschrittenen Stadium größere Trainingseffekte in Bezug auf die Sprintausdauer zu erzielen, sind die Zyklenzahlen entsprechend zu erhöhen.

4.4.1 Aktive Fußgelenksarbeit (AFG)

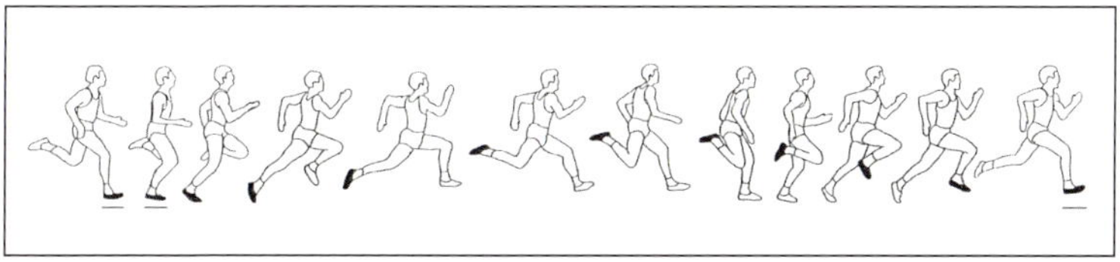

Schwankungen zum vorderen Stütz

Mit dieser Koordinationsform soll das aktive Aufsetzen des Fußes in Verbindung mit der vorderen Stützphase trainiert und bewusst gemacht werden. Durch das aktive Aufsetzen des Fußes kommt es zu einer optimalen Voraktivierung und Arbeitsweise der primär am Vortrieb beteiligten Muskulatur (vgl. Kapitel 2.3). Ziel der Übungsserie ist zunächst der peitschenartige Fußaufsatz nach vorherigem Anziehen der Fußspitzen. Um den Fußaufsatz peitschenartig gestalten zu können, muss die Fußspitze solange wie möglich angezogen werden. Diese zunächst primär vertikal (nach unten) gerichtete Kraft dient in erster Linie dem Bewusstmachen der Aktivität des zweigelenkigen Wadenmuskels (M. gastrocnemius), der auch im Kniegelenk beugt. Durch die anfangs betont vertikale Komponente wird die Vorwärtsgeschwindigkeit und damit der Informationsfluss für den Sportler reduziert. Oft wird durch eine zu große Vorwärtsgeschwindigkeit des Übenden ein falscher Fußaufsatz provoziert, da der Athlet durch diesen das Tempo reguliert. Das aktive Strecken des Fußgelenks soll später mit einem gleichzeitigen Heranziehen des Unterschenkels verbunden werden. Erst durch dieses Greifen des Unterschenkels kommt es zum Ausschöpfen der individuellen Möglichkeiten. Da diese Übungsform erfahrungsgemäß die schwierigste ist (da neu) und am häufigsten geübt werden sollte, wird eine etwas ausführlichere und vielseitigere Hinführung zur Zielübung beschrieben.

Aktive Fußgelenksarbeit

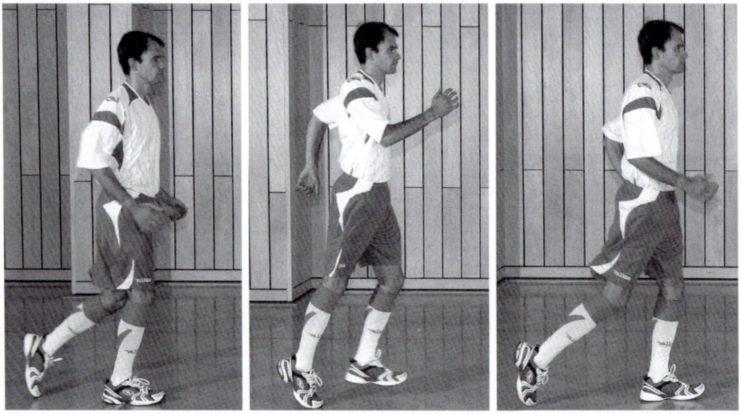

Abb. 31/32/33: Aktive Fußgelenksarbeit (AFG): Fußspitze bis kurz vor dem Bodenkontakt angezogen halten, Arme zur Seite.

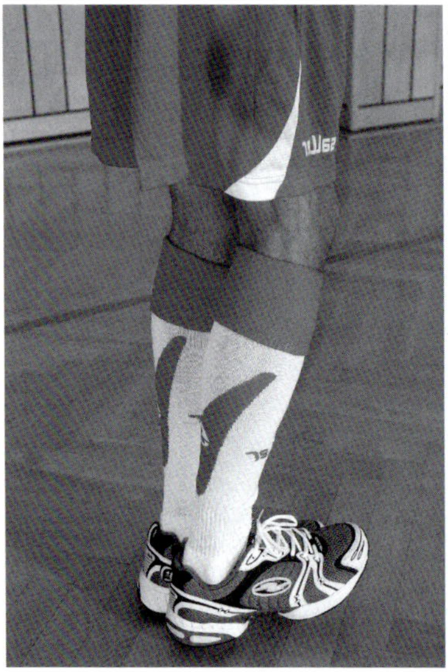

Abb. 34: Fußspitze angezogen.

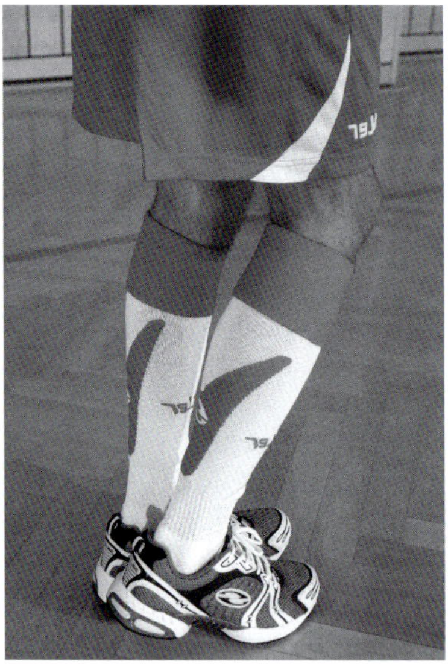

Abb. 35: Fußspitze am Boden.

Ausgangsposition

Einbeinstand, Arme hängen lassen, Kopf gerade. Am frei hängenden Bein die Fußspitze bei leicht gebeugtem Knie anziehen (Dorsalflexion), Ferse absenken und knapp über dem Untergrund halten (Abbildung 34).

Bewegungsausführung

Den Fußballen aktiv gegen den Untergrund schlagen (Sprunggelenk strecken – Plantarflexion, Abbildung 35).

Lernhinweis

Nur die Fußspitzen anheben und abklappen

Ferse bis zum Bodenkontakt nicht anheben, sowie Knie- und Hüftgelenk fest lassen. Der Bodenkontakt sollte senkrecht unter dem Knie stattfinden, damit die Bewegung isoliert durch die Sprunggelenkstreckung und nicht über die Knie- oder Hüftstreckung durchgeführt wird. Wie gut die Bewegung ausgeführt wird, kann selbst anhand der Lautstärke des Bodenkontakts kontrolliert werden. Je besser das aktive Aufsetzen, desto lauter der erzeugte Ton. Linkes und rechtes Bein öfters abwechseln. „Krach machen“, „Pfützen leer treten/spritzen“.

Die Übung auch mit geschlossenen Augen und mit Armarbeit ausführen.

Aktive Fußgelenksarbeit im Trab

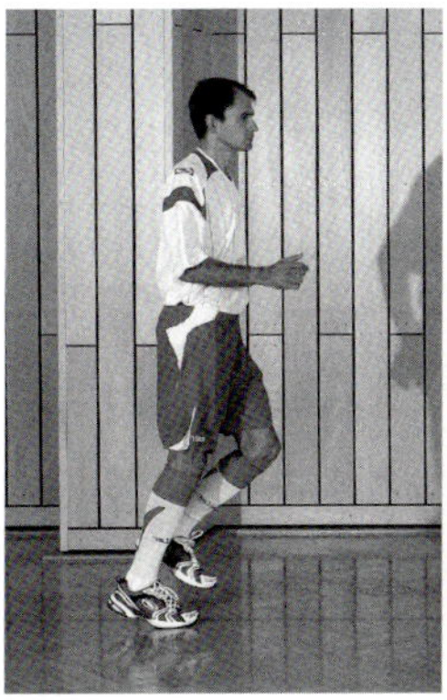

Abb. 36

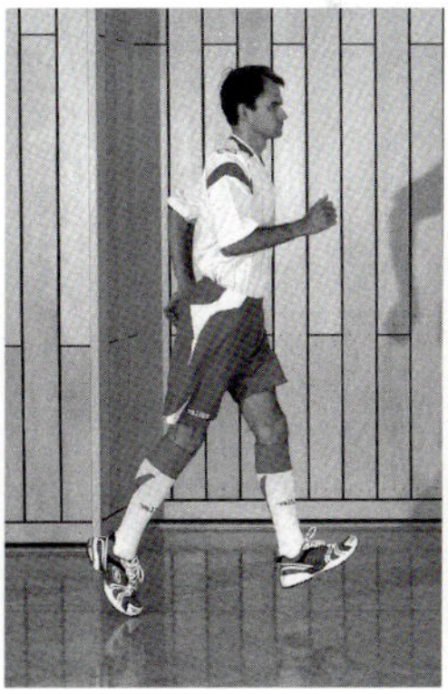

Abb. 37

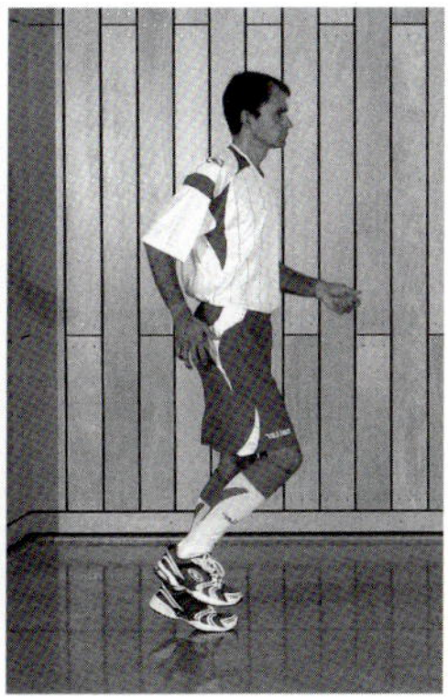

Abb. 38

Ausgangsposition

Einbeinstand, Arme hängen lassen, Kopf gerade.

Bewegungsausführung

Aus dem Stand in den Lauf

Beginnen wie bei der vorherigen Übung, nach drei aktiven Sprunggelenkstreckungen im Stehen, den Körper leicht nach vorne verlagern und zum langsamen Laufen (Traben) kommen.

Lernhinweis

Einbeinig „Krach machen!“ In fortgeschrittenem Stadium kann direkt im Traben mit einseitigem aktivem Fußaufsatz begonnen werden.

Übung	Bemerkung	Umfang
Im Traben 5 x aktiver Fußaufsatz rechts, dann direkter Wechsel 5 x aktiver Fußaufsatz links (Fünferrhythmus).	Durch den direkten Wechsel von links nach rechts und umgekehrt kommt es unmittelbar beim Wechsel zur Aufeinanderfolge von aktivem Fußaufsatz auf beiden Seiten.	Anf.: 3 x 3 Zyklen (20 m) Fort.: 5 x 4 Zyklen (40 m)
Wie vorherige Übung, jedoch nur 3 x aktive Fußaufsätze pro Seite (Dreierrhythmus).	Rhythmus mit Betonung des Wechsels selbst oder durch Trainer. Vorsprechen lassen: „Links … links … links rechts … rechts … rechts links …“.	Anf.: 3 x 5 Zyklen (20 m) Fort.: 5 x 7 Zyklen (40 m)
AFG beidbeinig	Basisübung	Anf.: 3 x 20 m Fort.: 5 x 40 m
AFG 3 x rechts, 3 x links, 3 x beide Füße.		Anf.: 3 x 20 m Fort.: 5 x 30 m
AFG mit Armarbeit.		Anf.: 3 x 20 m Fort.: 5 x 30 m
AFG jeweils fünf Schritte mit Armarbeit, dann fünf Schritte Arme hängen lassen usw. Drei Zyklen. Fortgeschrittene im Dreierrhythmus.		Anf.: 3 x 20 m Fort.: 5 x 30 m

Aktive Fußgelenksarbeit mit gebeugten Knien

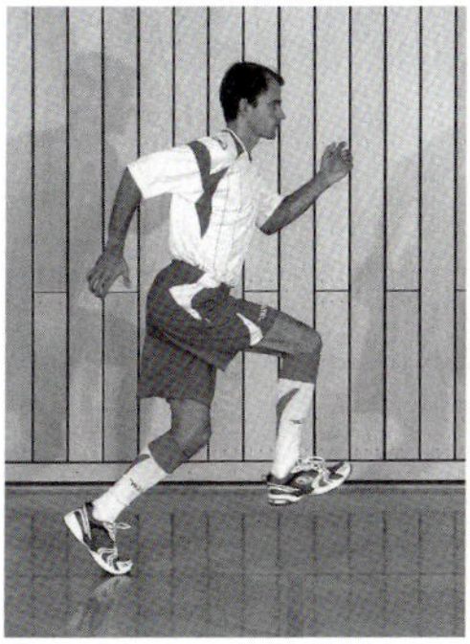
Abb. 39

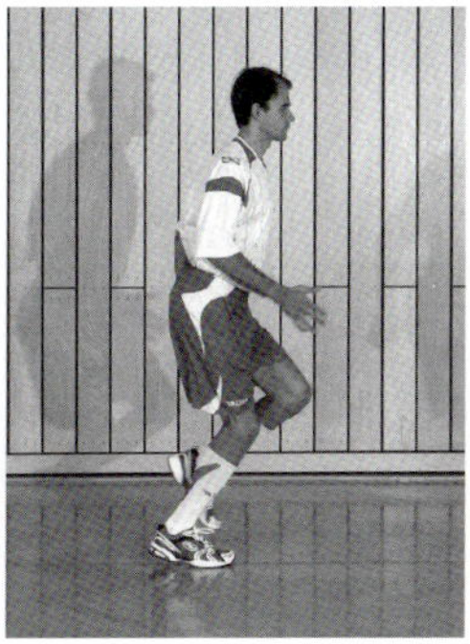
Abb. 40

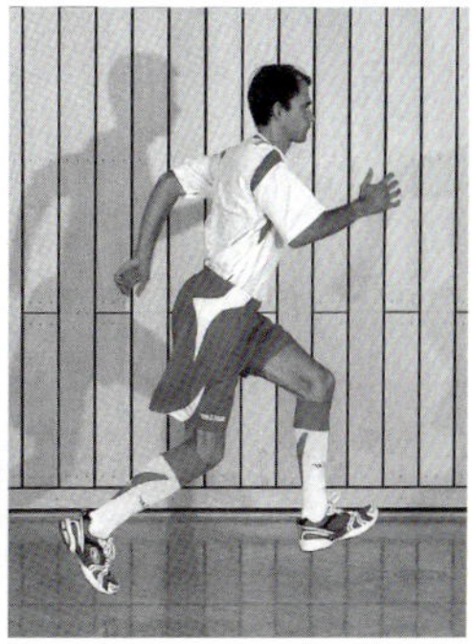
Abb. 41

Ausgangsposition

Gebeugte Knie, aufrechter Oberkörper.

Bewegungsausführung

Die Schwankung vergrößern durch veränderte Beinhaltung

Nach drei aktiven Sprunggelenkstreckungen im Stehen (als gewohnte Übung), den Körper leicht nach vorne verlagern und zum langsamen Laufen (Traben) kommen.

Lernhinweis

„Krach machen!" Nicht zu weit in die Hocke gehen, da sonst die Oberkörper- und Beckenhaltung im Vergleich zum gewöhnlichen Lauf und Sprint zu stark verändert wird. Durch diese Übung wird der Fußaufsatz unter dem Knie provoziert und das Anziehen der Fußspitze (Dorsalflexion) erschwert.

Übung	Bemerkung	Umfang
5 x AFG normal, dann 5 x AFG in leichter Hocke.	Diese Übung soll verhindern, dass der Unterschenkel in der Basisübung zu weit nach vorne ausgekickt wird und der Fußaufsatz unter dem Knie stattfindet.	Anf.: 3 x 20 m Fort.: 5 x 30 m **(Fortsetzung nächste Seite)**

Übung	Bemerkung	Umfang
AFG mit Armarbeit 5 x langsam kontrolliert, 5 x auf Frequenz (drei Zyklen) – dann Dreierrhythmus.		Anf.: 3 x 20 m Fort.: 5 x 30 m
AFG 5 x langsam kontrolliert mit hängenden Armen, 5 x auf Frequenz mit Armarbeit – dann Dreierrhythmus.	Hüfte nicht wegziehen!	Anf.: 3 x 20 m Fort.: 5 x 30 m

Häufigste Abweichungen bei aktiver Fußgelenksarbeit:

Abweichung	Wirkung	Optimierung
Knie wird zuerst gestreckt und der Fußaufsatz erfolgt nicht durch die Wadenmuskulatur sondern durch die hüftstreckende Muskulatur.	Es wird entgegen der Laufrichtung gestemmt. Der Bremskraftstoß wird vergrößert und es kommt durch eine Koaktivierung von Schienbein- und Wadenmuskulatur langfristig zu Schienbeinbeschwerden (Knochenhautreizung).	• Übung im Stehen länger ausführen. • Leichte Sprungformen mit AFG einflechten.
Der Fußaufsatz erfolgt weit vor dem Knie, was einer sitzenden Haltung entspricht.	Der Fußaufsatz wirkt bremsend auf den Vortrieb.	• Fußaufsatz hinter dem Körper, Hüfte strecken. • Wirbelsäule zum Bauchnabel drücken.
Haltung wird selbst kontrolliert.	Durch das Absenken des Kopfes weicht der Oberkörper nach hinten aus und der Kraftstoß des Stützbeins wirkt zu weit vom KSP weg (Energieverschwendung).	• Blick gerade aus auf ein Ziel richten, Vorstellung: Gegenstand auf dem Kopf balancieren
Fuß wird zwar aktiv aufgesetzt, jedoch im Sprung- und Kniegelenk nicht steif gestellt.	Der Bodenkontakt wird zu lang. Es wird zuviel Energie in Wärme der Gelenke umgewandelt.	• Kürzere Kontaktzeiten erreichen.

4.4.2 Fußgelenksarbeit auf Druck (FGD)

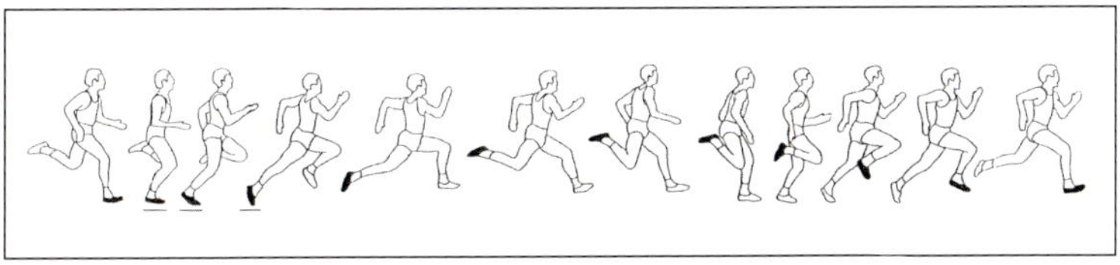

Schwankungen zum hinteren Stütz

Mit der Fußgelenksarbeit auf Druck soll der Schwerpunkt auf die hintere Stützphase und den Abdruck gelegt werden. Auch hier ist anfangs das primäre Ziel, die Streckung des Fußgelenks bewusst zu machen. Die dabei meist stärker betonte vertikale Komponente soll in einem späteren Schritt durch eine Überstreckung in der Hüfte einen verstärkt horizontalen Anteil bekommen. Durch die betont vertikale Komponente wird die Vorwärtsgeschwindigkeit und damit der Informationsfluss (Informationsaufnahme pro Zeit) für den Sportler reduziert, d. h. der Sportler kann sich auf das eigentliche Ziel der Übung konzentrieren und ist nicht so sehr mit der Regulation der Fortbewegungsgeschwindigkeit durch einen eventuell falschen Fußaufsatz beschäftigt. In einem weiteren Schritt soll zu der Fußstreckung eine Überstreckung in der Hüfte (das Bein wird möglichst weit hinter die Hüfte geführt) kommen. Dadurch wird der Beschleunigungsweg der hüftstreckenden Muskulatur länger und die Fußgelenkstreckung bekommt eine verstärkt horizontale Komponente. Durch das Überstrecken in der Hüfte werden gleichzeitig optimale Bedingungen für die Arbeitsweise der Muskulatur in den folgenden beiden Phasen geschaffen (vgl. Kapitel 2.3 „Anatomisch-funktionelle Voraussetzungen“).

Fußgelenksarbeit auf Druck

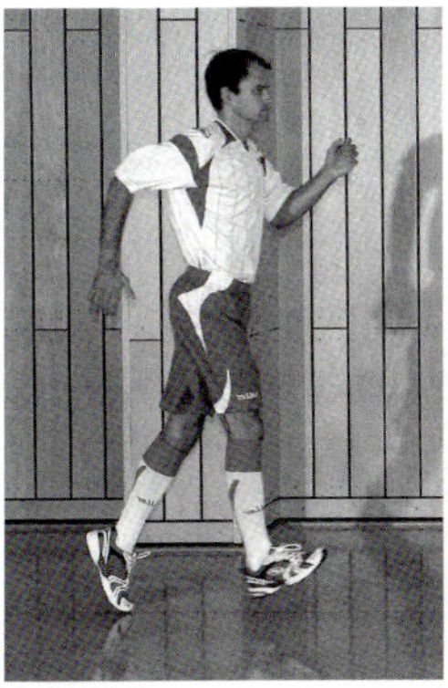

Abb. 42

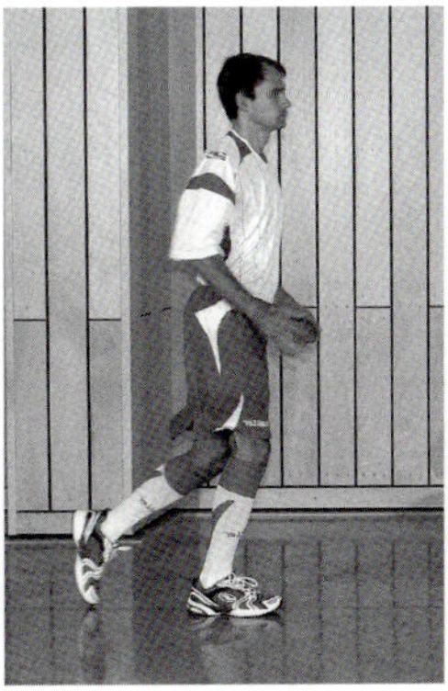

Abb. 43

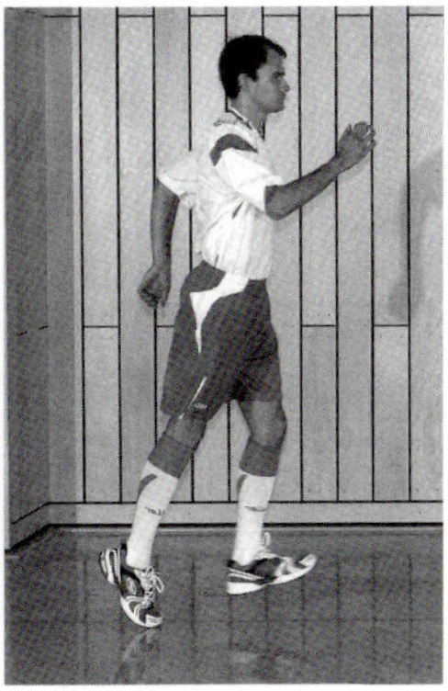

Abb. 44

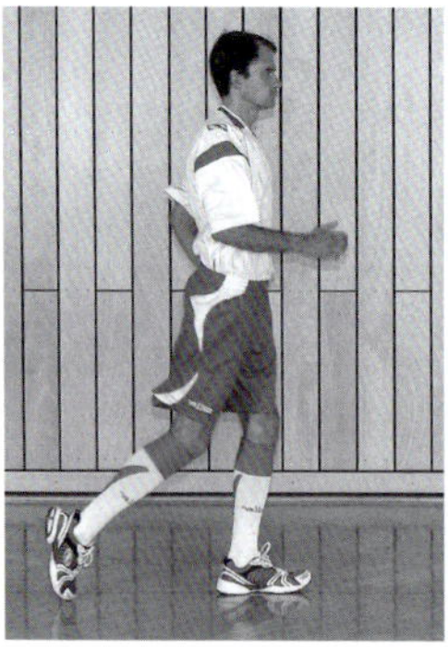

Abb. 45

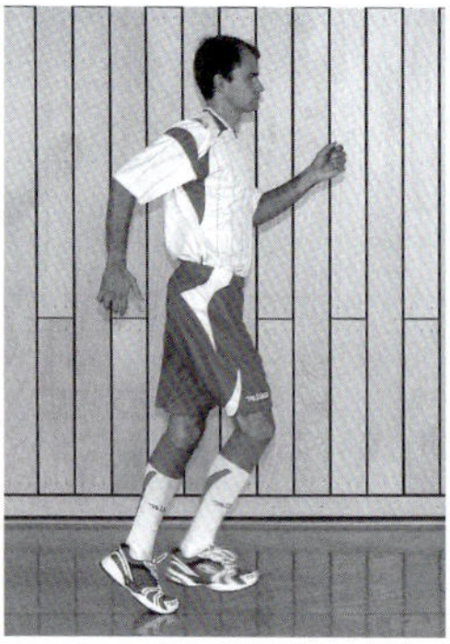

Abb. 46

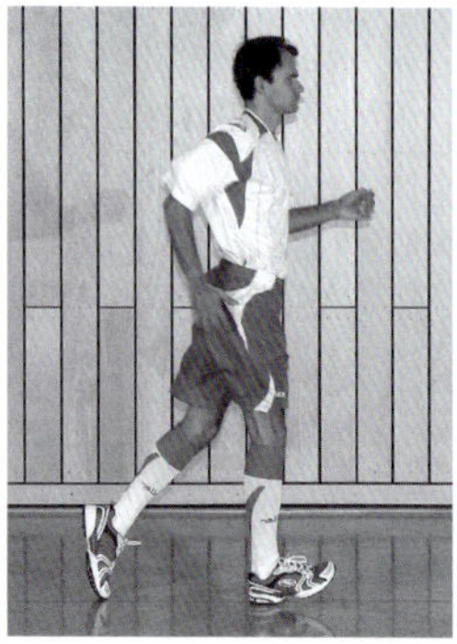

Abb. 47

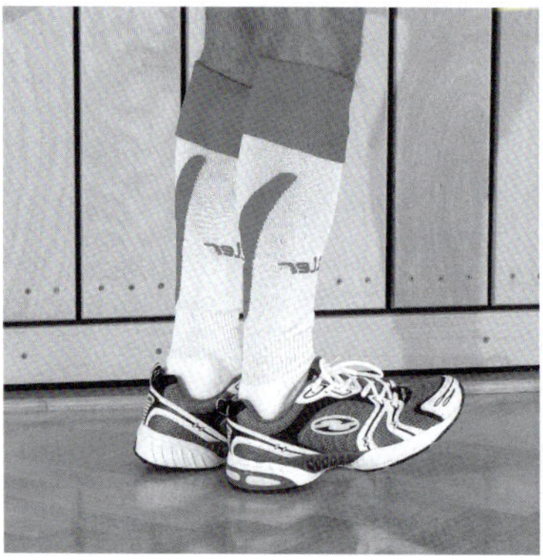

Abb. 48: Fersenaufsatz.

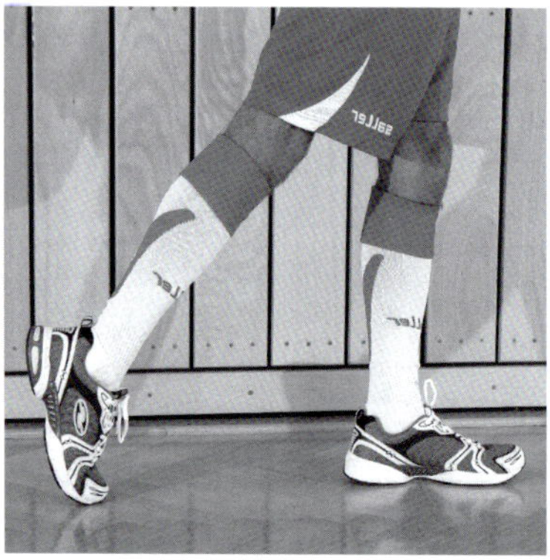

Abb. 49: Druck (maximale Streckung des Sprunggelenks).

Ausgangsposition

Im Traben zunächst nur mit einem Fuß, hängende Armen.

Bewegungsausführung

Nach einem bewussten Aufsetzen mit der Ferse (Abbildung 48), das Fußgelenk maximal strecken (Abbildung 49). Die Schuhsohle sollte von hinten komplett zu sehen sein, solange der Fuß noch am Boden ist. Am Ende der Streckung bilden die Fußspitze, Hüfte und Scheitel eine Gerade.

Auf das Abrollen des ganzen Fußes am Boden achten

Der Fußaufsatz mit der Ferse soll eine ähnliche Greifbewegung und Reihenfolge der innervierten Muskeln wie beim aktiven Fußgelenklauf (AFG) bewirken.

Lernhinweis

Den Boden nach hinten wegschieben

„Den Fuß solange strecken (Plantarflexion) bis von hinten die Schuh(Fuß-)sohlen sichtbar werden!“

„Strecken bis in die große Zehe!“ – „Den Druck bis in die Haarspitzen spüren!“ – „Indianertrab - mit bewusstem Schleifen der Fußspitzen am Boden.“

Übung	Bemerkung	Umfang
• FGD 5 x rechts 5 x links bei direktem Wechsel ohne Zwischenschritt, dann Dreierrhythmus.	Ziel: durch Rhythmusverkürzung langsam der Basisübung annähern.	Anf.: 3 x 3 Zyklen Fort.: 5 x 4 Zyklen
• Beide Beine FGD in direktem Wechsel bei langsamem Trab.	Basisübung	Anf.: 3 x 20 m Fort.: 5 x 30 m
• FGD 5 x rechts – 5 x links – 5 x beide (= ein Zyklus) usw., • Im Dreierrhythmus.	Kombination der ersten beiden Übungen. Bekanntes zur Variation anbieten.	Anf.: 3 x 2 Zyklen Fort.: 5 x 4 Zyklen
• FGD mit Armarbeit.	Festigung der Basisübung unter zusätzlicher Information der Armarbeit.	Anf.: 3 x 20 m Fort.: 5 x 30 m
• FGD 5 x mit Armarbeit 5 x ohne Arme (Arme hängen lassen). • Dreierrhythmus.	Bewusstmachen der Schwungunterstützung durch die Arme. Steigerung des Schwierigkeitsgrads durch Rhythmusverkürzung.	Anf.: 3 x 3 Zyklen Fort.: 5 x 4 Zyklen

Häufigste Abweichungen beim Fußgelenklauf auf Druck

Abweichung	Wirkung	Optimierung
Steckung des Fußgelenks erfolgt nicht am Boden sondern erst in der Schwungphase.	Keine optimale Kraftübertragung in der hinteren Stützphase.	• Fußspitzen schleifen, „Indianertrab“

(Fortsetzung nächste Seite)

Abweichung	Wirkung	Optimierung
Die Knie bleiben gebeugt, kommen nicht zur Streckung.	Die Wadenmuskulatur ist nicht optimal vorgespannt und eine optimale Kraftübertragung der Fußgelenksstreckung auf den Körper ist nicht gewährleistet.	• Den Druck bis in den Scheitel spüren. • Mit jeder Fußgelenksstreckung den Kopf 10 cm nach vorne oben schieben.
Fuß dreht zu weit nach außen bzw. innen	Die Hüfte wird mit nach außen bzw. innen rotiert und für den Kniehub muss das Bein zusätzlich nach innen bzw. außen rotiert werden.	• Laufen vor einem Spiegel. • Bewusst in anderem Extrem laufen lassen.

4.4.3 Anfersen (ANF)

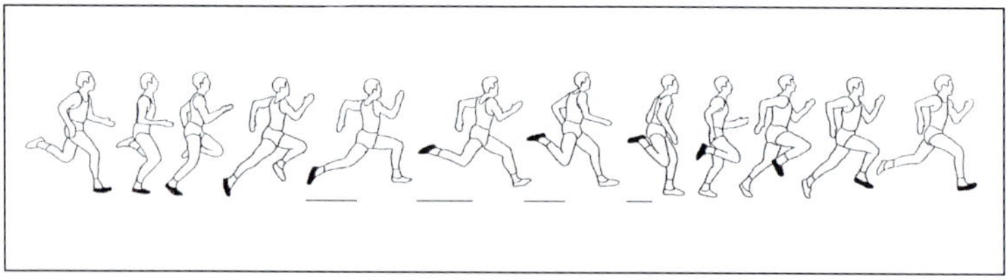

Schwankungen zur hinteren Schwungphase

Ziel dieser Übung ist das Bewusstmachen der weiten Rückführung des Knies mit entsprechender Vordehnung der Hüfbeugenden Muskulatur für die folgende Phase. Durch das weite Rückführen (Überstreckung der Hüfte) bekommt der Unterschenkel einen Bewegungsimpuls entgegen der Fortbewegungsrichtung, der beim anschließenden nach vorne Bringen des Oberschenkels automatisch zum Anfersen führt. Es soll also bewusst gemacht werden, dass die Trägheit des Unterschenkels ausgenutzt werden kann, um die hüftbeugende Muskulatur vorzuspannen und ein Anfersen ohne direkten muskulären Aufwand möglich ist.

Die Hüftbeuger vorspannen durch funktionelle Fersenführung

Die sehr häufig zu hörende Anweisung: „Die Ferse an das Gesäß!“, führt in 99% der Fälle zu einer falschen Bewegungsausführung, d. h. der Muskel wird nur über das Kniegelenk vorgedehnt und kann somit beim anschließenden Schwungbeineinsatz (oder Hüftbeugung) nicht optimal mitwirken. Die Anweisung sollte daher lauten: „Versuche die Ferse zur Schulter zu bringen!“ Dadurch wird die hüftbeugende Muskulatur (M. rectus femoris) für das anschließende Nachvornebringen des Oberschenkels über Hüft- und Kniegelenk optimal vorgespannt. Dies ist erfahrungsgemäß die am schnellsten erlernte Bewegung und kann daher relativ vollständig eingeführt werden. Die Ausführung der Übungen mit Armarbeit ist erleichtert, da durch das Anfersen in der Regel der Oberkörper leicht nach vorne gebeugt wird und ein Nachvornestürzen durch die Armarbeit ausgeglichen werden kann. Die Übung mit Armarbeit verleiht dem Sportler anfangs eine gewisse Stabilität und mehr Sicherheit.

Anfersen

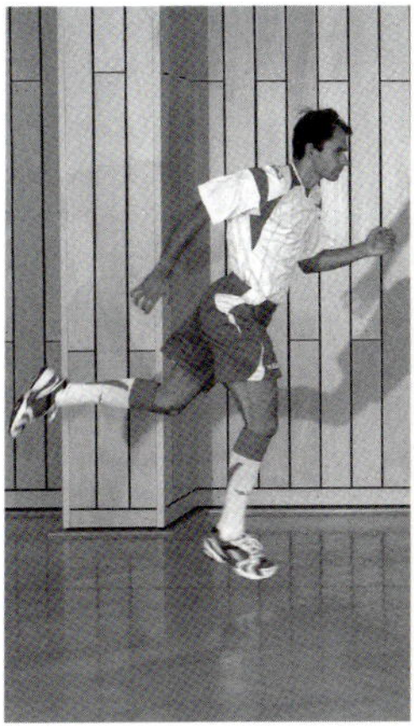

Abb. 50

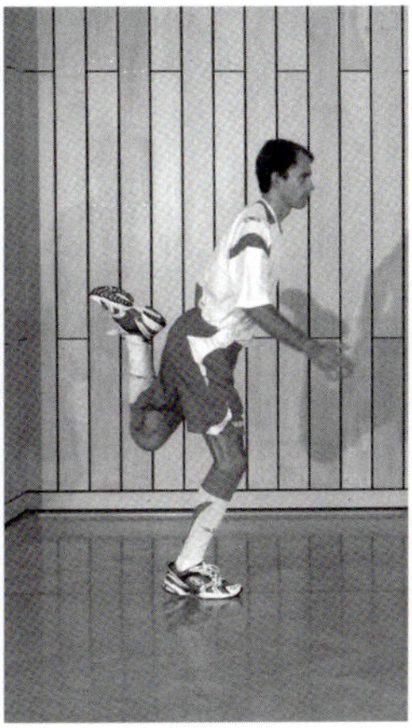

Abb. 51

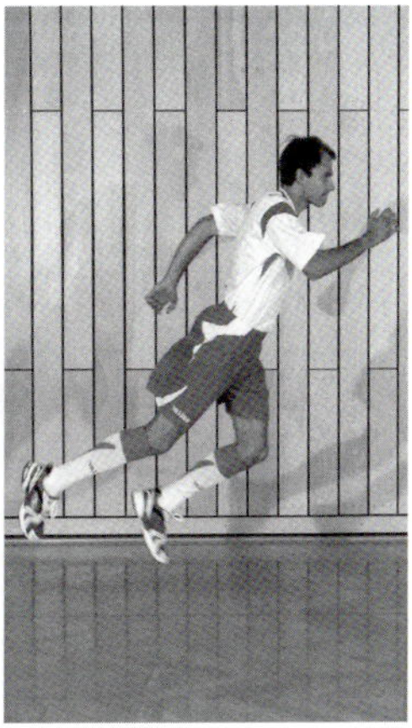

Abb. 52

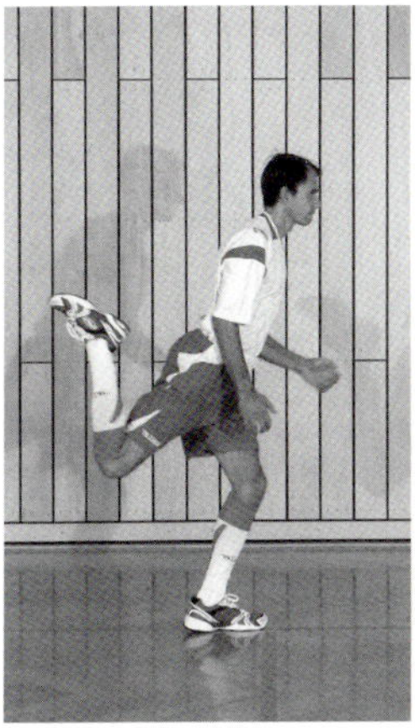

Abb. 53

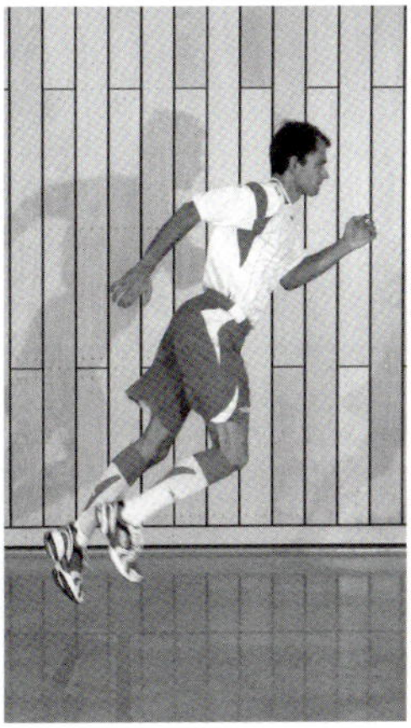

Abb. 54

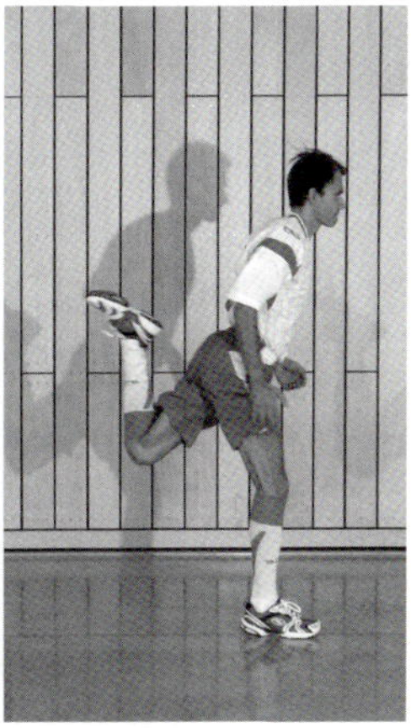

Abb. 55

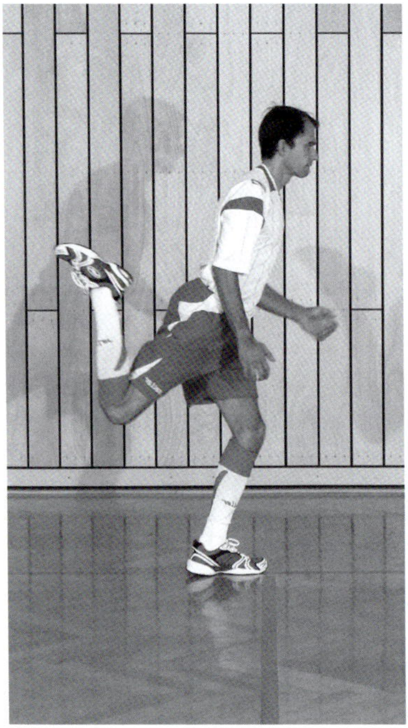

Abb. 56: Effektives Anfersen mit Armarbeit.

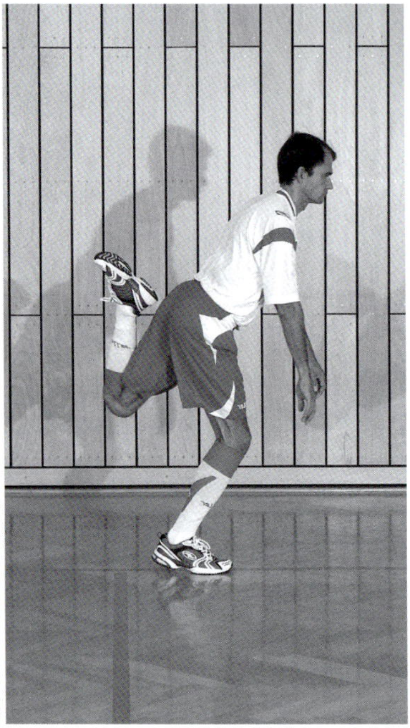

Abb. 57: … ohne Armarbeit.

Ausgangsposition

Langsame Vorwärtsbewegung, leichte Vorlage des Oberkörpers, Armarbeit.

Bewegungsausführung

Beidbeiniges abwechselndes Anfersen mit Armarbeit und leichter Oberkörpervorlage (dabei auf gerade Oberkörperhaltung achten).

Lernhinweis

Die Fersen zur Schulter bringen bei leichtem Hohlkreuz und Oberkörpervorlage

Um die vordere Oberschenkelmuskulatur für die anschließende Schwungphase entsprechend vorzuspannen (M. rectus femoris verläuft zweigelenkig über Knie und Hüftgelenk), lautet die Anweisung hier: „Versuche die Fersen an die Schultern zu bringen!“

Übung	Bemerkung	Umfang
Beidbeinig abwechselndes ANF mit leichter Oberkörpervorlage und hängenden Armen.		Anf.: 3 x 3 Zyklen Fort.: 5 x 4 Zyklen
Beidbeinig abwechselndes ANF mit leichter Oberkörpervorlage Arme zur Seite, Handflächen nach oben halten.	Bei dieser Übung ist darauf zu achten, dass die Arme ruhig gehalten werden und somit der Sportler lernt, die Arm- von der Beinarbeit durch elastische Rumpfmuskulatur zu entkoppeln.	Anf.: 3 x 20 m Fort.: 5 x 30 m
ANF 5 x rechts, 5 x links ohne Zwischenschritt: a) mit Armarbeit b) ohne Armarbeit c) ein Zyklus mit, ein Zyklus ohne Armarbeit	Diese Übung kann zur eigenen Kontrolle auf einer Linie durchgeführt werden, da es hier sehr häufig zu starken Ausgleichsbewegungen in diagonaler Richtung kommt.	Anf.: 3 x 3 Zyklen Fort.: 5 x 4 Zyklen
ANF 3 x rechts, 3 x links, 3 x beide		Anf.: 3 x 3 Zyklen Fort.: 5 x 4 Zyklen

Häufigste Abweichungen beim Anfersen

Abweichungen	Wirkung	Optimierung
Fuß wird bei senkrecht hängendem Oberschenkel zum Gesäß geführt.	Das Anfersen ist meist mit einer gleichzeitigen Hüftbeugung verbunden und führt so zu einer uneffektiven Reihenfolge der Muskelkontraktionen, was auf die Dauer zu einer Verkürzung der Hüftbeuger führt. Vorteile des optimierten Anfersens werden nicht genutzt.	• Knie weit hinter die Hüfte führen. **(Fortsetzung nächste Seite)**

Abweichungen	Wirkung	Optimierung
Zu starke Oberkörpervorlage.	Die Fortbewegungsgeschwindigkeit wird zu schnell und hat meist einen bremsenden (spitzen) Fußaufsatz zur Regulierung der Geschwindigkeit zur Folge.	• Mit den Augen entferntes Ziel anvisieren. (Durch die Kopfhaltung die Oberkörperhaltung beeinflussen.)
Gestrecktes Knie.	Zuviel Oberkörpervorlage. Hüftbeuger wird nicht entsprechend vorgedehnt.	• Versuche die Fersen an die Schulter zu bekommen. • Lass den Unterschenkel zur Schulter schwingen.

4.4.4 Kniehub (KH)

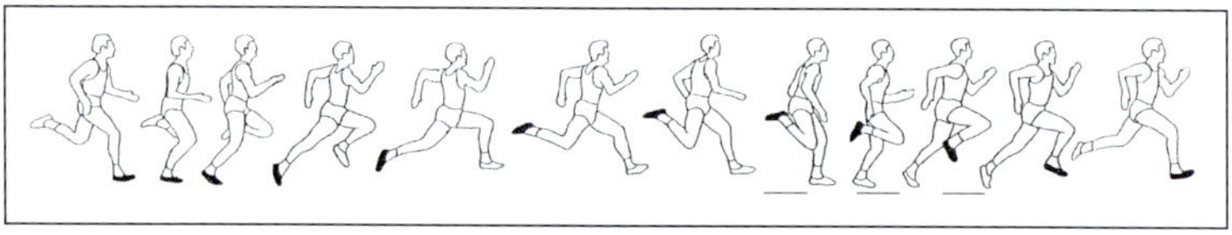

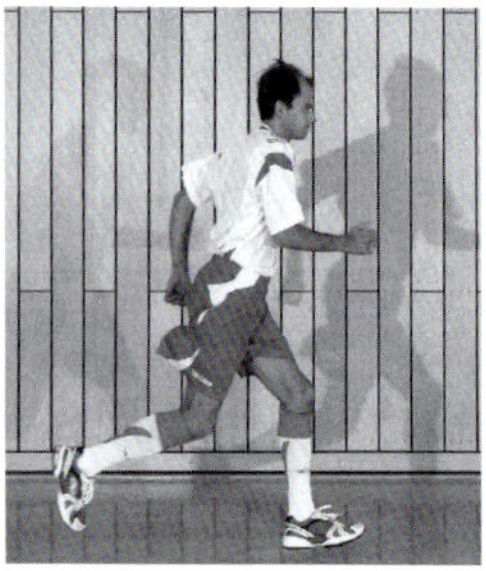

Abb. 58

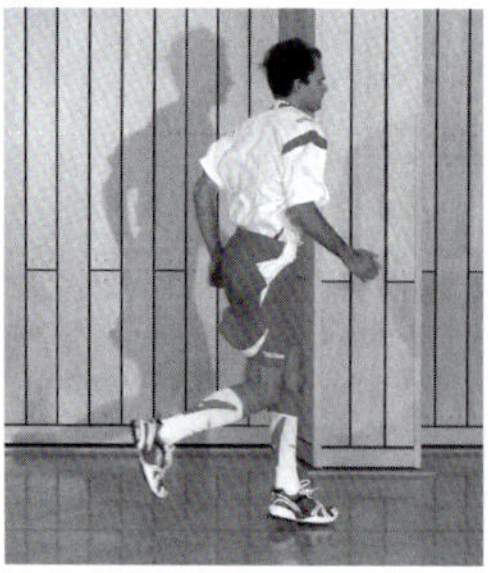

Abb. 59

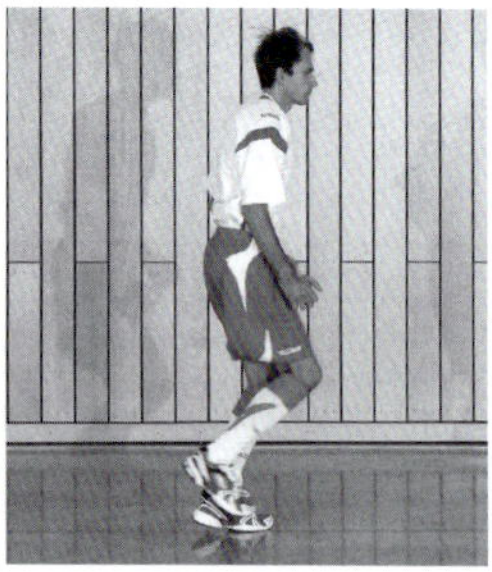

Abb. 60

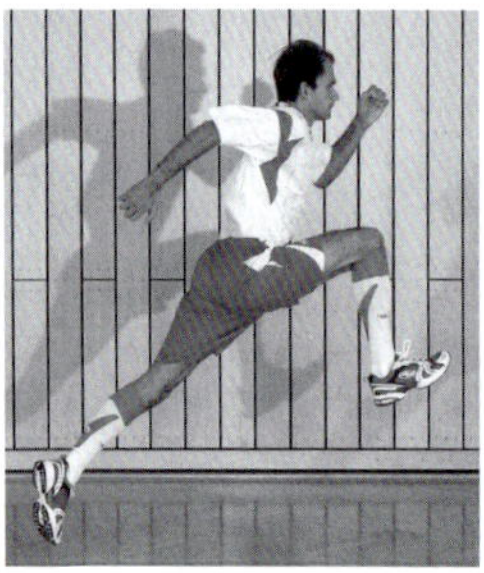

Abb. 61

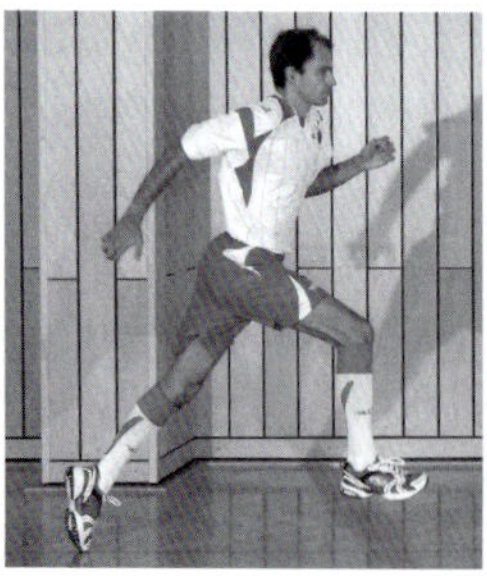

Abb. 62

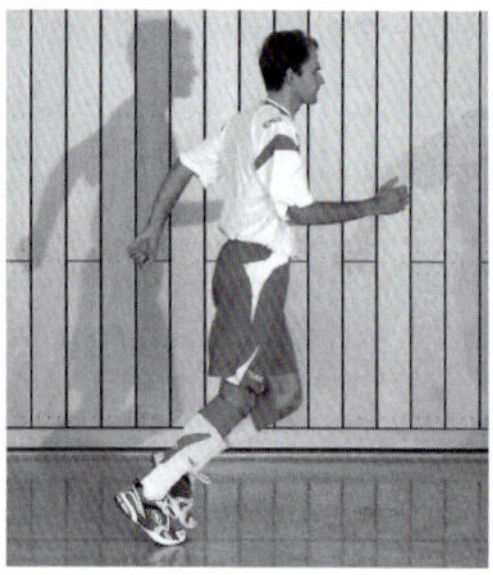

Abb. 63

Schwankungen zur vorderen Schwungphase

Mit dieser Übung soll das Hauptaugenmerk innerhalb des Schrittzyklus auf das Nachvornebringen und Absenken des Schwungbeins, d.h. auf den Übergang vom ersten zum zweiten Teil der Schwungphase gelegt werden. Beim beidbeinigen Kniehebelauf ist der zurückgelegte Weg des Beins sowohl beim Vorwärtsschwingen als auch Nachuntenschwingen im Vergleich zu den vorherigen Übungen vergrößert. Da das Schwungbein am vorderen Umkehrpunkt angehalten werden soll solange das Stützbein noch Bodenkontakt hat, ist dies in entsprechend kurzer Zeit zu vollbringen. Durch den größeren Weg des Beins in der gleichen oder kürzeren Zeit werden wesentlich höhere Geschwindigkeiten des Oberschenkels benötigt, die entsprechende Anforderungen sowohl an die hüftstreckende als auch hüftbeugende Muskulatur stellen. Dies erfordert eine entsprechend schnelle Scherbewegung der Beine und stellt auch einen hohen Reiz für diese Muskulatur dar.

Da diese Übungsformen auch konditionell sehr ermüdend sind, sollten sie am Ende des Koordinationstrainings stehen. Die Ausführung am Ende des Trainings hat auch den Vorteil, dass die hoch beanspruchte Hüftmuskulatur durch die anderen Übungen entsprechend aufgewärmt und vorbereitet ist.

Kniehebegehen

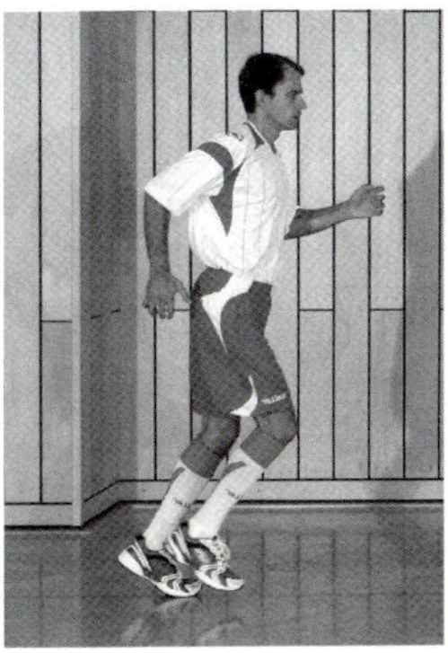

Abb. 64

Ausgangsposition

Im Gehen, d. h. keine Flugphase, Oberkörper aufrecht.

Bewegungsausführung

Im Gehen die Knie bis in die horizontale heben und dabei den Unterschenkel senkrecht hängen lassen. Fußspitzen anziehen. Armarbeit wie beim Sprint.

Lernhinweis

Die Laufbewegung mit Kniehub wird quasi in Zeitlupe ausgeführt. Zur Intensivierung: Die letzten 10° Grad des Kniehubs gleichzeitig mit der letzten Kniestreckung betonen.

Kniehebetrab

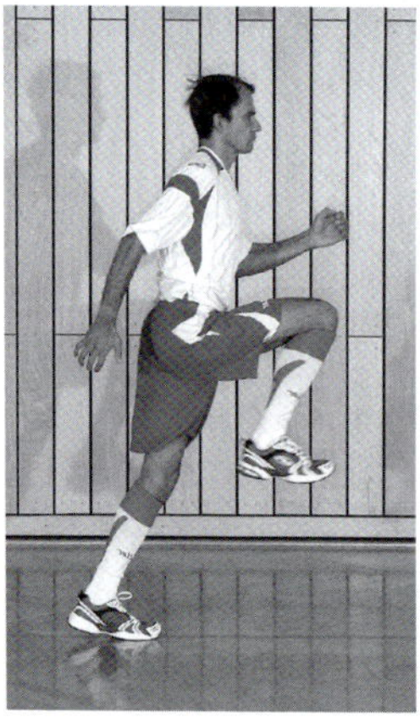

Abb. 65

Ausgangsposition

Im Trab, aufrechter Oberkörper.

Bewegungsausführung

Kniehub mit einer Seite, lediglich jeden zweiten Schritt.

Lernhinweis

Knie nach vorne oben, Fußspitze ist angezogen und unter dem Knie. Mit dem nach vorne oben Richten der Kniebewegung wird verhindert, dass die Hüfte nach hinten zu einer sitzenden Haltung weggezogen wird. Gleichzeitig kommt es am höchsten Punkt des Oberschenkels zu einer verstärkten Spreizbewegung in der Hüfte, d. h. der Oberschenkelwinkel zwischen rechtem und linkem Bein wird zu einer größeren Schrittlänge aktiv geöffnet.

Kniehebespreizlauf

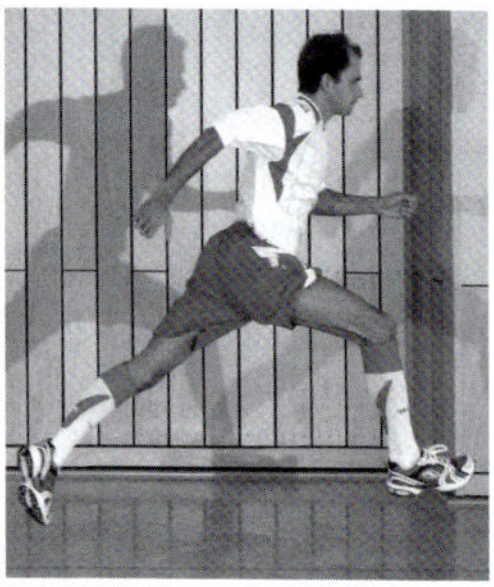

Abb. 66

Ausgangsposition

Im Traben leichte Vorlage des Oberkörpers.

Bewegungsausführung

Jeden Schritt Kniehub mit einer Seite – Betonung der Streckbewegung des hinteren Beins.

Mehr Schwankungen zur vorderen Schwungphase

Lernhinweis

Hinteres Bein vor dem Bodenkontakt bereits nach hinten wegstrecken – „Wie ein Holzbein hinterherschleppen“. Ein großer Winkel zwischen rechtem und linkem Oberschenkel sorgt für eine entsprechende Schrittlänge und Vordehnung der Muskulatur für die darauf folgende Phase.

Kniehebelauf

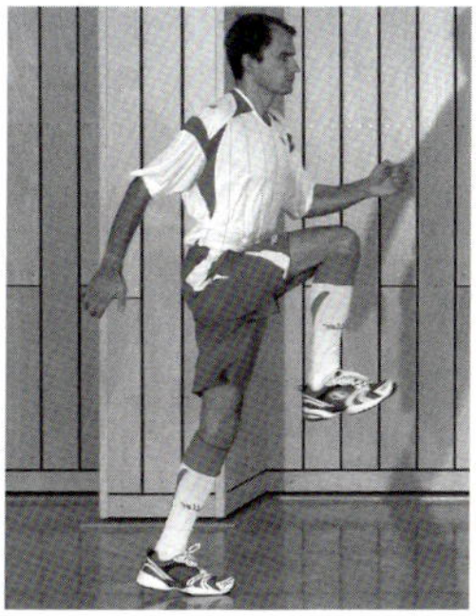

Abb. 67

Ausgangsposition

Aufrecht, mit Armarbeit.

Bewegungsausführung

Kniehub beidseitig, jeden Schritt, Oberschenkel in die Horizontale, Fußspitze ist senkrecht unter dem Knie und angezogen.

Lernhinweis

Eine funktionelle Hüftbewegung ist zentral für einen effektiven Lauf und Sprint

„Versuche die Hosen zu zerreißen“ – Entsprechend großer Winkel zwischen rechtem und linkem Oberschenkel sorgt für eine entsprechende Schrittlänge.

Übung	Bemerkung	Umfang
3 x KH rechts, 3 x KH links ohne Zwischenschritt.	Beim Wechsel von links auf rechts beide Beine hintereinander (doppel) Kniehebelauf machen. Exakte Wechsel. – Scherbewegung beim Wechsel vom einem auf das andere Bein. Für die gleiche Übung kann auch eine andere Anweisung gegeben werden: 2 x rechts, 1 x doppel, 1 x links, 1 x doppel, 1 x rechts, 1 x doppel.	Anf.: 3 x 3 Zyklen Fort.: 5 x 4 Zyklen
KH 3 x rechts, 1 x links, 3 x rechts, 3 x links, 1 x rechts, 3 x links.	Auf exakte Wechsel achten.	Anf.: 3 x 2 Zyklen Fort.: 4 x 4 Zyklen

Häufigste Abweichungen beim Kniehebelauf:

Abweichungen	Wirkung	Optimierung
Unterschenkel wird zu weit ausgekickt.	Der Hebelarm wird an der Hüfte vergrößert, und der Athlet weicht der Belastung durch Zurückziehen der Hüfte aus.	• Fuß eher hinter dem Körper aufsetzen.
Sitzende Haltung.	a) Das hintere Bein kommt meist durch eine Schwäche der hüftstreckenden Muskulatur (M. glutaeus, Mm. ischiocruralis) nicht zur Streckung, oder b) das Bein wird zu weit vor dem Körper aufgesetzt.	• Bein übertrieben hinter den Körper aufsetzen. • Bei Schwäche: Kräftigung der entsprechenden Muskelpartien (aktive Beweglichkeit).
Mit der sitzenden Haltung ist meist eine mangelhafte Oberkörperhaltung verbunden. Das Becken ist dabei meist aufgerichtet und verhindert den Fußaufsatz hinter dem Körper und eine optimale Wirkungslinie der entwickelnden Kräfte.	a) Falsche Bewegungsempfindung. b) Schwäche der entsprechenden Muskelpartien. c) Durch zu starke Oberkörpervorlage wird versucht, das Tempo der Vorwärtsbewegung durch entsprechende Beckenhaltung zu regulieren.	a) „So groß wie möglich machen!" „Tasse Kaffee auf dem Kopf tragen!" b) Gymnastik zur Kräftigung der Rumpfmuskulatur. c) Oberkörper aufrecht halten.

4.4.5 Stampfen (STMP)

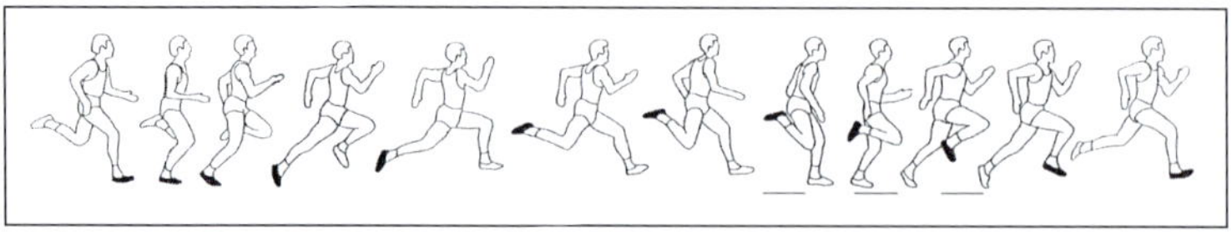

Schwankungen zur abwärtsgerichteten Schwungphase

Die Größe und Richtung der Bodenreaktionskraft, die für den Vortrieb beim Sprint entscheidend ist, kann durch aktives Gegen-den-Boden-Stampfen des Beins erhöht werden. Wird das Bein nicht aktiv gegen den Boden gestampft, fällt das Bein nur passiv herunter und die Bodenreaktionskraft wird nur durch die Masse des Beins und die Erdanziehungskraft bestimmt. Durch das aktive Nach-unten-Stampfen soll in erster Linie die Aktivität der hüftstreckenden Muskulatur sensibilisiert werden. Später soll die Ausführung dieser Übung in Verbindung mit unterschiedlichen Körperlagen (senkrecht Position – Vorlage), einer greifenden Bewegung des Beins und Fußaufsatz verbunden werden.

Stampflauf

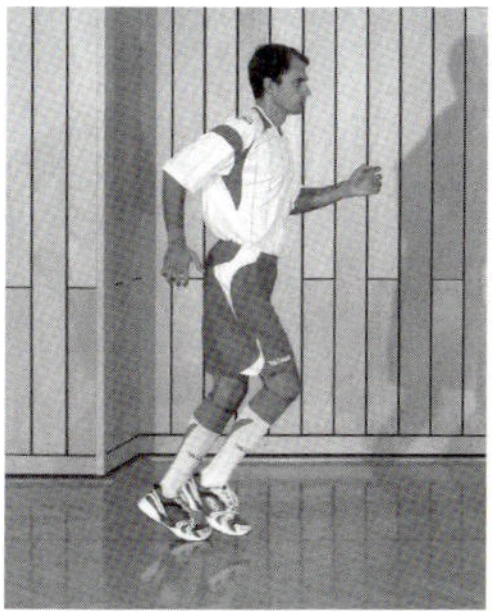
Abb. 68

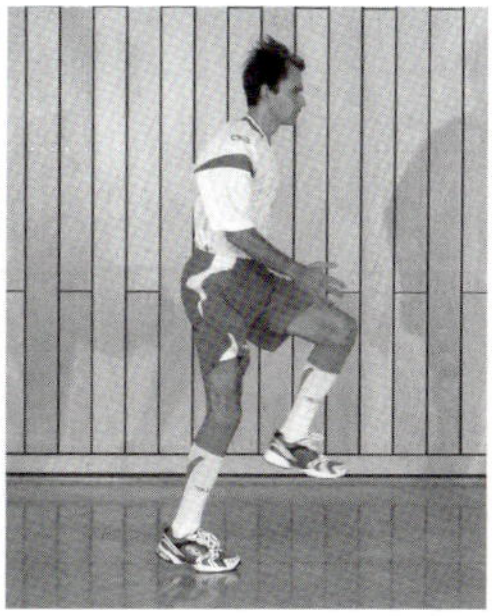
Abb. 69

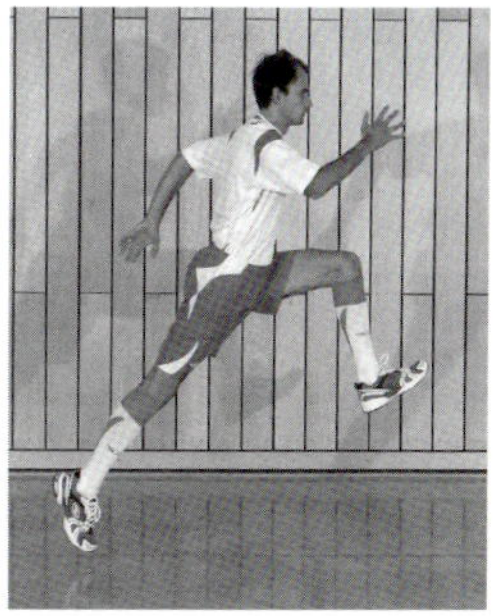
Abb. 70

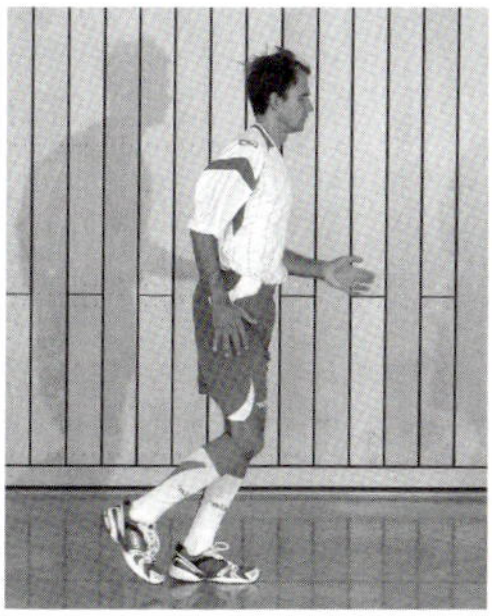
Abb. 71

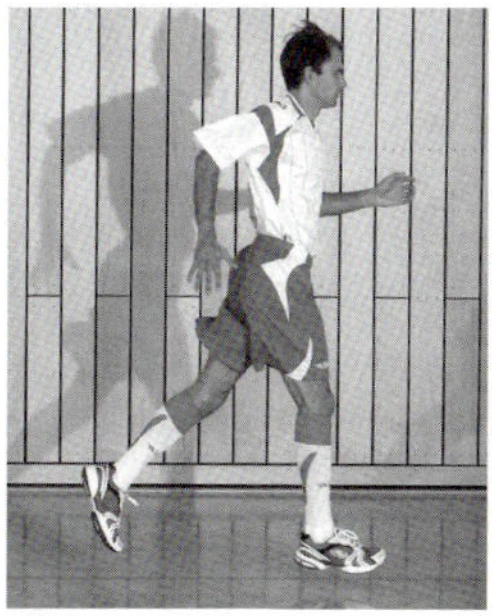
Abb. 72

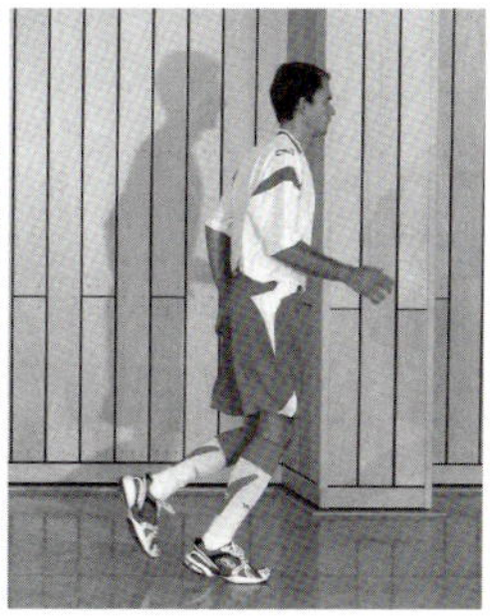
Abb. 73

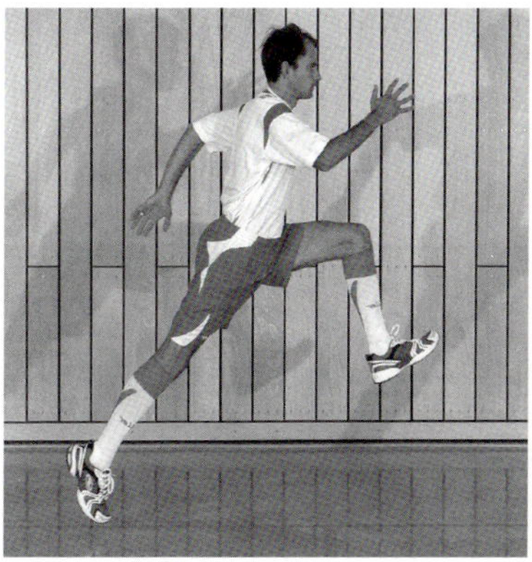
Abb. 74

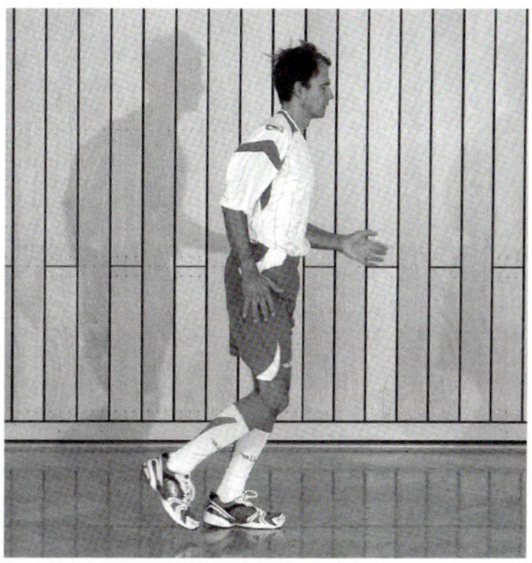
Abb. 75

Ausgangsposition

Fußspitze ist senkrecht unter dem Knie und angezogen, Oberschenkel aus der Horizontalen nach unten treten. Fußgelenk wie bei aktiver Fußgelenksarbeit kurz vor Bodenkontakt strecken.

Bewegungsausführung

Ähnlich wie Kniehebelauf, nur wird hier nicht die Bewegung nach oben betont, sondern die aktive Bewegung aus der Hüfte nach hinten unten.

Nur die Kraft, die in Richtung Boden gegeben wird (actio), kann zurückwirken (reactio) und entsprechend beschleunigen

Lernhinweis

„Versuche ein Loch in den Boden zu stampfen!" – „Versuche den Boden nach hinten wegzuschieben" – Nur in aufgewärmtem Zustand ausführen.

Ausfallschrittgehen

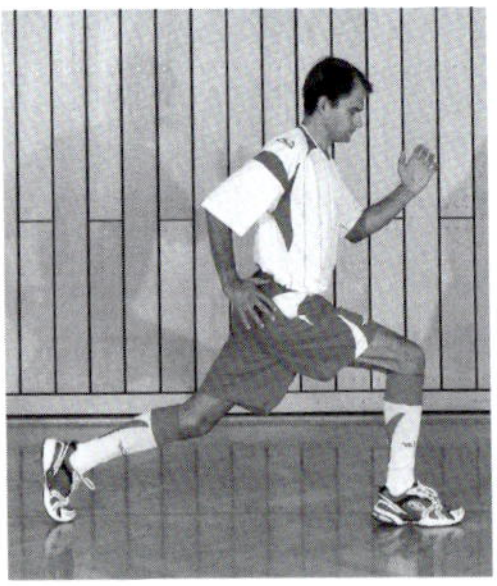

Abb. 76

Ausgangsposition

Aufrecht stehen.

Bewegungsausführung

Mit diagonaler Armarbeit ein Bein nach vorne zum Ausfallschritt.

Mehr Schwankungen zur abwärtsgerichteten Schwungphase

Lernhinweis

Abhängig vom Kniewinkel, der bei der Landung eingenommen wird, und von der Dynamik der Ausführung kommt es zu unterschiedlichen Intensitäten und Beanspruchung der rückwärtigen Oberschenkel- und Gesäßmuskulatur. Im Anfängerbereich sollte der Kniewinkel nicht zu klein und die Bewegungsgeschwindigkeit nicht zu groß sein. In der fortgeschrittenen Form kann sogar mit einem 90°-Kniewinkel aktiv

Durch funktionelle Bewegungsausführung zu sprintspezifischem Muskeltraining

gelandet werden, d.h. es wird schon beim Aufsetzen wieder nach oben abgedrückt. Vorsicht, führt schnell zu Muskelkater. Deshalb Anfänger: 2 x 10 Schritte, Fortgeschrittene: 5 x 10 Schritte.

Häufigste Abweichungen beim Stampflauf

Abweichungen	Wirkung	Optimierung
Fußspitze wird nicht angezogen oder zu früh gestreckt.	Die fußgelenkstreckende Muskulatur wird nicht genügend vorgespannt und kann somit nicht die optimale Wirkung erzielen. Ein zu frühes Strecken des Fußes ist meist auch mit langfristigen Schienbeinproblemen (Knochenhautreizung) verbunden. Falsche Bewegungsvorstellung oder fehlende Muskulatur (seltener).	• Zunächst langsam ausführen und vermehrt aktive Fußgelenksarbeit (AFG) trainieren.
Ferse schlägt auf Boden durch, setzt auf.	Dehnungs-Verkürzungs-Zyklus am Sprunggelenk wird umgangen und es kommt zu einer größeren Spitzenbelastung des Kniegelenks.	• Aktive Fußgelenkstreckung früher einsetzen.
Passives Bein ist nicht gestreckt und vor dem Körper.	Das Becken und damit auch der Lendenwirbelbereich wird nicht stabilisiert und die horizontale Geschwindigkeit des Gesamtkörpers wird zu schnell zu groß.	• Das passive Bein als Holzbein hinterherschleppen.

4.5 Weiterführende Übungen

In diesem Abschnitt werden die bisher aufgeführten Übungen variabel kombiniert und in etwas abgeänderten, anspruchsvolleren Formen vorgestellt.

4.5.1 *Übungskombinationen zu den fünf Phasen*

Bei den Übungskombinationen werden mehrere Ziele verfolgt:

Noch mehr Schwankungen durch Kombinieren von Übungen

1) Sie dienen der schrittweisen (sukzessiven) Verbindung der fünf Grundübungen zu einem gesamten Sprintschrittzyklus.
2) Sie stellen eine höhere Stufe des Fertigkeitsniveaus dar und dienen der Automatisierung bzw. Festigung der einzelnen Übungen gegenüber Störeinflüssen.
3) Sie sind in Bezug auf die Konzentration und, bei exakter Ausführung (exakte Wechsel), auch muskulär sehr anspruchsvoll und stellen daher eine geeignete Methode für sprintspezifisches Krafttraining dar.

Die Verbindungen der Übungen orientieren sich am Schwierigkeitsgrad und der Reihenfolge der Phasen:

a) Verbindung von vorderer und hinterer Stützphase.
b) Verbindung von hinterer Stützphase und hinterer Schwungphase.
c) Verbindung der beiden Stützphasen und der hinteren Schwungphase.
d) Verbindung der vorderen Schwungphase und der vorderen Stützphase.
e) Verbindung der vorderen Schwungphase mit beiden Stützphasen.
f) Verbindung der hinteren und vorderen Schwungphase.
g) Verbindung von allen Phasen.

Den Informationsfluss kontrollieren und Sicherheit vermitteln

Die zugrunde gelegten Lernprinzipien sind wieder: *vom Bekannten zum Unbekannten* und *vom Einfachen zum Komplexen*. Die einzelnen Übungen sind in ihrer Grundform bekannt und sollen nun auf neue (unbekannte) Art und Weise zusammen gebracht werden. Dies erfolgt anfangs in einfacher Form mit relativ großen Abständen (Fünferrhythmus) und wird dann, durch Verkürzen der Abstände auf Einerrhythmen, nach und nach schwieriger. Durch die Verbindung von zwei Übungen werden jeweils unmittelbar beim Wechsel von der ersten auf die zweite Übung beide Übungen miteinander ausgeführt und so durch anschließendes Verkürzen des Rhythmus nach und nach in die komplexe Sprintbewegung eingebaut. Die Hinzunahme von mehr phasenspezifischen Übungen bewirkt, dass die Übungsreihen dann auch immer komplexer werden.

Eine Trennung der Übungen zum Kniehub und Stampfen findet hier nicht mehr statt, da durch eine entsprechende Scherbewegung der Beine die Ausführung beider Aufgaben praktisch gleichzeitig erfüllt wird und bei Körpervorlage die Ausführung des Stampfens zu schnell zu einer zu großen Gesamtgeschwindigkeit führt und ein kontrolliertes

Verbinden mit anderen Übungen sehr erschwert, wenn nicht sogar unmöglich macht.

Noch mehr Schwankungen zur vorderen und hinteren Stützphase

a) Übungen zur vorderen und hinteren Stützphase

Aktive Fußgelenkarbeit AFG - Fußgelenkarbeit auf Druck FGD

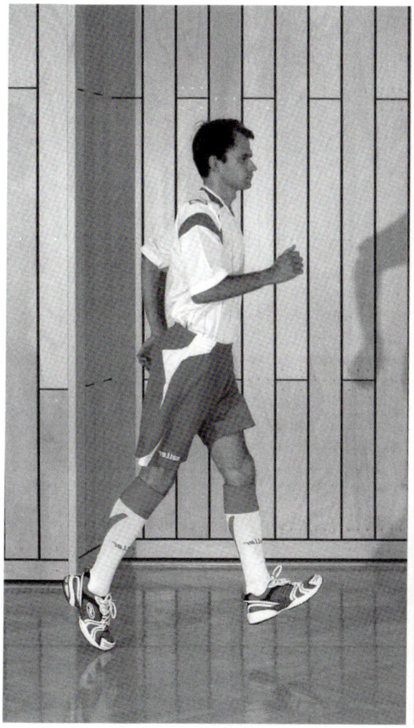

Abb. 77

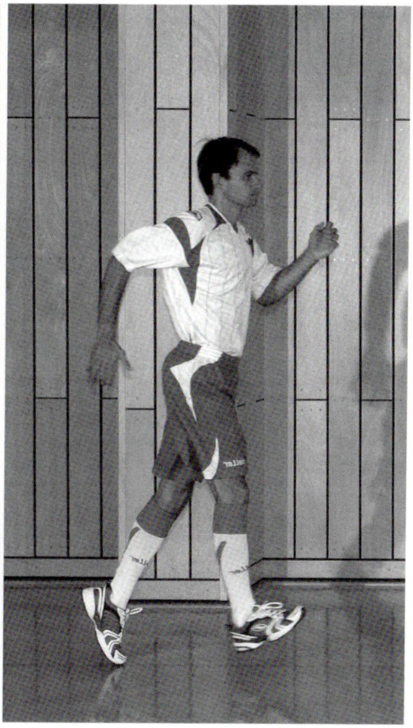

Abb. 78

Übung	Bemerkung	Umfang
5 x AFG – 5 x FGD	Auf exakte Wechsel achten.	Anf. (Fort.): 3 (5) x 20 (30) m
3 x AFG – 3 x FGD		Anf. (Fort.): 3 (5) x 20 (30) m
2 x AFG – 2 x FGD		Anf. (Fort.): 3 (5) x 20 (30) m
AFG schnell, FGD langsam.	Bei schneller Ausführung auf korrekte Beckenhaltung achten. Auch mit unterschiedlichen Armhaltungen durchführen.	Anf. (Fort.): 3 (5) x 20 (30) m
AFG langsam, FGD schnell.		Anf. (Fort.): 3 (5) x 20 (30) m
AFG mit Armen, FGD ohne Arme.		Anf. (Fort.): 3 (5) x 20 (30) m
AFG ohne Arme, FGD mit Armen.		Anf. (Fort.): 3 (5) x 20 (30) m

Achtung!

Bei den folgenden Kombinationen führt das linke Bein im gleichen Schrittzyklus eine andere Bewegung aus als das rechte Bein.

Übung	Bemerkung	Umfang
5 x links AFG, rechts FGD dann Wechsel.	Bei FGD auf Fersenaufsatz achten.	Anf. (Fort.): 3 (5) x 20 (30) m
3 x links AFG, rechts FGD dann Wechsel.		Anf. (Fort.): 3 (5) x 20 (30) m
1 x links AFG, rechts FGD dann Wechsel.		Anf. (Fort.): 3 (5) x 20 (30) m
Erster Zyklus schnell, zweiter Zyklus langsam.		Anf. (Fort.): 3 (5) x 20 (30) m
Erster Zyklus mit Armen, zweiter Zyklus ohne Arme.		Anf. (Fort.): 3 (5) x 20 (30) m

b) Übungen zur hinteren Stützphase und hinteren Schwungphase
Fußgelenkarbeit auf Druck (FGD) - Anfersen (ANF)

Noch mehr Schwankungen zur hinteren Stütz- und Schwungphase

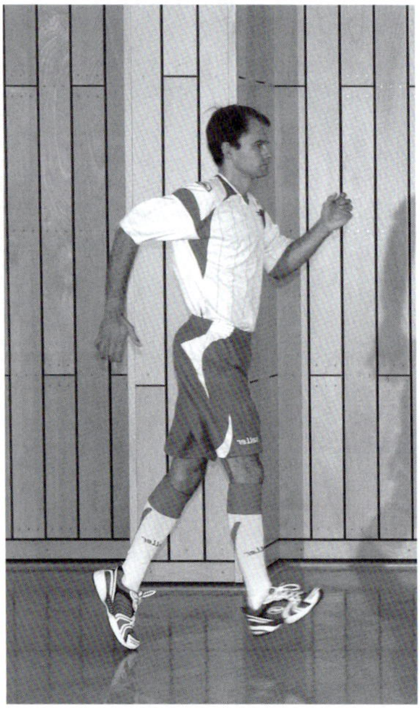

Abb. 79

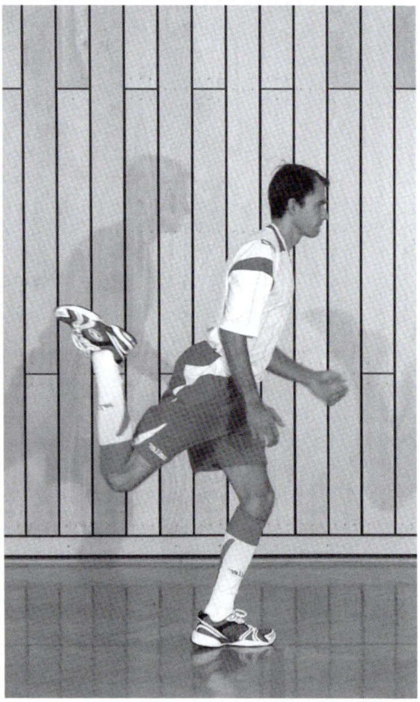

Abb. 80

Übung	Bemerkung	Umfang
5 x FGD – 5 x AF	Oberkörper ruhig in gleicher Position halten.	Anf. (Fort.): 3 (5) x 20 (30) m
3 x FGD – 3 x AF		Anf. (Fort.): 3 (5) x 20 (30) m
1 x FGD – 1 x AF		Anf. (Fort.): 3 (5) x 20 (30) m
ANF schnell, FGD langsam.		Anf. (Fort.): 3 (5) x 20 (30) m
ANF langsam, FGD schnell.		Anf. (Fort.): 3 (5) x 20 (30) m
ANF mit Armen, FGD ohne Arme.		Anf. (Fort.): 3 (5) x 20 (30) m
ANF ohne Arme, FGD mit Armen.		Anf. (Fort.): 3 (5) x 20 (30) m

Achtung!

Bei den folgenden Übungen führt das linke Bein im gleichen Schrittzyklus eine andere Bewegung aus als das rechte Bein.

Übung	Bemerkung	Umfang
5 x links ANF, 5x rechts FGD, dann Wechsel.	Schnelle Ausführung durch Armarbeit unterstützen.	Anf. (Fort.): 3 (5) x 20 (30) m
3 x links ANF, 3 x rechts FGD, dann Wechsel.		Anf. (Fort.): 3 (5) x 20 (30) m
1 x links ANF, 1 x rechts FGD, dann Wechsel.		Anf. (Fort.): 3 (5) x 20 (30) m
Erster Zyklus schnell, zweiter Zyklus langsam.		Anf. (Fort.): 3 (5) x 20 (30) m
Erster Zyklus mit, zweiter Zyklus ohne Arme.		Anf. (Fort.): 3 (5) x 20 (30) m

c) Übungen zu beiden Stützphasen und zur hinteren Schwungphase
Aktive Fußgelenksarbeit (AFG) – Fußgelenkslauf auf Druck (FGD) – Anfersen (ANF)

Noch mehr Schwankungen zu beiden Stütz- und zur hinteren Schwungphase

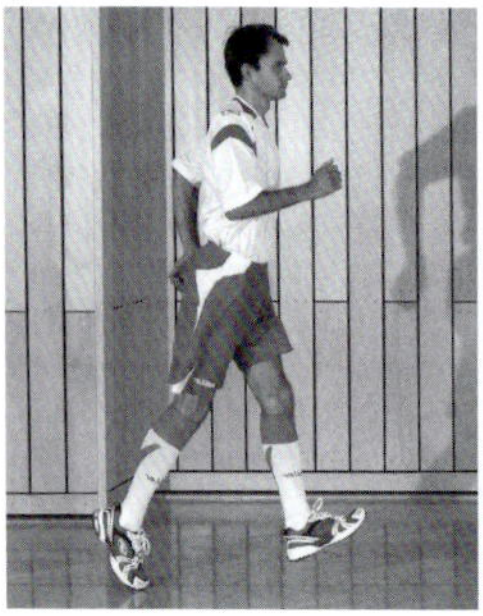
Abb. 81

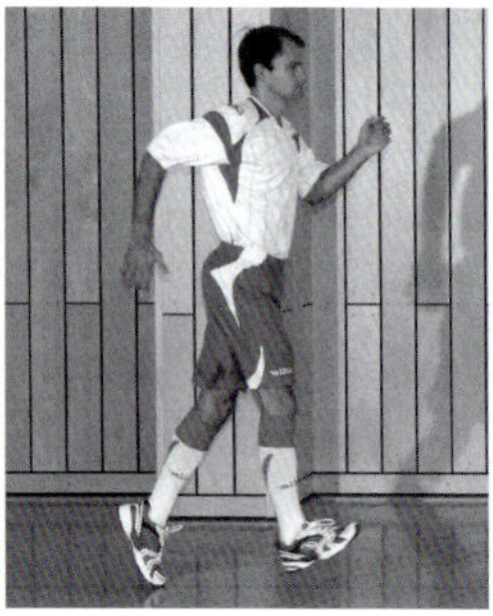
Abb. 82

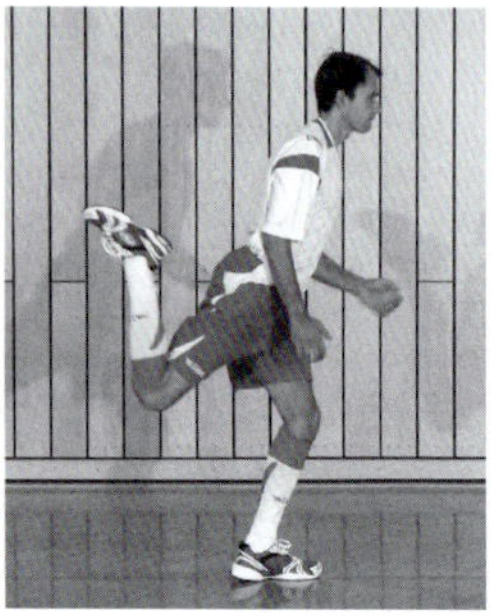
Abb. 83

Übung	Bemerkung	Umfang
5 x AFG – 5 x FGD – 5 x ANF.	Auf exakte Wechsel ohne Zwischenschritt achten.	Anf. (Fort.): 3 (5) x 20 (30) m
3 x AFG – 3 x FGD – 5 x ANF.		Anf. (Fort.): 3 (5) x 20 (30) m
1 x AFG – 1 x FGD – 5 x ANF.		Anf. (Fort.): 3 (5) x 20 (30) m
Unterschiedliche Frequenzen pro Übung.		Anf. (Fort.): 3 (5) x 20 (30) m
Mit und ohne Arme.		Anf. (Fort.): 3 (5) x 20 (30) m

d) Übungen zur vorderen Schwungphase und vorderen Stützphase
Kniehebelauf (KH) – Aktiver Fußgelenkslauf (AFG)

Noch mehr Schwankungen zur vorderen Schwung- und Stützphase

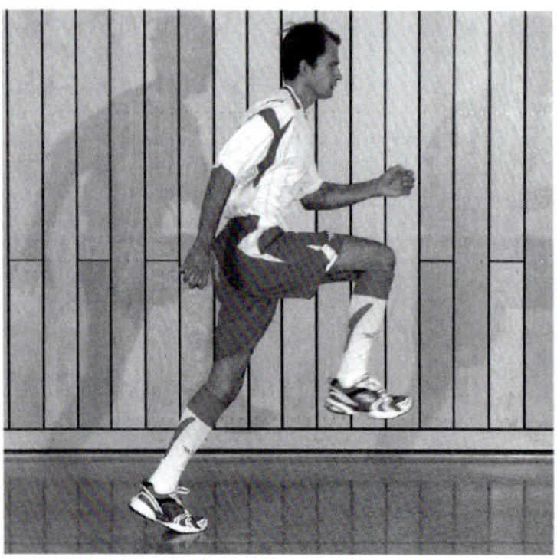
Abb. 84

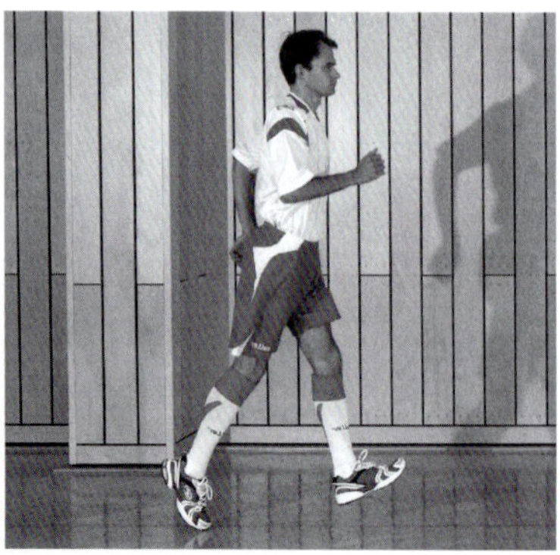
Abb. 85

Übung	Bemerkung	Umfang
5 x KH – 5 x AFG	Auf exakte Wechsel von hoher zu flacher Knieführung achten. Laufgeschwindigkeit nicht über stemmenden (spitzen) Fußaufsatz regulieren.	Anf. (Fort.): 3 (5) x 20 (30) m
3 x KH – 3 x AFG		Anf. (Fort.): 3 (5) x 20 (30) m
2 x KH – 2 x AFG		Anf. (Fort.): 3 (5) x 20 (30) m
KH schnell, AFG langsam.		Anf. (Fort.): 3 (5) x 20 (30) m
KH langsam, AFG schnell.		Anf. (Fort.): 3 (5) x 20 (30) m
KH mit Armen, AFG ohne Arme.		Anf. (Fort.): 3 (5) x 20 (30) m
KH ohne Arme, AFG mit Armen.		Anf. (Fort.): 3 (5) x 20 (30) m

Achtung!

Bei den folgenden Übungen führt das linke Bein im gleichen Schrittzyklus eine andere Bewegung aus als das rechte Bein.

Übung	Bemerkung	Umfang
5 x links KH – 5 x rechts AFG, dann Wechsel.	Becken stabil halten bei Wechsel.	Anf. (Fort.): 3 (5) x 20 (30) m
3 x links KH – 3 x rechts AFG, dann Wechsel.		Anf. (Fort.): 3 (5) x 20 (30) m
1 x links KH – 1 x rechts AFG, dann Wechsel.		Anf. (Fort.): 3 (5) x 20 (30) m
Erster Zyklus schnell, zweiter Zyklus langsam.		Anf. (Fort.): 3 (5) x 20 (30) m
Erster Zyklus mit Armen, zweiter Zyklus ohne Arme.		Anf. (Fort.): 3 (5) x 20 (30) m

e) Übungen zur vorderen Schwungphase und beiden Stützphasen

Kniehebelauf (KH) – Aktiver Fußgelenkslauf (AFG) – Fußgelenkslauf auf Druck (FGD)

Noch mehr Schwankungen zur vorderen Schwung- und beiden Stützphasen

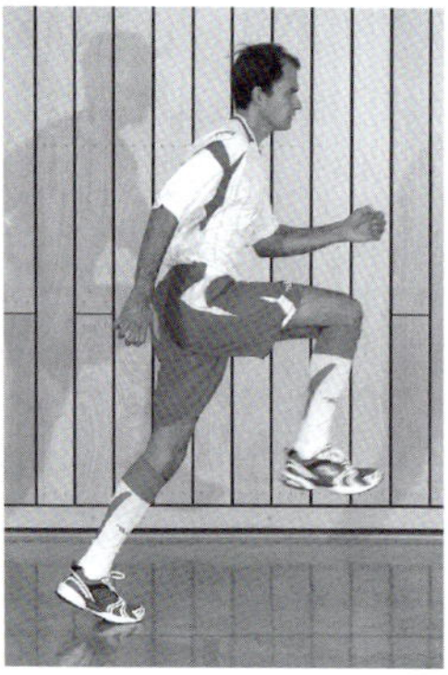

Abb. 86

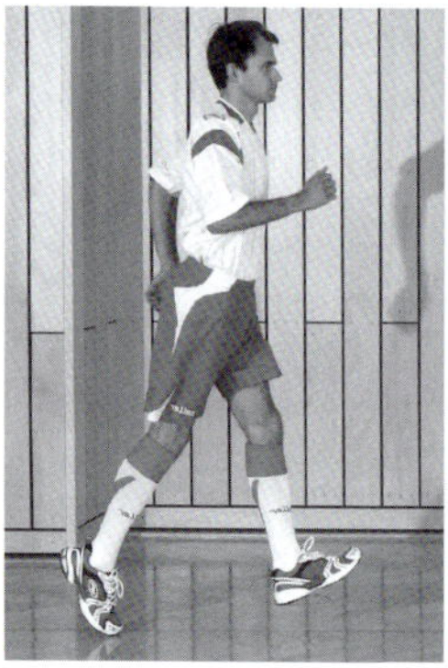

Abb. 87

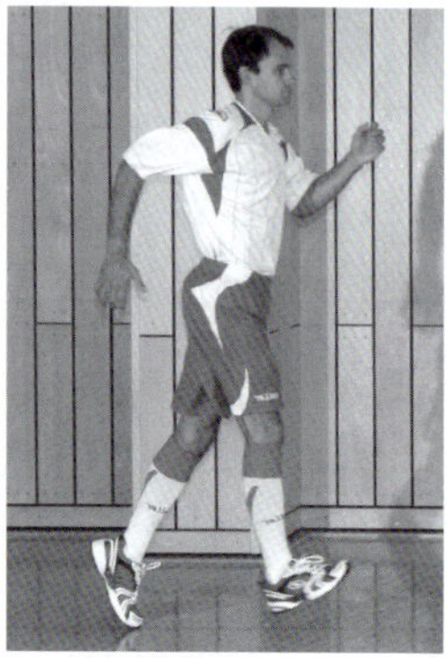

Abb. 88

Übung	Bemerkung	Umfang
a) 5 x AFG – 5 x FGD – 5 x KH.	Anfangs auf langsame Ausführung mit exakten Wechseln achten, später auf stabilen Oberkörper und Becken.	Anf. (Fort.): 3 (5) x 20 (30) m
3 x AFG – 3 x FGD – 3 x KH.		Anf. (Fort.): 3 (5) x 20 (30) m
2 x AFG – 2 x FGD – 2 x KH.		Anf. (Fort.): 3 (5) x 20 (30) m
b) Unterschiedliche Frequenzen pro Übung.		Anf. (Fort.): 3 (5) x 20 (30) m
c) Mit und ohne Arme.		Anf. (Fort.): 3 (5) x 20 (30) m

f) Übungen zu den beiden Schwungphasen

Anfersen (ANF) – Kniehebelauf (KH)

Noch mehr Schwankungen zu den beiden Schwungphasen

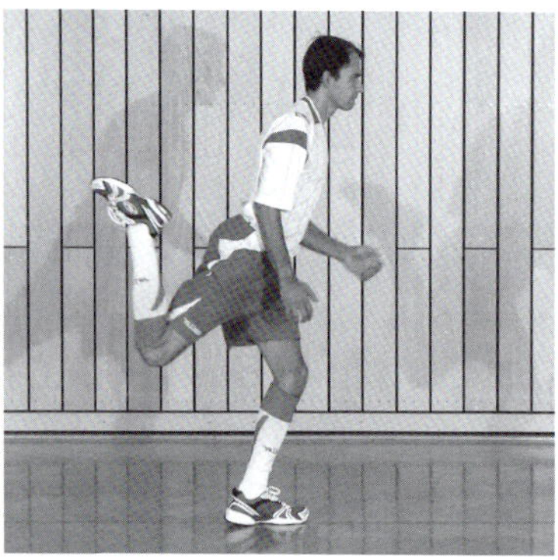

Abb. 89

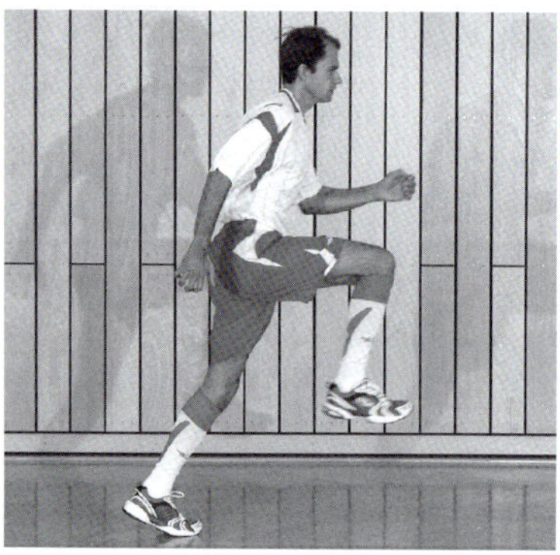

Abb. 90

Übung	Bemerkung	Umfang
5 x ANF – 5 x KH	Das Becken in abgekippter Position halten. Anfangs nur wenige Zyklen, da relativ schnell an Geschwindigkeit gewonnen wird.	Anf. (Fort.): 3 (5) x 20 (30) m
3 x ANF – 3 x KH		Anf. (Fort.): 3 (5) x 20 (30) m
2 x ANF – 2 x KH		Anf. (Fort.): 3 (5) x 20 (30) m
ANF schnell, KH langsam.		Anf. (Fort.): 3 (5) x 20 (30) m
ANF langsam, KH schnell.		Anf. (Fort.): 3 (5) x 20 (30) m
ANF mit Armen, KH ohne Arme.		Anf. (Fort.): 3 (5) x 20 (30) m
ANF ohne Arme, KH mit Armen.		Anf. (Fort.): 3 (5) x 20 (30) m

Achtung!

Bei den folgenden Übungen führt das linke Bein im gleichen Schrittzyklus eine andere Bewegung aus als das rechte Bein.

Übung	Bemerkung	Umfang
5 x links AF, 5 x rechts KH, dann Wechsel.	Fördert die Stabilisierung der Beckenhaltung und damit die aktive Beweglichkeit.	Anf. (Fort.): 3 (5) x 20 (30) m
3 x links AF, 3 x rechts KH, dann Wechsel.		Anf. (Fort.): 3 (5) x 20 (30) m
1 x links AF, 1 x rechts KH, dann Wechsel.		Anf. (Fort.): 3 (5) x 20 (30) m
Erster Zyklus schnell, zweiter Zyklus langsam.		Anf. (Fort.): 3 (5) x 20 (30) m
Erster Zyklus mit Armen, zweiter Zyklus ohne Arme.		Anf. (Fort.): 3 (5) x 20 (30) m

g) Übungen zu allen Phasen

Aktiver Fußgelenkslauf (AFG) – Fußgelenkslauf auf Druck (FGD) – Anfersen (ANF) – Kniehebelauf (KH)

Noch mehr Schwankungen zu allen Phasen

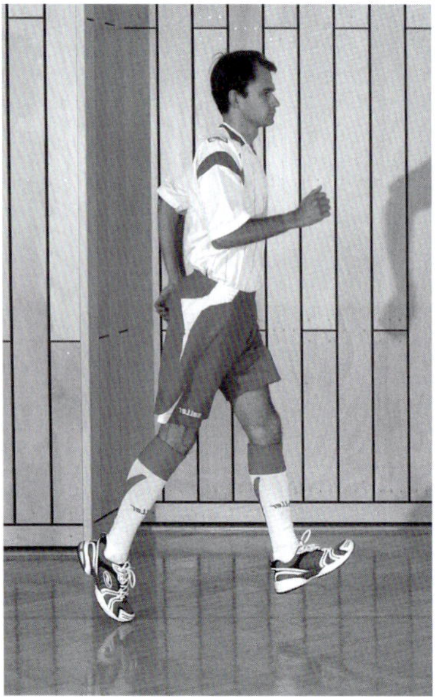

Abb. 91

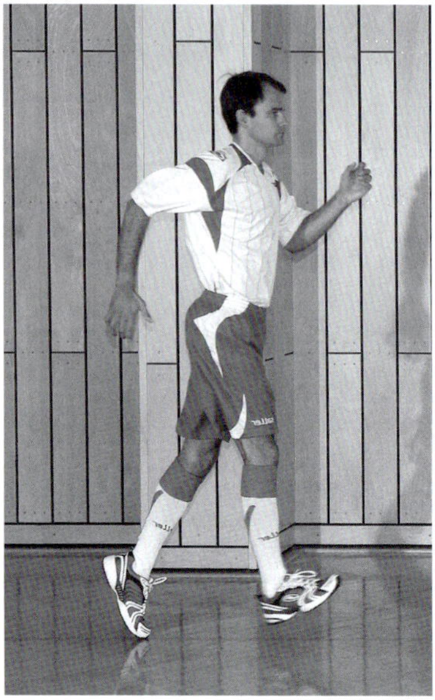

Abb. 92

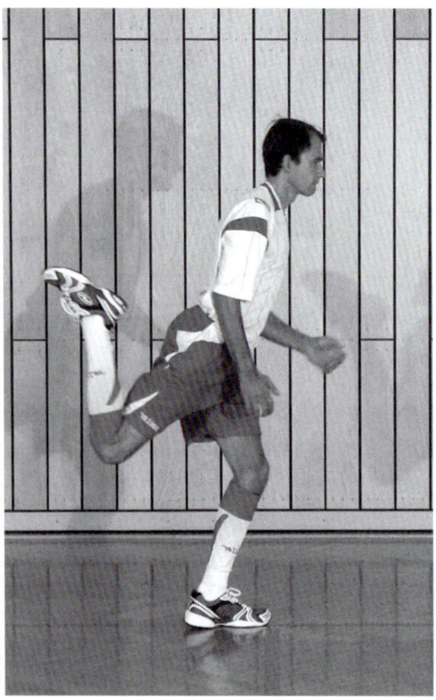

Abb. 93

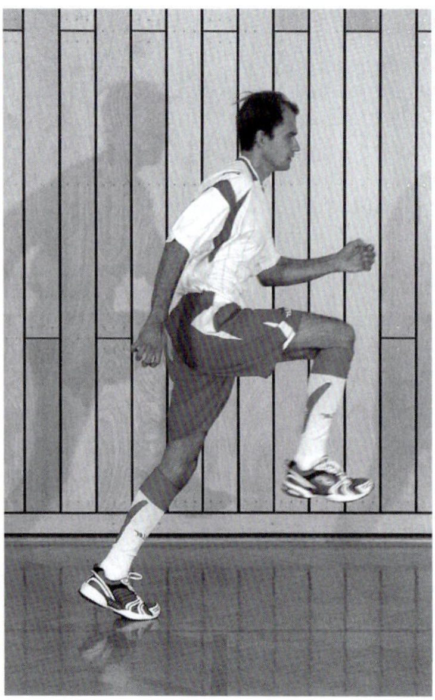

Abb. 94

Übung	Bemerkung	Umfang
5 x AFG – 5 x FGD – 5 x AF – 5 x KH	Auf exakte Wechsel ohne Zwischenschritt achten.	Anf. (Fort.): 3 (5) x 20 (30) m
3 x AFG – 3 x FGD – 3 x AF – 3 x KH		Anf. (Fort.): 3 (5) x 20 (30) m
1 x AFG – 1 x FGD – 3 x AF – 3 x KH		Anf. (Fort.): 3 (5) x 20 (30) m
Unterschiedliche Frequenzen pro Übung.		Anf. (Fort.): 3 (5) x 20 (30) m
Einzelne Übungen mit und ohne Arme.		Anf. (Fort.): 3 (5) x 20 (30) m

h) Verbindungen der Übungen mit dem Lauf

Anfänger

Die einzelnen Übungen in den gesamten Sprint bzw. Lauf integrieren

Die fünf phasenspezifischen Grundübungen mit aufrechtem Oberkörper über 10–15 m ausführen und durch langsames nach vorne Verlagern des Körpers in den Lauf übergehen. Wichtig dabei ist das Beibehalten der Frequenz und der Übung im Übergang so lange wie möglich während des anschließenden Laufs. Der Übergang sollte daher langsam über 10–20 m stattfinden und nicht abrupt.

Fortgeschrittene

Die fünf Grundübungen einzeln bis zur maximalen Frequenz ausführen und dann durch Vorverlagern des Oberkörpers in den Lauf übergehen (Vorsicht: Nicht mit der Hüfte nach hinten ausweichen!). Dies sind die schwierigsten Übungen, können beim Übergang in der Regel nur wenige Schritte durchgeführt werden und führen sehr schnell zu zentralnervösen Ermüdung, d. h. es sollten nur wenige Wiederholungen in einigermaßen frischem Zustand mit lohnenden Pausen (5 bis 7 min) durchgeführt werden

4.5.2 *Konditionell anspruchsvolle Trainingsformen*

Spitzenklasse benötigt noch mehr und intensivere Schwankungen

Wenn man berücksichtigt, dass bei Weltklassesprintern Schrittlängen von 2,40 m festzustellen sind, können wir den Sprint als eine Aneinanderreihung von Sprüngen betrachten. Sowohl den verschiedenen Sprungformen als auch dem Sprint sind gemeinsam, dass die Länge und Richtung des (Sprung-)Schritts nahezu ausschließlich während des Bodenkontakts festgelegt wird. Im Unterschied zu den Sprüngen ist der Sprintschritt durch eine kürzere Bodenkontaktdauer gekennzeichnet, die dem Sportler weniger Zeit für die Ausübung der Muskelkräfte lässt. Die extrem kurzen Kontaktzeiten von ca. 0,1 s beim Sprint stellen entsprechend hohe Anforderungen an den koordinativen und muskulären Aspekt der Bewegung. Ein Ziel des Sprinttrainings ist daher die Verbesserung der spezifischen Kraftfähigkeiten der beim Sprint beteiligten Muskulatur. Um den konditionell-muskulären Aspekt mit dem technisch-koordinativen zu verbinden, bieten sich vor allem Sprungformen an, die bei ähnlich kurzer Bodenkontaktdauer eine größere Flugdauer aufweisen und dadurch eine intensivere Muskelarbeit erfordern. Bezogen auf die Phaseneinteilung des Sprintschritts stellen Sprünge daher Trainingsformen dar, deren Schwerpunkt auf der Stützphase des Sprintschritts liegt, d. h. unter erschwerten äußeren Bedingungen (größere Fall- und Sprunghöhe) wird die aktive Fußgelenksarbeit (AFG) verbunden mit Fußgelenksarbeit auf Druck (FGD). Die Betonung der Kraftkomponente (Verlängerung der Flugdauer) bei sprintspezifischen Sprüngen sollte daher stets unter Berücksichtigung der koordinativ-technischen Komponente (kurze Kontaktdauer durch aktive Fußgelenkarbeit) ausgeführt werden.

Sprünge erhöhen die Belastung für Knochen, Knorpel und Muskeln

Da Sprünge aufgrund der größeren Bodenreaktionskräfte eine gesteigerte Belastung für den passiven Bewegungsapparat (Knochen, Knorpel) darstellen, sollten am Anfang eines langfristigen Trainingsprozesses die weniger intensiven Sprungformen (gekennzeichnet durch relativ kürzere Flugdauer) umfangreich trainiert werden, um eine Anpassung der passiven Bewegungsstrukturen an diese Belastungsformen zu ermöglichen. Wichtig ist vor allem innerhalb einer Trainingseinheit, Sprünge nur in gut aufgewärmten Zustand durchzuführen, da erst bei einer Temperatur von ca. 38,5 °C die optimale Elastizität des Gelenk-Knorpels erreicht wird, die Schädigungen vorbeugt.

Die Sprungformen können nach ihrer Belastungsintensität und nach ihrem zyklischen Charakter unterteilt werden:

1) Einfache Sprungformen zum Aufwärmen
2) Aktive Sprungformen
   a) Azyklische Sprünge
   b) Zyklische Sprünge
3) Reaktive Sprungformen
   a) Azyklische Sprünge
   b) Zyklische Sprünge

Langsam an die Belastung gewöhnen

1) Einfache Sprungformen zum Aufwärmen

Bei diesen Sprungformen handelt es sich vorwiegend um vertikal gerichtete Mehrfachsprünge, die mit verschiedenen koordinativen Aufgaben verbunden werden. Dadurch wird sowohl ein physiologischer Aufwärmeffekt als auch ein (kognitiv-)technisch-vorbereitender Effekt für die nachfolgende intensive Sprungarbeit bewirkt.

Beidbeinige Fußgelenksprünge

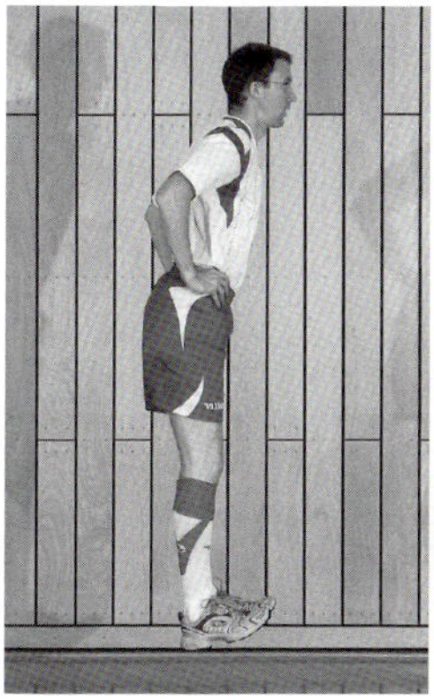

Abb. 95

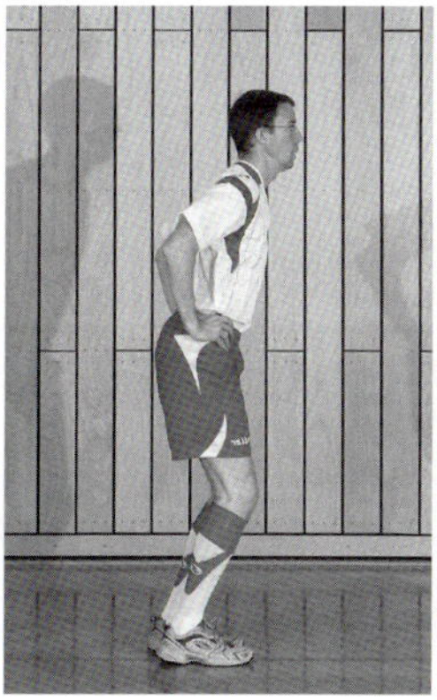

Abb. 96

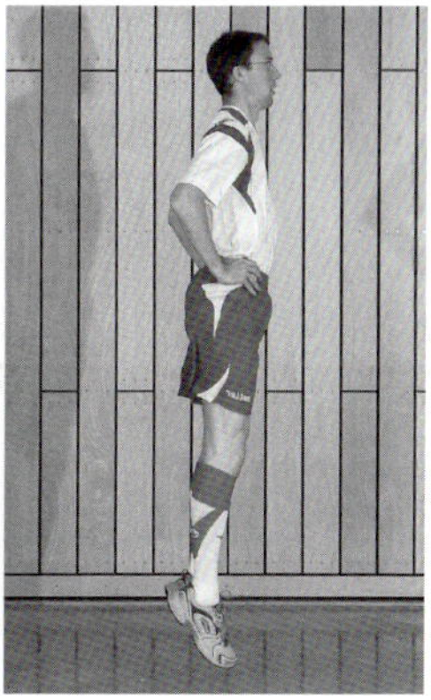

Abb. 97

Ausgangsposition

Aufrecht stehend, Arme in der Hüfte.

Bewegungsausführung

Beidbeinige aktive Streckung der Fußgelenke kurz vor dem Bodenkontakt.

Lernhinweis

„Springen auf einer heißen Herdplatte" – kurze Kontaktzeiten.
Die Sprunghöhe der Übung wird durch den zweiten Teil der Streckung bestimmt und kann dadurch entsprechend variiert werden. Sprünge in einer individuellen angenehmen Frequenz, die gerade zum Abheben der Füße führen, werden auch als Sprünge im Eigenrhythmus bezeichnet und sind auch zum Aufwärmen geeignet.

Seilhüpfen

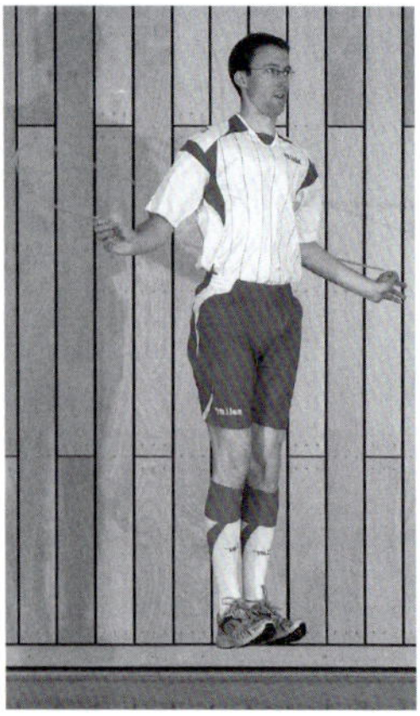

Abb. 98

Ausgangsposition

Aufrecht stehend, Seillänge: Seil reicht – mit beiden Beinen auf dem Seil stehend – bis unter die Arme.

Mit Seil zusätzlich die Arm-Bein-Koordination schulen

Bewegungsausführung

Beidbeinig hüpfend mit Seildurchschlag.

Lernhinweis

Zunächst gleichmäßiger Hüpfrhythmus, Schulung der Arm-Bein-Koordination. Aufmerksamkeit anfangs auf den Seildurchschlag richten, dann auf variierende Rhythmen und Kontaktzeiten.

Übung	Bemerkung	Umfang
Beidbeinig: 2 x Hüpfen / 1 Seilumdrehung vorw. 2 x Hüpfen / 1 Seilumdrehung rückw. 1 x Hüpfen / 1 Seilumdrehung vorw. 1 x Hüpfen / 1 Seilumdrehung rückw. 1 x Hüpfen / 2 Seilumdrehungen vorw.	Rhythmus-schulung	Anf.: 5 x 30 s Fort.: 3 x 1 min bis 5 min ohne Pause
Beidbeinig und Arme überkreuzen: links über rechts rechts über links	Ziel: Variable Arm-Bein-Koordination	Dito
Laufen mit Seil: Auf der Stelle – mit Vorwärtsbewegung: Durchschlag linkes Bein vorne Durchschlag rechtes Bein vorne Mit Richtungswechsel (seitl. vw. rw.)	Auch mit den 5 koordinativen Grundübungen auszuführen	Bis 5 x 50m
Hopserlauf: In die Höhe Auf Weite		Dito
Einbeinsprünge: Immer links Immer rechts Mit Rhythmusänderung (z. B. li-li-re-re-li-re-re-re-li-li)		Bis 3 x 45 s

Doppelhopser

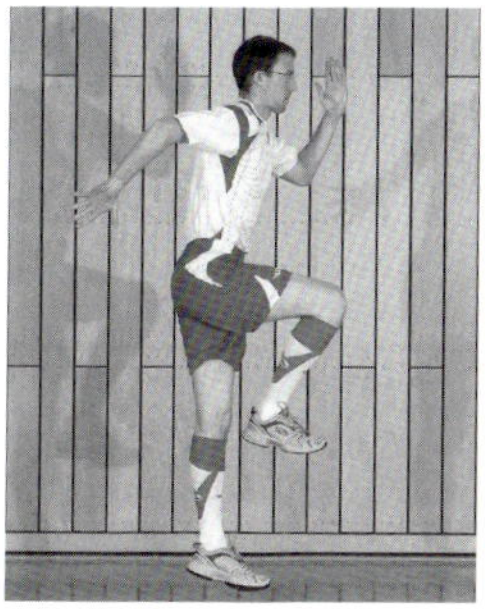

Abb. 99

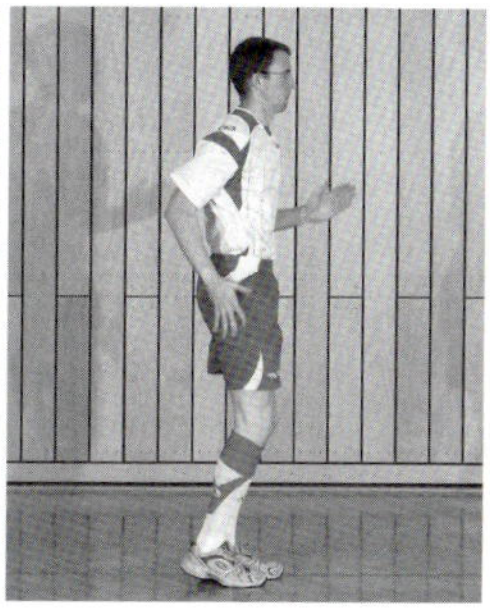

Abb. 100

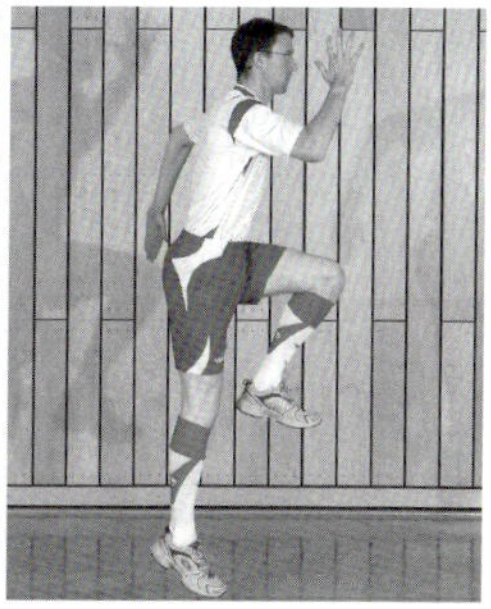

Abb. 101

Ausgangsposition

Aufrechte Körperposition.

Bewegungsausführung

Schneller Wechsel von wechselseitigem maximalem Strecken und Beugen

Aktive Streckung des Fußgelenks vom Stützbein. Das Schwungbein wird nach kurzem Bodenkontakt schnell hoch gebracht.

Lernhinweis

Kurze Bodenkontakte. „Schwungbein schnell hoch und blockieren". „Körper aufrecht – Hüfte gestreckt." Der Sprung beginnt mit beiden Füßen. Der Fuß vom Schwungbein löst sich vom Boden früher ab, um den dynamischen Schwung von Arme und Bein möglichst vor dem Abheben des Stützfußes zu beenden – Impulsübertrag.

Übung	Bemerkung	Umfang
Variabler Kniehub Niedriger Kniehub (NK) Hoher Kniehub (HK)	Kniehub zuerst niedrig, dann halb-hoch und am Ende mit hohem (90°) Kniehub, jedoch immer auf das Abbremsen des Schwungbeins während des Bodenkontakts achten (Impulsübertrag). Flache Sprünge betonen die schnelle Streckung der Hüfte, hohe Sprünge die Dynamik der Beinstreckung und Hüftbeugung.	Anf.: 3–4 x 10–15 m Fort.: 8–10 x 15–20 m
Variable Sprunghöhe Flach Hoch		
Kombinationen (NK flach/NK hoch/HK flach/HK hoch)		

2) *Aktive Sprungformen*

Auch Schwankungen in den Sprüngen helfen

Diese Sprungformen sind durch die Betonung der konzentrischen Streckarbeit der Muskulatur gekennzeichnet. Dabei ist eine explosive Kontraktionsweise der Muskulatur erforderlich, um den Körper maximal zu beschleunigen. Diese Sprungform kann unter Beibehaltung der kurzen Kontaktzeiten in zyklischer Weise nur durch eine Verringerung der Fallhöhe (wie bei Treppensprüngen) geübt werden. Diese Art des Springens führt zu einer Verringerung der Belastung für den passiven Bewegungsapparat und ermöglicht einen größeren Trainingsumfang als andere Sprungformen. Sprungformen, die auf weichem Untergrund (Matten, Sand, Trampolin) ausgeführt werden, haben zwar auch eine verstärkt konzentrische Kontraktionskomponente, weisen jedoch den Nachteil auf, dass die Kontaktzeiten wesentlich verlängert sind und dadurch zu negativen Anpassungserscheinungen der elektrischen Muskelaktivität (EMG) führen. Durch die Verlängerung der Kontaktzeit wird der technisch-koordinative Anteil der Übung im Vergleich zum konditionell-muskulären reduziert.

Aktive azyklische Sprungformen

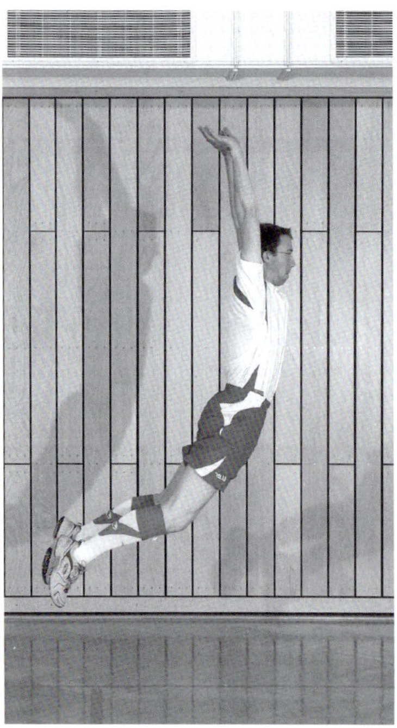

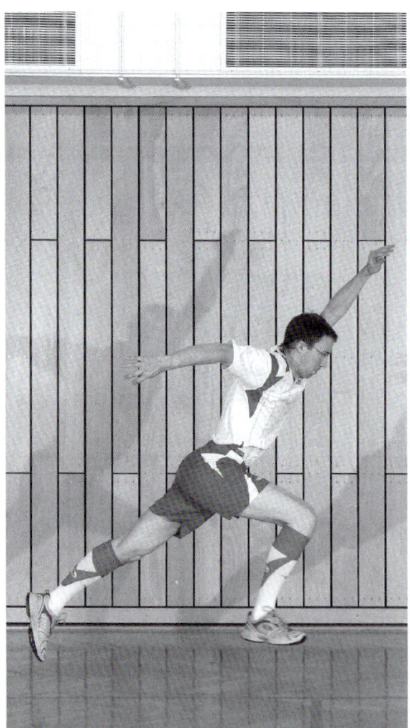

Abb. 102 Standweitsprung beidbeinig. Abb. 103 Standweitsprung einbeinig.

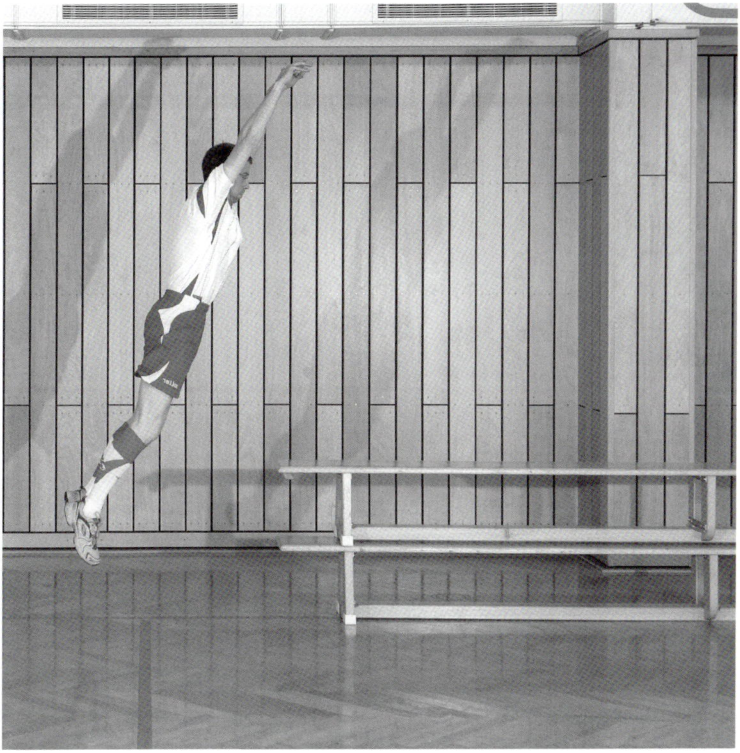

Abb. 104 Standhochsprung beidbeinig auf einen Kasten.

Übung	Bemerkung	Umfang
Ausgangsstellung wechseln: ¼, ½ oder ¾ Kniebeuge. Richtung des Sprungs ändern: vorwärts / rückwärts / mit ½ Drehung in der Luft. Über Hindernisse (Matten Bälle …).	Zu Beginn des Sprungs soll keine Ausholbewegung erfolgen. Ziel ist lediglich die explosive Streckung. Vorsicht bei Knieproblemen!	Bis zu 3 x 10 Sprünge

Aktive zyklische Sprungformen

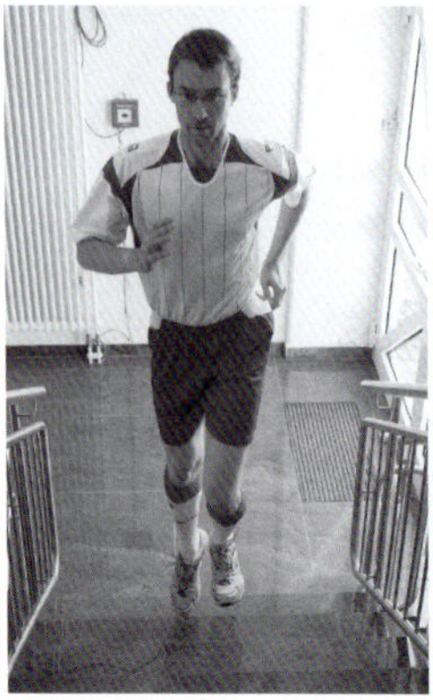

Abb. 105: Treppensprünge beidbeinig, Treppensprünge einbeinig links/rechts.

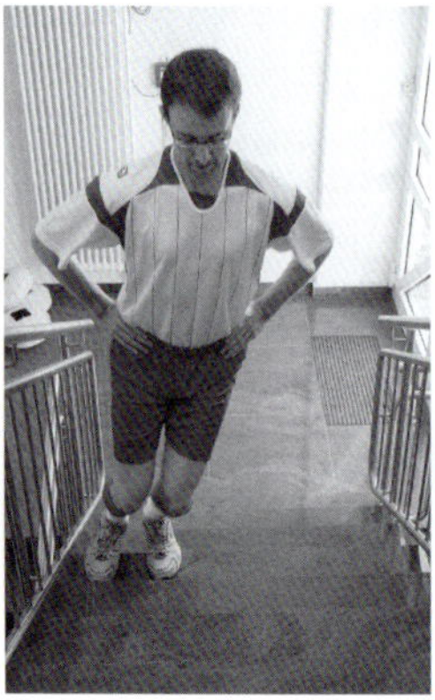

Abb. 106: Treppensprünge im Zickzack (beidbeinig Slalom).

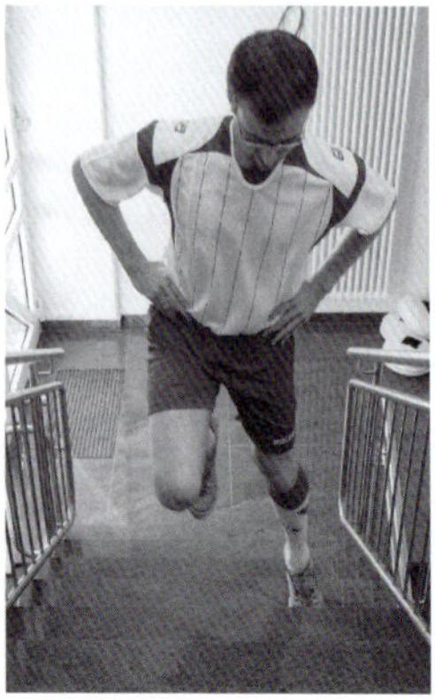

Abb 107: Treppensprünge im Zickzack (einbeinig).

Übung	Bemerkung	Umfang
Kombinationen: bei einbeinige Sprünge z. B.: li-li-re-re-li-li-li-re-re-re Variation durch: Verschiedene Stufenanzahl pro Sprung. Koordinationsübungen (AFG-FGD-AF-KH-STMPF) an der Treppe. Verfolgungsspiel. Treppe abwärts laufen.	Immer auf die vollständige Streckung des Stützbeins achten. Kein „Treppengang" (sitzende Haltung) zulassen.	Anf.: 4 x 30 Stufen Fort.: bis zu 8–50 Stufen

3) Reaktive Sprungformen

Noch mehr Belastung durch Tiefsprünge

Diese Sprungformen sind durch einen stärkeren exzentrischen Anteil der Kontraktion innerhalb eines Dehnungs-Verkürzungs-Zyklus (siehe Kapitel 2) gekennzeichnet, der die Auswirkungen von Muskeldehnungsreflexen zur Vergrößerung des willkürlichen Impulses nutzt. Die Intensität des exzentrischen Sprunganteils kann durch die Vergrößerung der Fallhöhe vorgegeben werden. Reaktive Sprungformen führen dadurch nicht nur zu einer höheren Belastung für den passiven Bewegungsapparat sondern auch zur schnelleren neuromuskulären Ermüdung bzw. zu Koordinationsstörungen. Aufgrund der hohen Intensität und der langen Anpassungszeiten des passiven Bewegungsapparats (Knochen, Knorpel usw.) sollten diese Art von Sprüngen ausschließlich in fortgeschrittenem Stadium, nicht zu oft und in relativ kleinen Umfängen trainiert werden.

Reaktive azyklische Sprungformen

Beidbeinige Kastensprünge (20–50 cm)

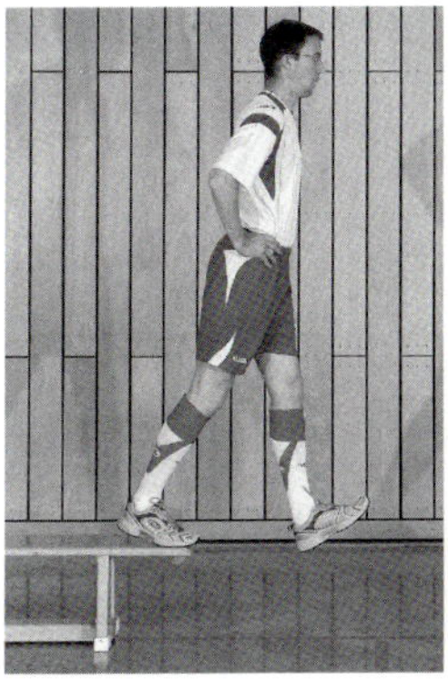
Abb. 108

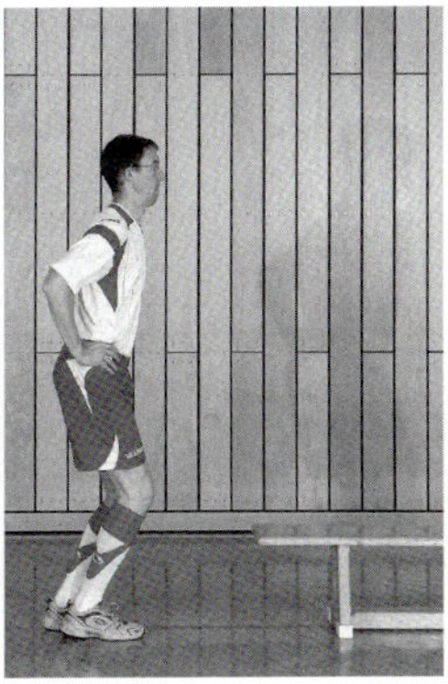
Abb. 109

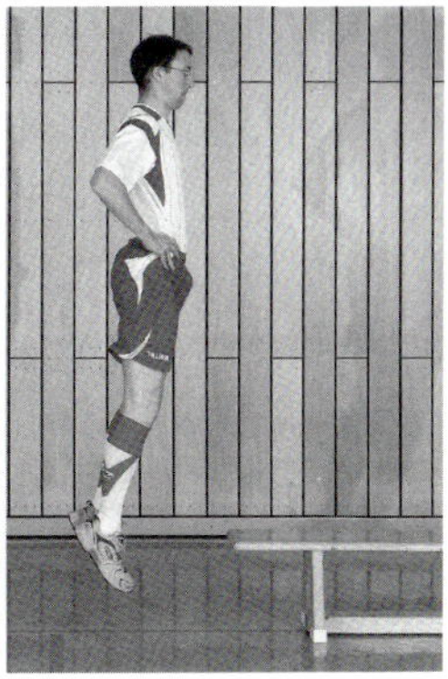
Abb. 110

Einbeinige Kastensprünge (20–30 cm)

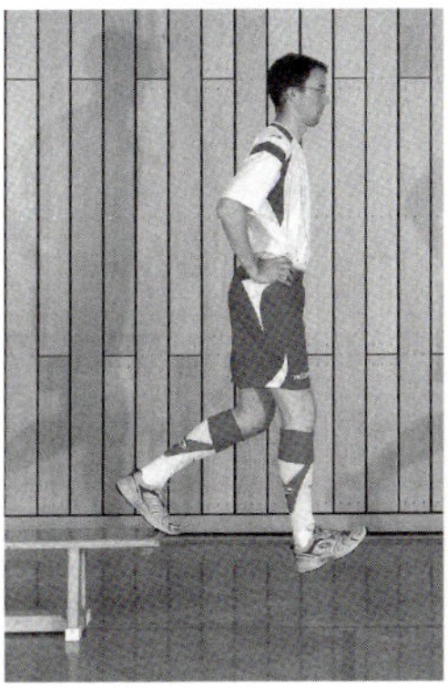
Abb. 111

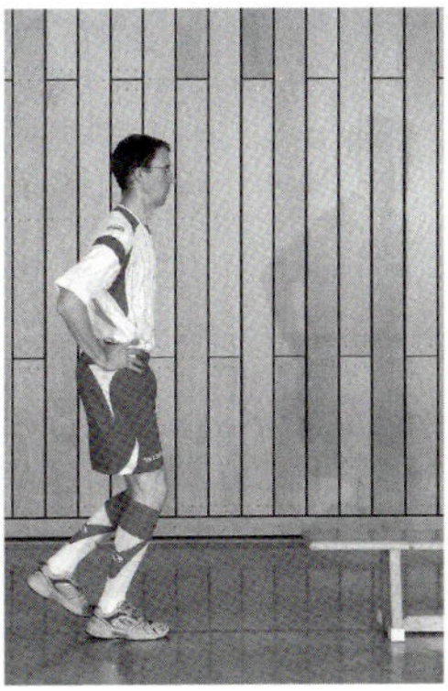
Abb. 112

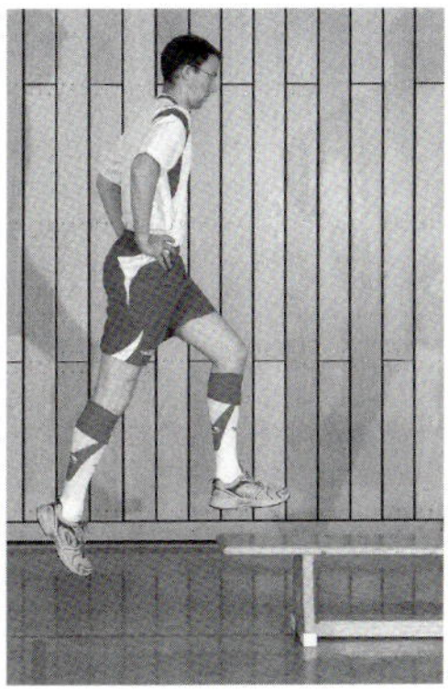
Abb. 113

Übung	Bemerkung	Umfang
Beidbeinige Kastensprünge rückwärts	Bei Rückwärtssprüngen wird die Belastung der Wadenmuskulatur betont (größerer Arbeitsbereich des Fußgelenks).	Bis zu 60 Sprünge in einer TE.

Reaktive zyklische Sprungformen

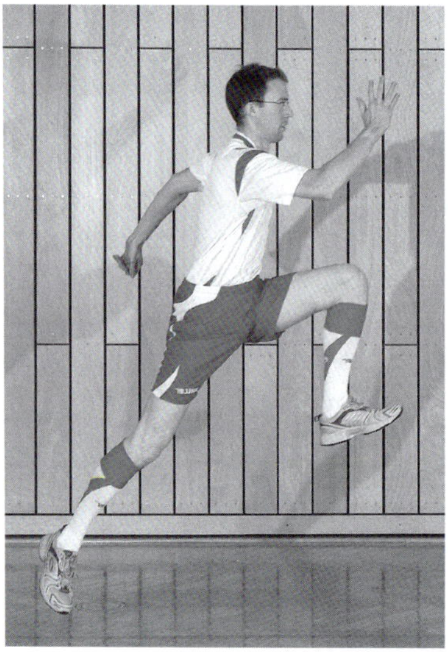

Abb. 114: Sprunglauf.

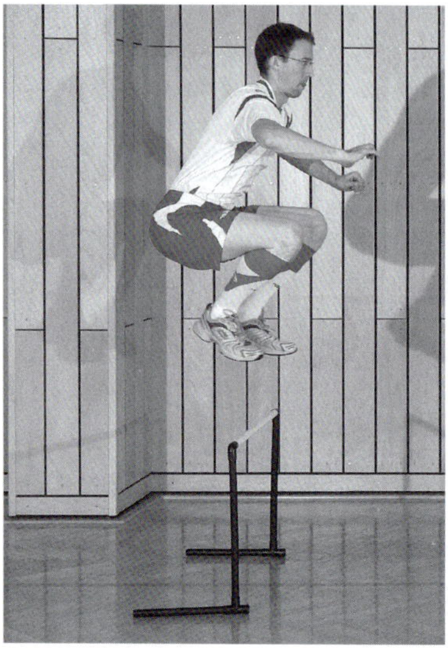

Abb. 115: Hindernissprünge beidbeinig.

Übung	Bemerkung	Umfang
Sprunglauf aus dem Stand	Durch aktive und druckvolle Sprünge von Anfang an maximal beschleunigen.	4–6 x 5–10 Sprünge (5er- bzw. 10er-Sprung)
Sprunglauf mit Anlauf	Am Anfang nur wenige Anlaufschritte, da mit Verlängerung des Anlaufs die Übung intensiver und schwieriger wird.	4–8 x 5 Sprünge (5er-/3er-Sprung)
Sprunglauf mit Kästen (20 cm Höhe)	Jeweils ein Schritt auf einem Kasten und ein Schritt auf dem Boden.	5–8 x 6–8 Sprünge
Hindernissprünge beidbeinig (20–30 cm Höhe)	Als Hindernisse sind Bälle, Kastenteile und niedrige Hürden geeignet.	4–8 x 6–10 Sprünge
Hindernissprünge einbeinig (20–30 cm Höhe)		3–5 x 6–10 Sprünge

4.5.3 *Weitere Variation des Sprinttrainings*

Die Schwankungen können durch äußere Reize unterstützt werden

Bei der Variation der äußeren Bedingungen sind in der Praxis folgende Maßnahmen zu beobachten:

a) Läufe und Starts bei unterschiedlichem Gefälle: Berg/Treppen auf- und abwärts
b) Widerstandsläufe:
   - Ziehen von Lasten (Gewichte, Sandsack, Gummischnur von Partner gehalten, Fallschirm usw.).
   - Schieben von Lasten (Mattenwagen, Bob, Rollschlitten, Gegenwind usw.).
c) Unterstützte Läufe (Rückenwind, Zug von vorne durch Maschine, Partner oder Fallschirm usw.).
d) Vorgabe der Schrittlänge durch Bodenmarkierung (Gymnastikreifen, Autoreifen, Hindernisse, Papierschnipsel usw.).
e) Vorgabe der Schrittfrequenz durch die Anlaufgeschwindigkeit und Bodenmarkierungen.
f) Variabler Untergrund (Rasen, Tartan, Halle, Asche, Waldboden, Sand, flaches Wasser, Teer usw.).
g) Variable Fußbekleidung (Hallenschuhe, Laufschuhe, Spikes, barfuß usw.).
h) Rollerfahren.

Schwankungen durch Geländevariation

Zu a): Während Läufe berg- oder treppauf in erster Linie eine Steigerung der willkürlichen (konzentrischen) Muskelkontraktion mit sich bringen, tritt bei Bergabläufen aufgrund der größeren Geschwindigkeit die reflexbedingte (exzentrische) Muskelkontraktion der unteren Extremitäten in den Vordergrund. Dabei stellen die Bergabläufe für des zentralnervöse System die höhere Beanspruchung (gleiche Information in kürzerer Zeit) dar und sollten nur bei leichtem Gefälle durchgeführt werden, da sonst das greifende Sprintmuster in ein stemmendes abgewandelt wird, um nicht zu stürzen. Bergabläufe in maximalem Tempo sind daher erst in sehr fortgeschrittenem Stadium zu empfehlen. Das Gelände kann auch kombiniert genutzt werden, z. B. 20 m Start bergauf, dann 10 m in der Ebene und am Ende 10 m bergab.

Schwankungen durch variable Zug- und Schublasten

Zu b): In Abhängigkeit von der Befestigung der Zugeinrichtung kommt es zu unterschiedlicher Beanspruchung der Rumpfmuskulatur. Wird das Gewicht an einem Schultergurt befestigt, kommt es, im Vergleich zu einer Hüftbefestigung, zur verstärkten Aktivierung und damit zur zusätzlichen Kräftigung der vorderen Rumpfmuskulatur. Die Schulterbefestigung sollte daher im Anfängerbereich nur bei entsprechend ausgebildeter Rumpfmuskulatur durchgeführt werden. Ferner sollte darauf geachtet werden, dass der Sportler nicht anfängt mit dem Oberkörper zu laufen, sondern diesen ruhig und stabil (nicht verkrampft) hält.

Das Schieben von Lasten bringt zwar den Nachteil mit sich, dass die Armarbeit unterbunden wird, führt jedoch zu einer zusätzlichen Kräftigung im Schulter-Armbereich im Vergleich zur Zugarbeit. Hinzu kommt, dass das Schieben im Allgemeinen weniger Platz benötigt, da sich das Gewicht unmittelbar vor dem Körper befindet und ist daher vor allem für Hallensportarten empfehlenswert.

Mehr Schwankungen durch Zugentlastung

Zu c): Bei unterstützenden Läufen gilt das Gleiche wie bei Bergabläufen. Es können bei gleicher Anstrengung größere Laufgeschwindigkeiten erzielt werden und im maximalen Geschwindigkeitsbereich bergen diese Art von Läufen die Gefahr, dass sich der Sportler in die Zugeinrichtung *hängt* und das *aktiv-greifende* Bewegungsmuster in ein *passiv-stemmendes* umwandelt.

Mehr Schwankungen durch variable Bodenmarkierungen

Zu d): Durch die Abstände der Bodenmarkierungen kann eine verkürzte oder vergrößerte Schrittlänge erzwungen werden. Dabei sind regelmäßige und unregelmäßige Abstände anwendbar. Die Abstände sollten jedoch nicht zu groß sein, da der Lauf sonst in Sprungformen mit größeren vertikalen Komponenten abgeändert wird.

Mehr Schwankungen durch variable Geschwindigkeit bei Kombinationsübungen

Zu e): Kommt der Sportler mit großem Tempo an die Bodenmarkierungen, muss er mit höherer Frequenz treten als bei niedriger Anlaufgeschwindigkeit. Das Tempo kann durch die Anlauflänge bestimmt werden.

Mehr Schwankungen durch Fußbekleidung und variablen Untergrund

Zu f) und g): Der Untergrund und die Fußbekleidung sollten nicht zu oft variiert werden, da unterschiedliche Schwingungseigenschaften von Untergrund Schuhwerk und Bewegungsapparat zu Knochenhautproblemen am Schienbein führen können. Dem Sportler sollte daher die Möglichkeit geboten werden, sich an das Schuhwerk und den Untergrund zu gewöhnen, auf dem er sich im Allgemeinen bewegt.

Häufiges Barfußlaufen und Gymnastik in unebenem Gelände mit wechselndem Untergrund ist prophylaktisch für die Stabilisierung des Fußes und Sprunggelenksbereichs, die Sensibilisierung im Fuß- und im Sprunggelenkbereich, für die Sensibilisierung der Fußsohle und für die Unterstützung der Sprunggelenkstreckung.

Schwankung im Geschwindgkeitsbereich durch Rollerfahren

Zu h): Durch das Rollerfahren wird versucht, die ischiocrurale Muskulatur unter größeren äußeren Geschwindigkeiten zu trainieren.

4.6 Spezielle Übungen zum Start

Sprintstart aus Kauerposition

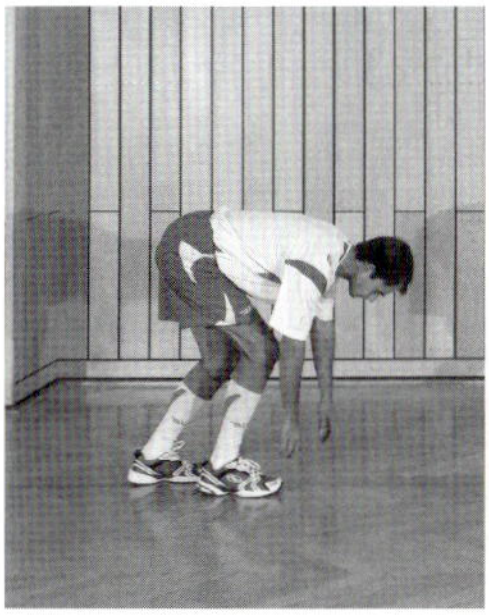

Abb. 116

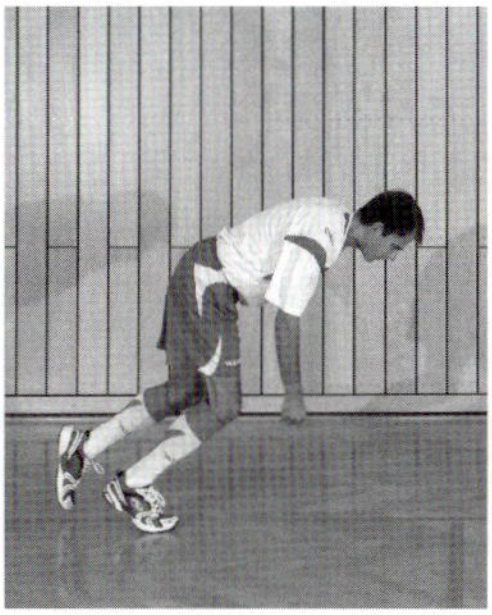

Abb. 117

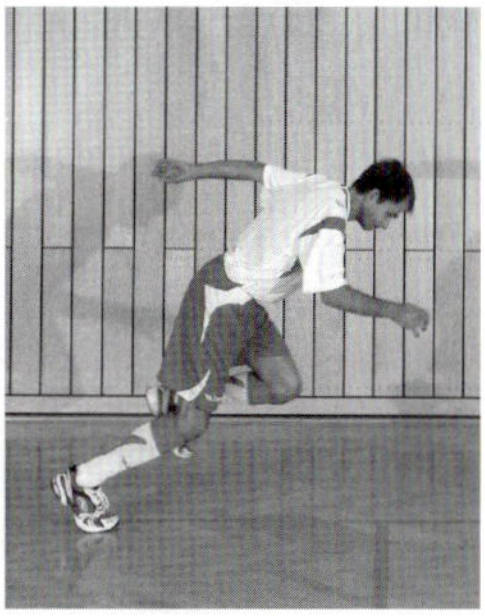

Abb. 118

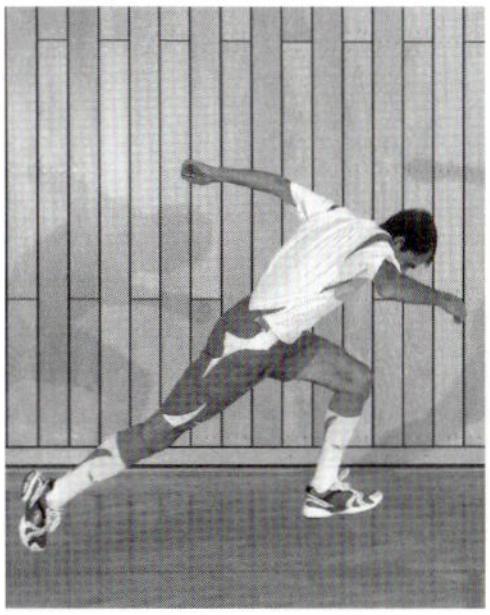

Abb. 119

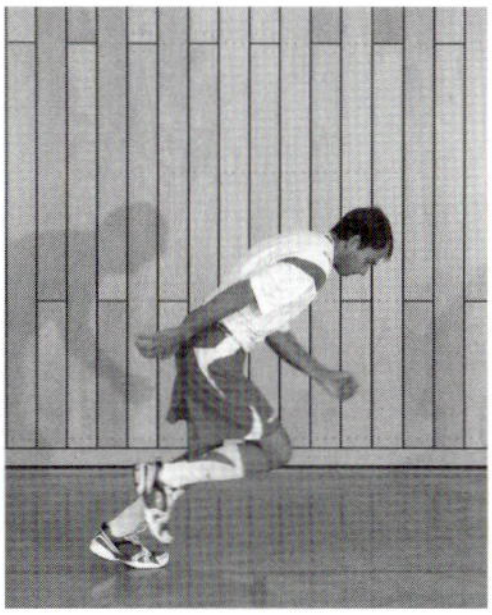

Abb. 120

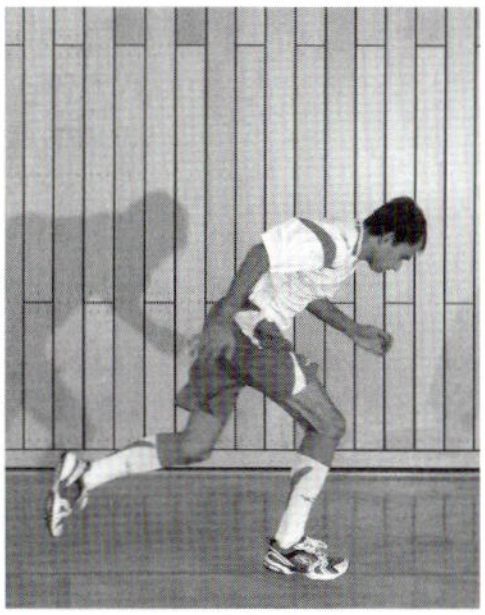

Abb. 121

Jeder Sprint oder Lauf beginnt mit einem Start

Der Start unterscheidet sich vom maximalen Sprint in vier wesentlichen Merkmalen:

1) Die Bewegung beginnt aus einer ruhenden Position bzw. aus einer Richtungsänderung (z. B. in den Sportspielen).
2) Der Rumpf weist eine starke Vorlage auf.
3) Die Arbeitswinkel der Beine während der Stützphase sind größer als beim maximalen Sprint, wodurch längere Kontaktzeiten entstehen.
4) Das Anfersen ist weniger ausgeprägt – der Kniewinkel in der Schwungphase ist größer als beim maximalen Sprint.

Der Start ist speziell zu trainieren

Zur Gewöhnung des Sportlers an das unterschiedliche Verhalten beim Start und maximalem Sprint, sollte der Startabschnitt mit Hilfe zusätzlicher, startspezifischer Übungen trainiert werden. Ziel dieser Übungen ist, einen explosiven Start und eine maximale horizontale Beschleunigung, sowie einen kontinuierlichen Übergang zum Sprintlauf mit maximaler Geschwindigkeit zu schaffen. Die Übungen sind dabei in folgender Reihenfolge gegliedert:

1) Grundformen des Ablaufs.
2) Weiterführende Formen des Ablaufs.
3) Variable Ausgangsbedingungen zum Ablauf.
   a) Abläufe aus standardisierten, ruhenden Positionen.
   b) Abläufe aus nicht standardisierten, bewegten Positionen.

Der Start ist Laufen mit veränderten Körperwinkeln

Im Wesentlichen kann die Einteilung des Sprintschritts in fünf Phasen auch hier vorgenommen werden. Da die Ausführung der phasenspezifischen Übungsformen jedoch durch die extrem unterschiedlichen Kraftverhältnisse deutlich erschwert ist, werden zwei komplexere Formen des Ablaufs ausgewählt. Die beiden **Grundformen des Ablaufs** betonen jeweils kombinierte Aspekte des Startschritts. Mit der ersten Übungsform (Ablauf auf Druck) wird der Schwerpunkt auf den hinteren Teil der Stützphase und den Kniehub gelegt, während die zweite Übungsform (Ablauf auf Zug) die vordere Stützphase und das flache Nachvornebringen des Schwungbeins betont.
Bei diesen Grundformen erfolgt der Ablauf aus einer einfachen ruhenden Position, die es dem Sportler erlaubt, sich auf die ersten Schritte zu konzentrieren und nicht auf den eigentlichen Startvorgang. Eine solche Position ist die Kauerstellung: Oberkörper nach vorne geneigt, Beine leicht gebeugt, Füße versetzt und Arme seitlich hängend.

Durch veränderte Körperwinkel zu höherer Belastung

Die **weiterführenden Ablaufformen** dienen neben der variablen Übungsgestaltung vor allem der Kräftigung der sprintspezifischen Muskulatur ohne Fremdlast. Durch eine extreme (horizontale) Vorlage des Oberkörpers bei den folgenden Übungen wird der Hebel bezüglich der Hüfte verlängert und die Arbeitsbedingungen der entsprechenden Muskelgruppen erschwert. Die veränderten Gelenkwinkel- bzw. Muskellängenverhältnisse führen zu einer Vordehnung der Gesäß- und der rückwärtigen Oberschenkelmuskulatur, die in Verbindung mit der Rumpfvorlage sowohl den Kniehub als auch die Hüftstreckung erschweren.

Aus diesem Grund stellen die Übungen mit Oberkörpervorlage eine sprintspezifische Form des Krafttrainings dar. Darüber hinaus dienen diese weiterführenden Trainingsformen zum Bewusstmachen des Laufens mit Rumpfvorlage und zur Gewöhnung des Sportlers an extreme Rumpfhaltungen, wodurch die individuellen Grenzen ausgetestet werden können. Damit erfolgt eine Variation des Trainings durch Veränderung der Gravitations- und Trägheitsbedingungen der einzelnen Körpersegmente, welche eine wesentliche Grundlage für ein auf zentralnervöser Ebene selbstorganisiertes Lernen von Bewegungskoordinationen darstellt.

Schwankungen durch wechselnde Startsignale

Der eigentliche Startvorgang, nämlich die Reaktion auf ein Startsignal und die ersten Schritte ist Hauptinhalt der **Startübungen aus unterschiedlichen Positionen**. Hier wird entsprechend dem Prinzip *vom Einfachen zum Schweren* zunächst aus ruhenden und bekannten Positionen begonnen, die unmittelbar zum Start führen. Dabei wird ein Hauptaugenmerk auf die Fähigkeit gelegt, aus einer ruhenden Position mit maximaler Intensität und mit dem ganzen Körper zu reagieren – der Sportler muss regelrecht explodieren (von 0 auf 100). Unterstützende Trainingsformen stellen die in Kapitel 4.5.2 aufgeführten aktiven, azyklische Sprungformen dar.

Beim Start hat die Rumpfhaltung noch größere Bedeutung

In einem weiteren Schritt werden vor allem im Hinblick auf Spielsportarten vor den ersten Startschritt zusätzliche Aktionen gestellt, die zwei Ziele haben. Zum einen soll die gesamte Körpermuskulatur in ihren vielfältigen Funktionen mit der Startreaktion explosiv beansprucht werden und zum anderen soll der Einfluss der Oberkörperposition beim Ablauf bewusst gemacht werden. Der wesentliche Einfluss der Oberkörperhaltung auf die Beschleunigung beim Start wird durch die Startübungen aus unterschiedlichen Positionen verdeutlicht. Ist die Oberkörpervorlage zu gering, können die Trägheitskräfte und die günstigeren Arbeitswinkel einiger Muskelgruppen bzw. Gelenke nur unzureichend für den Vortrieb genutzt werden. Das Erlangen einer solchen Rumpfvorlage ist in den Sportspielen vor allem beim Start aus nicht standardisierten Positionen eine wesentliche Aufgabe des koordinativen Sprinttrainings. Dem Sportler soll daher mit Hilfe möglichst variabler Startübungen der Einfluss der Rumpfhaltung auf das Beschleunigungsverhalten bewusst gemacht werden.

Aus biomechanischer Sicht unterscheiden sich die unterschiedlichen Startpositionen in erster Linie durch unterschiedliche Wege des Rumpf(schwerpunkt)s bis zur eigentlichen Ablaufposition, die im optimalen Fall erst dann erreicht ist, wenn sich der Schwerpunkt des Rumpfs vor der Unterstützungsfläche befindet und die Rumpfvorderseite in Laufrichtung zeigt. Der längste Weg des Rumpfs ist in liegender Position zurückzulegen, wenn die Füße in Laufrichtung zeigen, eine mittlere Wegstrecke wird im Stehen oder Sitzen zurückgelegt und am wenigsten Weg in liegender Position mit Kopf in Laufrichtung. Durch das Liegen auf dem Rücken bzw. Sitzen mit dem Rücken in Laufrichtung wird zusätzlich eine Rotation des Körpers benötigt und dadurch eine schnellkräftige Kontraktion der diagonalen Rumpfmuskulatur mit gefördert. Um einer einseitigen Ausbildung der Rumpfmuskulatur vorzubeugen, sollte auch diese Art von Startreaktionen stets in beide Richtungen geübt werden.

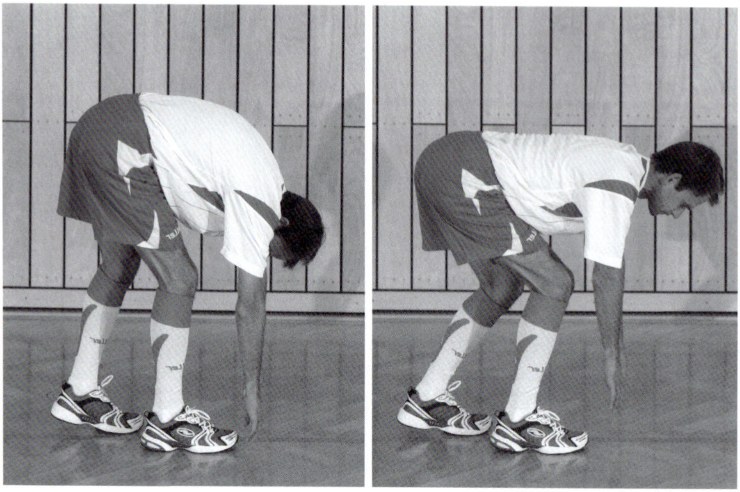

Abb. 122/123: Zwei verschiedene Rumpfhaltungen in der Kauerstartposition.

4.6.1 Grundformen des Startablaufs

Startsprung

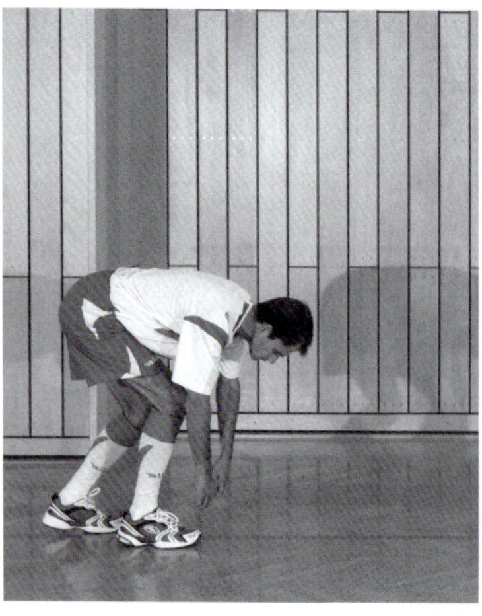

Abb. 124: Kauerposition.

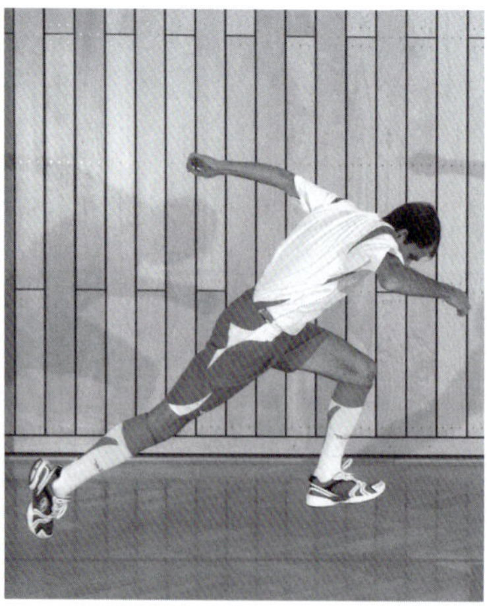

Abb. 125: Sprung.

Ausgangsposition

Kauerposition: Beine leicht gebeugt, Oberkörper nach vorne geneigt, Arme hängen parallel herab, Hände berühren knapp den Boden.

Bewegungsausführung

Der ganze Körper explodiert nach vorne

Während des Nachvornefallens dynamische Streckung der Beine mit explosiver Armunterstützung.

Lernhinweis

„Springe mit dem Kopf nach vorne durch eine Mauer!"
Diese Anweisung kommt der Natur des Sprintschritts näher, als die Anweisung: „Lauf so schnell wie möglich vom Block weg!" Es ist lediglich darauf zu achten, dass der Sprung nach vorne führt und durch die Arme und das Schwungbein unterstützt wird. Diese Form kann auch in unterschiedliche Richtungen ausgeführt werden (spez. für Spielsportarten). Über „Gräben" (Markierung) springen und Oberkörper tief halten.

Anfangs betont auf Armführung achten – keine Ausholbewegung der Arme.

Abläufe auf Druck

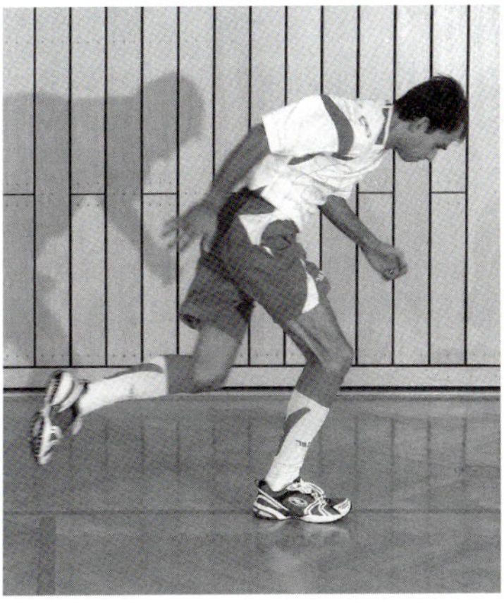

Abb. 126

Ausgangsposition

Kauerposition: Beine leicht gebeugt, Oberkörper nach vorne geneigt, Arme hängen parallel herab, Hände berühren knapp den Boden.

Bewegungsausführung

Nach dem Abdruck Oberkörper tief halten, Knie zur Brust führen und betont nach hinten unten treten.

Lernhinweis

Diese Ausführungsform sollte eher frequenzbetont sein, um sie auch von den Zugabläufen deutlich zu unterscheiden. In fortgeschrittenem Stadium auf gestreckten Oberkörper mit abgekipptem Becken achten.

Den Boden mit schnellen Schritten nach hinten wegschieben

Abläufe auf Zug

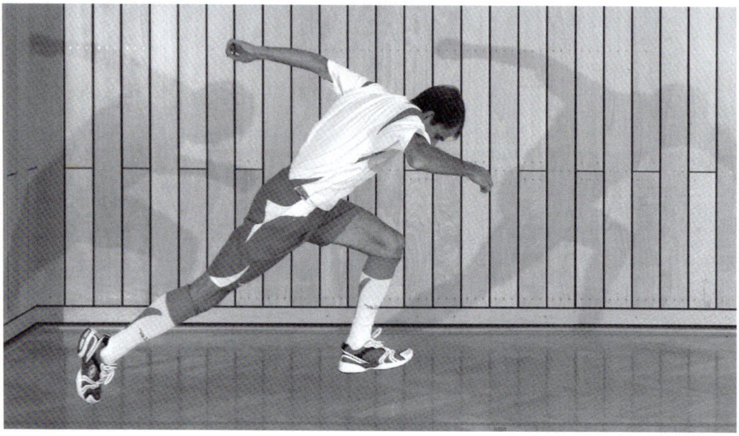

Abb. 127

Ausgangsposition

Kauerposition: Beine leicht gebeugt, Oberkörper nach vorne geneigt, Arme hängen parallel herab, Hände berühren knapp den Boden.

Bewegungsausführung

Nach dem Abdruck die Schritte auf Länge machen, d. h. der Fußaufsatz findet weiter vor dem Körper statt und kann anfangs durchaus mit der Ferse erfolgen – er sollte jedoch aktiv-greifend sein. Oberkörper dabei flach halten.

Den Boden mit langen Schritten unter dem Körper nach hinten wegziehen

Lernhinweis

Die Schritte solange wie möglich ziehen. In fortgeschrittenem Stadium auf gestreckten Oberkörper mit abgekipptem Becken achten. Oberkörper ruhig halten und nicht nach links und rechts mitschwingen. Vorgabe an Schrittzahl für eine bestimmte Distanz.

4.6.2 *Start und Lauf verbinden*

Abläufe auf Zug mit Übergang in Lauf

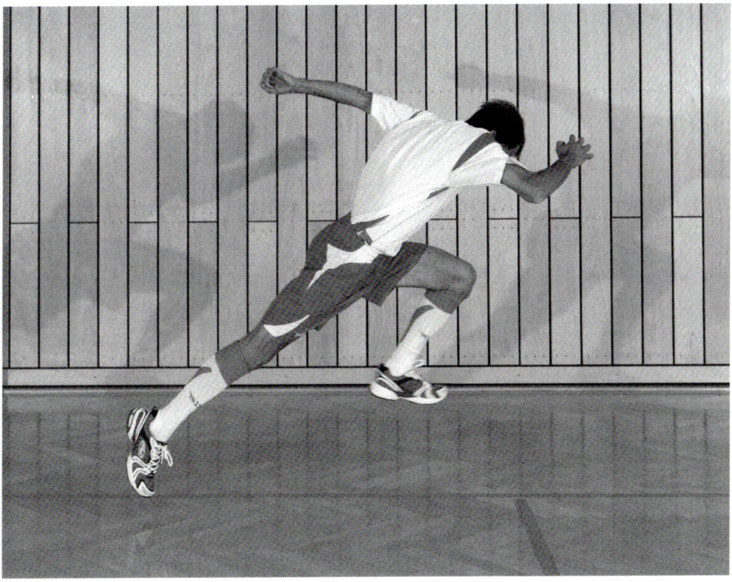

Abb. 128

Ausgangsposition

Kauerposition: Beine leicht gebeugt, Oberkörper nach vorne geneigt, Arme hängen parallel herab, Hände berühren knapp den Boden.

Bewegungsausführung

Kniehebelauf mit vorgebeugtem Oberkörper

Kniehebelauf mit horizontalem Oberkörper. Im Unterschied zum Druckablauf wird der Fuß unter dem Körper aufgesetzt und lediglich der Kniehub betont.

Lernhinweis

„Mit den Knien gegen die Brust trommeln!“ Darauf achten, dass der Oberkörper relativ ruhig bleibt und der Rundrücken nicht zu stark wird. Bei Armarbeit auf hohe Ellbogenführung hinter dem Körper achten.

Abläufe mit Anfersen

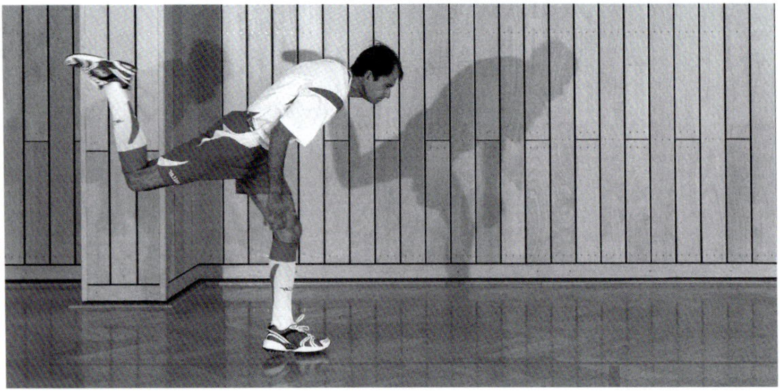

Abb. 129

Ausgangsposition

Kauerposition: Beine leicht gebeugt, Oberkörper nach vorne geneigt, Arme hängen parallel herab, Hände berühren knapp den Boden.

Bewegungsausführung

Bei vorgebeugtem Oberkörper die Fersen zur Schulter.

Lernhinweis

Fersen hinten so hoch wie möglich und mit den Armen die Bewegung ausgleichen. Oberkörper ruhig halten und nicht nach links und rechts mitschwingen.

A) Starts aus ruhenden Positionen
Schwankungen durch wechselnde Ausgangspostionen.

Starts aus der Rückenlage

Laufstrecke 10–15 m

Variationsmöglichkeiten:
- Arme am Körper, Füße in Laufrichtung.
- Arme am Körper, Kopf in Laufrichtung.
- Arme und Beine nach oben gestreckt.

Starts aus dem Liegestütz

Laufstrecke 10–15 m

Variationsmöglichkeiten:
- Kopf in Laufrichtung.
- Füße in Laufrichtung.
- Liegestütz rückwärts.

Starts aus der Bauchlage

Laufstrecke 10-15 m

Variationsmöglichkeiten
- Arme am Körper, Füße in Laufrichtung.
- Arme am Körper, Kopf in Laufrichtung.
- Hände am Nacken, Füße anheben.

Starts aus dem Sitz

a) Sitz mit gestreckten Beinen

Laufstrecke 10-15 m

Variationsmöglichkeiten
- Blick in Laufrichtung, Hände auf dem Boden.
- Rücken in Laufrichtung, Hände auf dem Boden.
- Blick in Laufrichtung, Hände am Nacken.
- Rücken in Laufrichtung, Hände am Nacken.

b) Schneidersitz

Starts aus dem Kniestand

a) Beidbeinig

Laufstrecke 10-15 m

Variationsmöglichkeiten
- Blick in Laufrichtung.
- Rücken in Laufrichtung.

b) Einbeinig

Variationsmöglichkeiten
- Linker Fuß vorne.
- Rechter Fuß vorne.

Starts aus dem Stand (Fallstarts)

Laufstrecke 10-15 m

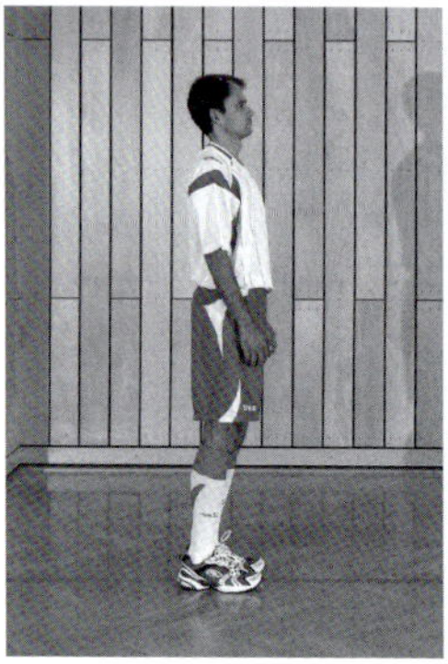

Abb. 130

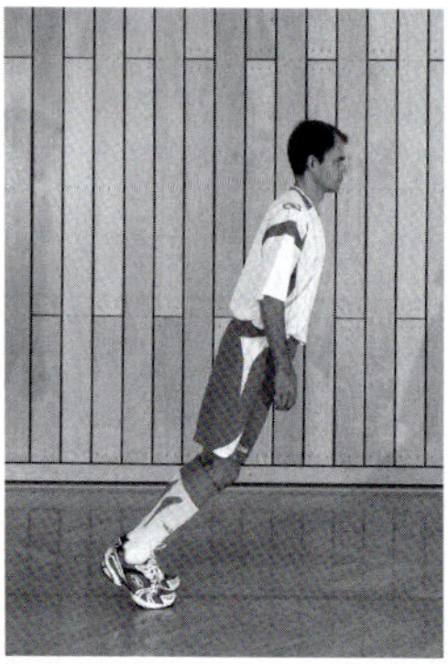

Abb. 131

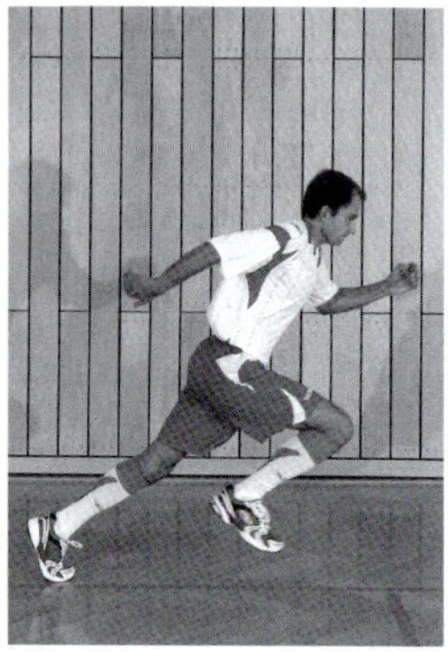

Abb. 132

Variationsmöglichkeiten:
- Blick in Laufrichtung.
- Rücken in Laufrichtung.
- Seitlich in Laufrichtung.

B) Starts aus der Bewegung

Schwankungen durch wechselnde Ausgangsbewegungen

Nach dem Startsignal (optisch, taktil oder akustisch) die optimale Beschleunigungsstellung (Rumpfvorlage) einnehmen und ca. 20 m laufen. Die Starts erfolgen aus folgenden Bewegungen:

1) Aus dem Gehen:
   a) Vorwärts und in gleicher Richtung weiterlaufen.
   b) Rückwärts (halbe Drehung) und in die gleiche Richtung weiterlaufen.
   c) Vorwärts (halbe Drehung) und in die Gegenrichtung laufen.
   d) Rückwärts und in die Gegenrichtung laufen.
   e) Vorwärts (Vierteldrehung links bzw. rechts) und quer nach links bzw. rechts laufen.

2) Aus dem Traben: dto. 1a bis 1e
3) Aus dem Lauf: dto. 1a bis 1e
4) Aus der Rolle – um etwas mehr Sicherheit bei (und bessere Orientierung nach) Stürzen zu bekommen.

Der Start aus nichtstandardisierten Bedingungen sollte zuerst mehrfach unter jeder Bedingung wiederholt werden. Beim Fortschreiten des Trainingsprozesses können unterschiedliche Bedingungen in einer Übungskombinationen verbunden werden, wobei immer darauf zu achten ist, dass der Sportler eine unter biomechanischen Aspekten günstige Körperstellung (betonte Rumpfvorlage) beim Start in den Lauf bzw. in der Beschleunigungsphase einnimmt. Bei Anfängern bis zu 5 Starts, bei Fortgeschrittenen bis zu 10 Starts mit lohnender Pause.
Die Art (optisch/akustisch/taktil) und die Folge (kurz warten/lange warten) des Startsignals sollte mit Fortschreiten des Trainingsprozesses immer mehr variiert werden. Dabei ist es vor allem beim Training von Spielern zweckmäßig, sportartspezifische Reize (Ballwurf/Gegnerbewegungen) als Startsignal anzuwenden.

Alle aufgeführten Möglichkeiten des Starts können in der Trainingseinheit nach einer gewissen Anlernphase in spielerischer Form (d. h. mit Wettkampfcharakter) vor allem bei Kindern eingesetzt werden, wodurch Motivation und Einsatz der Sportler und Schüler gesteigert wird.

C) Übergang von der Startbeschleunigung zum Sprintlauf

Auch der Übergang von der Beschleunigung zum Sprint ist speziell zu trainieren

Durch die Übungen zur Startbeschleunigung soll die kontinuierliche Anpassung der Körperstellung von der optimalen Beschleunigungshaltung in die Sprinthaltung gelernt und trainiert werden. Die Schulung dieses Übergangs ist notwendig, da viele Sportler entweder die typische Beschleunigungshaltung (Vorlage) zu lange beibehalten und somit nicht ihre maximale Geschwindigkeit erreichen können, oder sie richten den Oberkörper so früh und abrupt auf, dass sie nicht mehr maximal beschleunigen können.

Übungsreihe
1) 20 m Zugablauf (Schritte auf Länge), 10 m Kniehebelauf auf Frequenz.
2) Startsprung, 20 m Zugablauf mit extrem vorwärts geneigtem Oberkörper – fließender Übergang zum Kniehebelauf über 30 m.
3) 20 m frequenter Druckablauf, 15 m Zugablauf.

4) 20 m frequenter Druckablauf mit extrem vorwärts geneigtem Oberkörper – Oberkörper langsam aufrichten und in den 20 m Kniehebelauf übergehen.
5) 20 m Zugablauf auf Frequenz (dadurch werden die Schritte etwas kürzer), 20 m Kniehebelauf mit maximaler Frequenz.
6) 20 m Druckablauf bergauf – 20 m Zuglauf in der Ebene.
7) 20 m Zugablauf in der Ebene – 10 m Kniehebelauf leichtes Gefälle bergab (Vorsicht, nicht Sprunglauf).
8) Frequenzwechsellauf: 15 m Schrittlänge betont (Zuglauf) – 15 m Kniehub betont (Drucklauf) – 10 m Zuglauf – 10 m Drucklauf.
9) Aus Kauerposition Startsprung mit Druckablauf, langsam übergehen in Zuglauf und dabei allmählich den Oberkörper aufrichten.

Variation: Übungsformen nicht über markierte Strecken, sondern auf Zuruf wechseln.

Häufige Abweichungen beim Starten

Abweichungen	**Ursache/Folge**	**Optimierung**
Oberkörper wird zu früh aufgerichtet.	Falsche Bewegungsempfindung oder zu schwache Rumpf-Hüftmuskulatur.	• Mit den Augen ein Ziel am Boden anvisieren oder Handrücken zur Stirn führen.
Oberkörper ist unruhig.	Rumpfmuskulatur kann die notwendige Kraft nicht elastisch aufbringen.	• Koordinationsarbeit mit betont ruhigem Oberkörper verstärkt durch entsprechende Armhaltungen.
Bei den Übergängen wird Beckenhaltung geändert.	Durch mangelnde Rumpf- bzw. Beckenstabilisierung kommt es zum Aufrichten des Beckens mit dem Kniehub und somit zu keiner optimalen Impulsübertragung.	• Verbesserung der aktiven Beweglichkeit durch Gymnastik und Kniehebegehen.
Bei kontinuierlichen Übergängen wird zu abrupt gewechselt.	Nicht optimale Bewegungsvorstellung führt meist zu einer zusätzlichen uneffektiven Übungsausführung.	• Erst in langsamer Frequenz trainieren oder durch Klatschen Rhythmus vorgeben.

Kapitel 5

Gymnastik

5 Gymnastik

5.1 Allgemeines

Die Gymnastik für das Sprint- und Lauftraining verfolgt zwei Aspekte:

- Muskelfunktionstraining
- Koordinationstraining

Funktionelle Gymnastik für Sprint und Lauf geht weit über Krankengymnastik hinaus

Die **funktionell orientierte Gymnastik** strebt eine Aktivierung und Verbesserung der Muskelfunktion und des Herz-Kreislaufsystems an. Diese Art der Gymnastik ist darauf ausgerichtet die Gesundheit und Leistungsfähigkeit des Sportlers zu erhalten, wiederherzustellen und zu steigern. Die Vorgehensweise ist in erster Linie am Aufbau des menschlichen Körpers gemäß den anatomischen und physiologischen Bedingungen des passiven und aktiven Bewegungsapparats orientiert. Einen komplexen Teilbereich des Muskelfunktionstrainings bildet die Haltungsschulung. In Ergänzung zur Funktionsgymnastik einzelner Muskelgruppen und Wirkungsbereiche wird hier das muskuläre Zusammenspiel des gesamten Körpers im quasi-statischen Zustand trainiert.

Durch Gymnasikkombinationen stabiler gegen Störungen

Die **koordinativ** bzw. **rhythmisch** ausgerichtete **Gymnastik** hat ihren Schwerpunkt im Bereich der Bewegungsgestaltung durch Übungskombinationen und trainiert dadurch das muskuläre Wechselspiel für den dynamischen Fall (Bewegung). Hierbei ist ‚rhythmisch' nicht nur im Sinne einer zeitlichen Reihenfolge einzelner Gelenkbewegung oder Muskelkontraktionen zu verstehen sondern als Wechselspiel der gesamten Körpermuskulatur. Stellen wir uns einen einzelnen Muskel als ein einzelnes Musikinstrument vor, dann entspricht die Gesamtkörperbewegung dem Spiel eines Großorchesters ohne Dirigenten und die Individualität der Bewegung dem spezifischen Klang und Rhythmus des Orchesters. Das wesentliche Prinzip der koordinativen Gymnastik ist die Ganzkörperbewegung, in die umfassende Muskelsynergieschlingen[5] einbezogen sind und deren Wechselspiel in den Bewegungsübergängen von einer Position (Haltung) in die nächste mit unterschiedlicher Dynamik erfahren (gelernt) wird.

Übertragen wir die Gymnastik auf die Spezifik der Sprint- und Laufbewegung, so werden im Rahmen des Muskelfunktionstrainings zunächst Übungen aufgeführt, die von unten nach oben sukzessive das

---

[5] Synergetik wird hier im *Sinne der Lehre vom Zusammenwirken* nach Haken (1983) verstanden.

Zusammenwirken von Muskelsynergieschlingen vorbereiten. Ausgehend von der eingelenkigen Muskulatur am Sprunggelenk werden Haltung und Bewegung, nach und nach, jeweils über die entsprechenden zwei- (und mehr-) gelenkigen Muskeln Elemente differenziert und zu komplexen Synergieschlingen erweitert. Unter informationstheoretischem Aspekt wird bei diesem Aufbau jeweils durch das Gewöhnen an eine Übung Information abgebaut und durch die Hinzunahme eines neuen Gymnastikelements neue Information unter Verwendung des Alten hinzugefügt. Im Rahmen der Funktionsgymnastik werden stets Muskeln angesprochen, die auch während der Lauf- und Sprintbewegung zusammenwirken.

Gleichzeitig wechselseitige Belastung führt zu stabileren Bewegungen

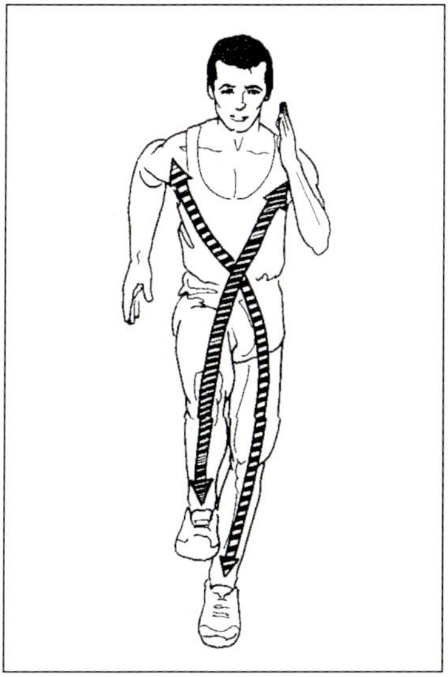

Abb. 133: Zum Prinzip der diagonalen Koordination.

Ein wesentlicher Aspekt ist hierbei der Aufbau nach dem **Prinzip der diagonalen Koordination** (Abbildung 133), d. h. Bewegungen erfolgen nicht nur einseitig jeweils an einem Bein oder parallel mit beiden Armen, sondern entsprechend der disziplinspezifischen Belastung mit beiden Armen und Beinen zwar gleichzeitig, jedoch mit unterschiedlichen Bewegungsfunktionen koordiniert. Das diagonale Prinzip ist auch wesentlicher Bestandteil der Übungen zur Gleichgewichtsschulung. Durch Gleichgewichtsübungen wird das komplexe Zusammenspiel von Stütz(Stand)- und Schwung(Spiel)bein und somit die Belastbarkeit der Muskelsynergieschlingen für den Stütz, die Scherbewegung und den Impulsübertrag beim Sprint gefördert. Die komplexeste Form der Bewegungskoordination wird in der Zusammenstellung der Übungskombinationen erreicht. Hier soll durch fließende Übergänge das komplexe Wechselspiel von Agonist und Antagonist sowie von Spannung und Entspannung bewusst gemacht werden.

Beginnen mit Schwankungen im Bereich der Muskulatur, die schon aktiv ist (meist Beinmuskulatur, mit der zum Training gegangen wurde)

Das hier zugrunde gelegte Gymnasikkonzept geht von der individuellen Eigengesetzlichkeit der menschlichen Bewegung aus. Es basiert auf dem Druckaufbau gegen die Unterstützungsebene durch die Streckung der verschiedenen Körperteile (Körperzentren) und basiert auf dem Vorgang der Stabilisation und Impulsübertragung. Durch den ständigen Wechsel zwischen stabiler und labiler Gleichgewichtslage (Fließgleichgewicht) kommt es zum zeitweiligen Aufgeben des Gleichgewichts. Dem Bereich der Lendenwirbelsäule und des Beckens kommt dabei für die Sprint- und Laufbewegung eine Schlüsselrolle als Hauptzentrum des Körpers zu (vgl. die funktionelle Wirkung der Becken-/LWS-Haltung in Kap. 2).

Insgesamt wird die Verbesserung gymnastisch funktioneller und koordinativer Grundlagen als Voraussetzung und für eine zunehmende Körperbeherrschung und damit für eine Steigerung der Leistungsfähigkeit im Sprint und Lauf betrachtet. Grundsätzlich ist die Verbesserung der Bewegungstechnik sowohl im Bereich der Sprint- und Laufschule, wie auch im speziellen gymnastischen Teil mit langwierigen Übungsprozessen verbunden, die Geduld, Ausdauer und häufige Wiederholungen fordert.

5.2 Muskelsynergiezonen

Entsprechend ihrer Funktion für die Haltung und Bewegung des Sportlers, ist es hilfreich, das Muskelfunktionstraining in Zonen des Körpers einzuteilen, die auch während des Sprints unmittelbar zusammenwirken. Für den Sprint bzw. Lauf genügt eine Untergliederung des menschlichen Körpers entsprechend der primär beanspruchten Gelenke in folgende Synergiezonen:

- Muskelsynergiezone I: Fuß – Kniegelenk
- Muskelsynergiezone II: Knie – Hüftgelenk
- Muskelsynergiezone III: Hüftgelenk – Rumpf
- Muskelsynergiezone IV: Rumpf – Schultergelenk
- Muskelsynergiezone V: Schultergelenk – Arm

Durch zweigelenkige Muskeln werden alle Gelenkbewegungen voneinander abhängig

Jede dieser Muskelsynergiezonen stellt für sich eine funktionelle Einheit dar. Aufgrund der zwei Gelenke überspannenden Muskulatur sind die Muskelsynergiezonen jedoch nicht getrennt zu betrachten, sondern in einem komplexen Wechselspiel. Betrachten wir z. B. die zweigelenkigen Muskeln der Beine, so fällt auf, dass sie stets an einem Gelenk streckende am anderen Gelenk beugende Wirkung haben: Der Zwillingswadenmuskel streckt das Sprung- und beugt das Kniegelenk, der gerade Schenkelmuskel (M. rectus femoris) streckt das Knie- und beugt das Hüftgelenk und die ischiocrurale Muskulatur beugt das Knie- und streckt das Hüftgelenk. Die komplexe Anordnung und Wirkungen der Muskeln liefert einen Hinweis auf die Notwendigkeit eines Kräftegleichgewichts über alle Gelenke hinweg und nicht nur an einzelnen Gelenken. Für eine funktionelle und gesunde Sprint- und Lauftechnik ist das Kräftegleichgewicht nicht nur zwischen Agonist und Antagonist eines Gelenks Voraussetzung sondern innerhalb und zwischen den Synergiezonen.

Schwankungen durch funktionelle Wechselbeziehungen in Muskelsynergiezonen kontrollieren

Durch den Aufbau der Gymnastik nach Muskelsynergiezonen werden funktionelle Wechselwirkungen an einzelnen und mehreren Gelenken bewusst gemacht und in kontrollierten Bewegungsformen trainiert, die bei den großen Geschwindigkeiten des Sprints und Laufs häufig zu unbewussten Ausweichbewegungen und damit langfristig zu Fehlbelastungen führen. Fehlbelastungen sind demnach sowohl durch falsche Bewegungstechniken als auch durch Dysbalancen innerhalb und zwischen den Synergiezonen bedingt. Während das Training der spezifischen Bewegungstechnik in erster Linie Gegenstand der Sprint- und Laufschule ist, besteht die Hauptfunktion der Gymnastik im Vermeiden und Beseitigen von Dysbalancen der Synergiezonen.

Die vorliegende Funktionsgymnastik ist ein Übungsprogramm zur Dehnung und Kräftigung der Körpermuskulatur. Es werden Muskelgruppen beansprucht, die über ein und zwei Gelenke hinweg zusammenwirken. Sämtliche Gymnastikformen der Sprint- und Laufschule haben somit eine Verbesserung der Gelenk- und Muskelfunktion zum Ziel, wobei je nach Übung unterschiedliche konditionelle und koordinative Eigenschaften betont werden. Eine zunehmend bessere Ausführung der Sprint- und Laufübungen ist stets von einem notwendigen Maß an Kraft, Ausdauer, Schnelligkeit, Flexibilität (Gelenkigkeit) oder Koordination im Ganzen abhängig. Das Muskelfunktionstraining zielt in erster Linie auf die konditionellen Komponenten Kraft und Flexibilität ab. Dem Bereich der Ausdauer kommt im Folgenden etwas weniger Bedeutung zu, da deren Training in erster Linie durch die Kontraktionsdauer, die Anzahl an Übungswiederholungen und Pausendauer der dargestellten Übungen und weniger durch Inhalte bestimmt wird.

Zur Koordination

Koordination im Kleinen wie im Großen trainieren

Koordination bezeichnet das Zusammenwirken von Zentralnervensystem und Skelettmuskulatur innerhalb eines gezielten Bewegungsablaufs (Hollmann et al., 1980). Dabei wird zwischen intra- und intermuskulärer Koordination unterschieden. Während sich die intramuskuläre Koordination auf das Zusammenspiel von Nerv und Muskel bezieht, wird mit der intermuskulären Koordination das Zusammenwirken verschiedener Muskelgruppen angesprochen. Im Rahmen der Alltags- und Sportbewegungen treten beide Arten der Koordination auf.

Gegenstand der Gymnastik für die Sprint- und Laufkoordination ist entsprechend das Training der intra- und intermuskulären Koordination, die auf die Stabilisationsfunktion der Rumpfmuskulatur abzielt. Diese wird in langsamen (legato) Bewegungen geübt. Die Koordination unter dynamischeren Bedingungen ist Gegenstand der Sprint- und Laufschule.

Zur Kraft

Durch Schwankungen in der Bewegung zu dynamischer Kraft

Physikalisch stellt die Kraft ein Maß für die mechanische Einwirkung auf einen Körper dar, die eine Bewegung oder Bewegungsänderung hervorrufen kann (Gerthsen et al., 1989). In Bezug auf ihre Wirkung werden *statische* und *dynamische* Kraftwirkungen unterschieden. Übertragen auf die motorische Erscheinungsform der Muskelkraft kann durch die Kontraktion eines Muskels ein Körper im Ruhezustand beibehalten, bewegt oder eine Bewegung variiert werden. In Bezug auf die Kontraktionsformen werden entsprechende Übungs- bzw. Bewegungsformen unterschieden, die statisch und dynamisch ausgeführt werden. Im ersten Fall erfolgt der Krafteinsatz isometrisch, da die Länge (Metrik) des Muskels während der Kontraktion im Wesentlichen gleich bleibt (iso), und im zweiten Fall isotonisch, d. h. der Muskel behält den gleichen (iso) Spannungszustand (Tonus) während sich die beiden Muskelenden aufeinander zubewegen (konzentrisch) oder entfernen (exzentrisch). In der Praxis des gymnastischen Übungsprogramms der Sprint- und Laufschule treten meist Mischformen (auxotonisch) auf.

Mehr Stabilität durch flexiblere Muskelaktivierung

Die wesentliche Funktion der Muskelkräftigung wird, vor allem der Rumpf- und Beinmuskulatur, durch das Training zur Steigerung der statischen Belastbarkeit der Muskulatur erreicht, d. h. das Training zur Gleichgewichtsschulung und zur Stabilisierung. Eine funktionelle Haltung des Körpers über seiner Unterstützungsfläche im Sitzen, Stehen und während der Fortbewegung wird durch ständige Ausgleichsbewegungen erreicht und durch den passiven Bewegungsapparat unterstützt. Ist die Bein-, Becken- und Rumpfmuskulatur nicht genügend gekräftigt, sind sowohl die Elemente des Stützes als auch des Schwungs in erheblichem Maße beeinträchtigt, und können bei größeren und langandauernden Belastungen im Sprint- bzw. Lauftraining zu Überanstrengungen mit Ausfallerscheinungen führen (z. B. Muskelkrampf, -zerrung, -riss, Gelenkverstauchung).

Mit dem eigenen Körper zu mehr Kraft

Die Übungen zur Kräftigung der Muskulatur werden im Folgenden alle ausschließlich mit Hilfe des eigenen Körpers ausgeführt. Durch entsprechende Gelenkwinkelstellungen, Hebeländerungen und Bewegungsgeschwindigkeiten kann dadurch in weitem Maße auf Krafttraining mit Fremdlast verzichtet werden. Der Vorteil der Muskelkräftigung anhand des eigenen Körpergewichts liegt in der Beanspruchung von umfangreicheren Muskelgruppen. So wird zum Beispiel beim Bankdrücken ausschließlich die Arm-, Schulter- und Brustmuskulatur belastet. Beim Liegestütz hingegen wird gleichzeitig die vordere Rumpf- und Beinmuskulatur mittrainiert. Für eine Belastungssteigerung stehen unterschiedliche Handpositionen (Finger nach außen bzw. innen, Stellung breit bzw. schmal, eher in Richtung Kopf bzw. in Richtung Beine), Beine höher lagern, einbeinig oder auf zwei Bänken, um die Brust und Schultermuskulatur in einem größeren Bereich zu belasten.

Zur Flexibilität

Auf aktive Beweglichkeit kommt es an

Unter *Flexibilität* bzw. *Beweglichkeit* wird hier die Bewegungsweite eines oder mehrerer Gelenke verstanden. Im Hinblick auf die Sprint- und Lauftechnik ist eine Unterscheidung in aktive und passive Beweglichkeit von besonderem Interesse. Beschreibt die passive Beweglichkeit die Bewegungsweite eines Gelenks unter dem Einfluss äußerer Kräfte (z. B. Schwerkraft, Partner), so handelt es sich bei der aktiven Beweglichkeit um die Bewegungsweite durch innere Kräfte (Muskulatur), wobei die passive Beweglichkeit größer ist als die aktive. Wird zum Beispiel ein Ausfallschritt mit beiden Füßen am Boden und abgewinkeltem vorderen Knie ausgeführt, so ist bequem ein relativ großer Spreizwinkel zwischen den beiden Oberschenkeln zu erreichen. Mit wesentlich mehr Anstrengung verbunden und im Allgemeinen auch kleiner fällt der Winkel aus, wenn man die Schritthaltung auf der Seite liegend oder an einer Stange hängend versucht. Beim Ausfallschritt mit beiden Füßen am Boden wird Bewegungsweite durch die Gewichtskraft des Körpers unterstützt, im zweiten Fall nicht. Meist liegt die Ursache für zu große Differenzen zwischen der passiven und aktiven Beweglichkeit in einem gleichseitigen und diagonalen Ungleichgewicht von Streckern und Beugern hinsichtlich ihrer Kraftentwicklung, Entspannungsfähigkeit und Dehnbarkeit.

Für eine funktionelle Sprint- und Lauftechnik ist die aktive Beweglichkeit im Hüftbereich von besonderer Bedeutung, da der maximale Winkel zwischen den Oberschenkeln am Ende des Bodenkontakts erzielt wird, d. h. das Schwungbein ohne äußere Kraft in die Horizontale gehoben werden muss. Die Beweglichkeit soll jedoch nicht maximal werden, da ein zuviel an Beweglichkeit die Kraftentwicklung negativ beeinflusst.

Aktive Beweglichkeit bei rumpfnahen Gelenken ist zentrale Grundlage

Anzustreben ist eine optimale aktive Beweglichkeit in Hüft-, Bein- und Schultergelenk. Eine Verbesserung der Flexibilität wird dadurch erreicht, dass gezielt auf jene Muskeln eingewirkt wird, die Beugung, Streckung und/oder Rotation des Gelenks bewirken. Durch wechselseitiges aktives und passives Dehnen und Kräftigen dieser Muskeln wird nach längerer Übung eine Vergrößerung der Bewegungsweite des Gelenks erreicht. Hierbei ist zu berücksichtigen, dass bei jeder aktiven Dehnung der Kräftigungseffekt für die Agonisten größer ist als der Dehneffekt für den Antagonisten.

Dehnen vor Belastung ist nicht notwendig leistungsfördernd

Beim Dehnen vor einer Belastung gilt zu berücksichtigen, dass überwiegend beim passivem Dehnen die muskulären Reaktions- und Krafteigenschaften bis zu 30 min negativ beeinflusst werden (Hennig &Podzielny 1994; Rosenbaum & Hennig 1997).

Das Wechselspiel von Kraft und Beweglichkeit wird durch unterschiedliche **Spannungszustände** des Muskels bewusst gemacht.

a) Partielle Anspannung – partielle Entspannung

Z. B. in aufrechter gespannter Haltung stehend den Körper Stück für Stück entspannen bis zur völligen Entspanntheit in der Bodenlage und umgekehrt, oder die Muskulatur eines Körperteils aktiv lockern durch schütteln und anschließend entspannen lassen.

b) Totale Anspannung/Körperzusammenschluss – totale Entspannung/passive Lockerung

Z. B. durch unterschiedliche Gleichgewichtslagen (Verlagerung des Körperschwerpunkts), große und kleine Unterstützungsflächen, stabile und labile Gleichgewichtslage, Wechsel von Fortbewegung und Stand.[6]

[6] Für eine ausführliche Darstellung von Techniken des Dehnens siehe Spezialliteratur (vgl. Knebel, 1985).

Die Übungen der Gymnastik zur Sprint- und Laufschule sind im Folgenden so angeordnet, dass Dehnung nach Möglichkeit in Zusammenhang mit Kräftigung entsprechend der Muskelsynergiezonen erfolgt. Besonders im Hinblick auf die Stabilisierung einzelner Gelenke ist nach passiven Dehnübungen auf ausgleichende Kräftigungsübungen zu achten. Die Dehnübungen erfolgen im Trainingsprogramm nach den Aufwärm- und Lockerungs- jedoch vor den Kräftigungsübungen: Nur erwärmte, gelockerte und entspannte Muskeln sind optimal kontraktionsfähig. Die gymnastischen Übungen sollten stets beidseitig durchgeführt werden, um muskulären Dysbalancen vorzubeugen und dem Gehirn einen Vergleich bzw. mehr Differenzen zu bieten. Die Übungen können in der angegebenen Reihenfolge ausgeführt werden, da die Ausgangsposition für jede folgende Übung nur durch eine kleine Positionsänderung (wenig Information) zu erreichen ist und dadurch jeweils Elemente der vorherigen Übungen übernommen und mit neuen Elementen verbunden werden.

5.3 Funktionsgymnastik mit Schwerpunkt auf einzelne Aspekte der fünf Phasen eines Sprintschritts

5.3.1 Muskelsynergiezone I – zur aktiven Fußgelenksarbeit und Fußgelenksarbeit auf Druck

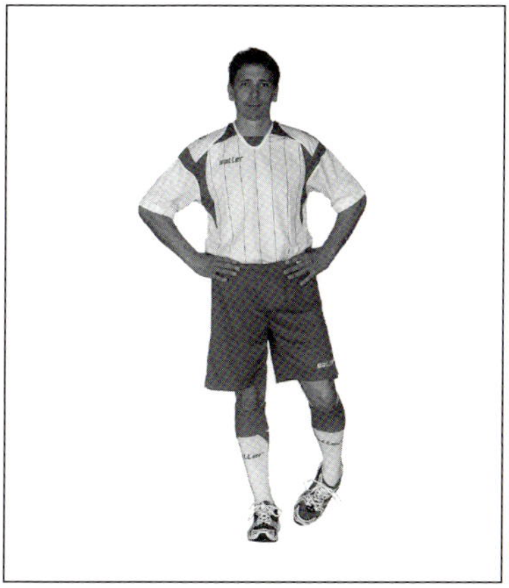

Abb. 134: Einbeinstand, andere Fußspitze aufstellen.

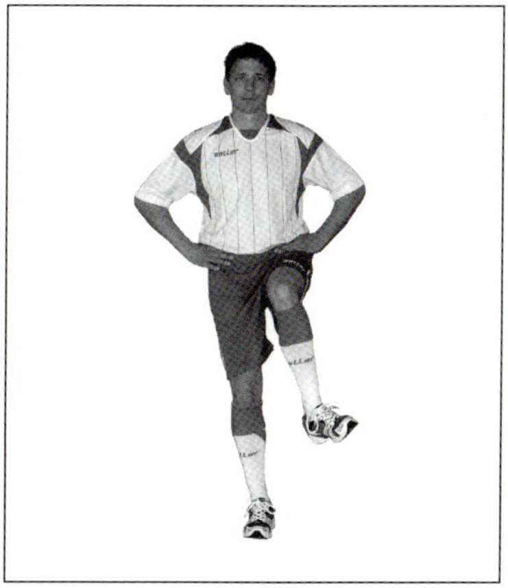

Abb. 135: Einbeinstand, Knie des anderen Beins vorne hochheben.

Ferse langsam in beide Richtungen kreisen (Abbildung 134).

Fußspitze des angehobenen Beins unter dem Knie positionieren und den Fuß langsam kreisen (Abbildung 135).

Das Knie des hinteren Beins zur Fußspitze nach unten drücken (Abbildung 136) (Dehnung Achillessehne). Knie leicht nach außen bzw. innen verlagern.

Fußrücken in Richtung Boden drücken. Ferse leicht nach außen und innen bewegen (Abbildung 137).

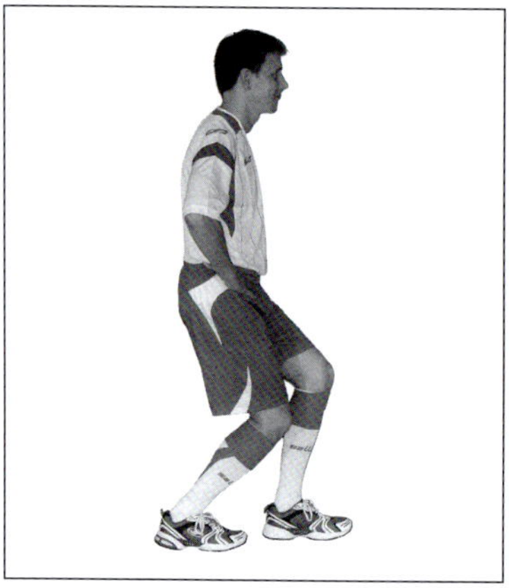

Abb. 136: Leichte Schrittstellung, Fußspitze des hinteren Beins aufgestellt, beide Knie leicht gebeugt.

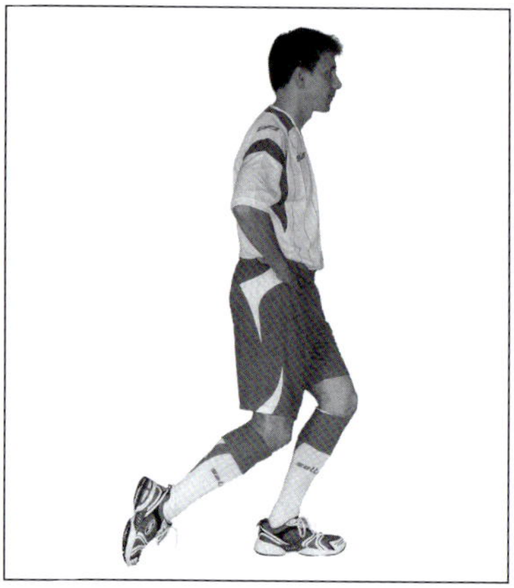

Abb. 137: Leichte Schrittstellung, Fußspitze des hinteren Beins aufgestellt, beide Knie leicht gebeugt.

5.3.2 Muskelsynergiezone II – zum Anfersen, Kniehub und Stampfen

Oberschenkelvorderseite dehnen und Gleichgewicht halten

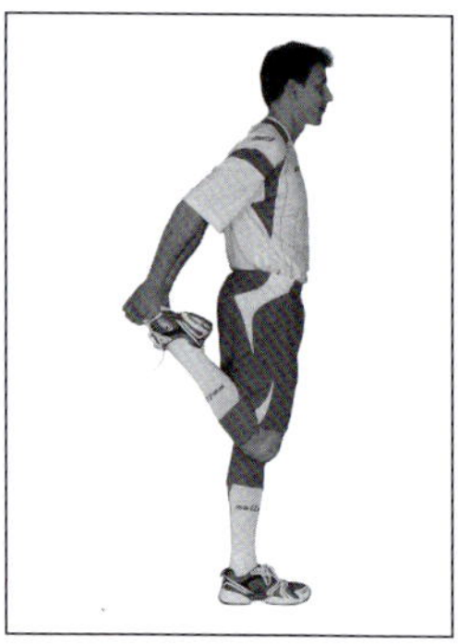

Das Knie des angefersten Beins sollte dabei vor dem Knie des Standbeins bleiben und das Becken ist aufgerichtet (Bauch einziehen und Gesäßmuskeln anspannen) (Abbildung 138). Dehnung der vorderen Oberschenkelseite – primär eingelenkige Muskulatur am Knie. Ausgangsposition wie vorherige Übung jetzt jedoch mit beiden Händen das Knie langsam nach hinten oben ziehen.

Abb. 138: Einbeinstand, freies Bein anfersen, beide Hände halten den Fuß am Gesäß.

Von der Ferse bis zum Kopf

Ferse des hinteren Beins auf den Boden drücken und Knie durchstrecken. Oberkörper in Verlängerung des hinteren Beins (Abbildung 139).

Versuchen mit dem Bauch auf den Oberschenkel zu kommen (Abbildung 140); zur Verstärkung die Fußspitzen des vorderen Beins anziehen.

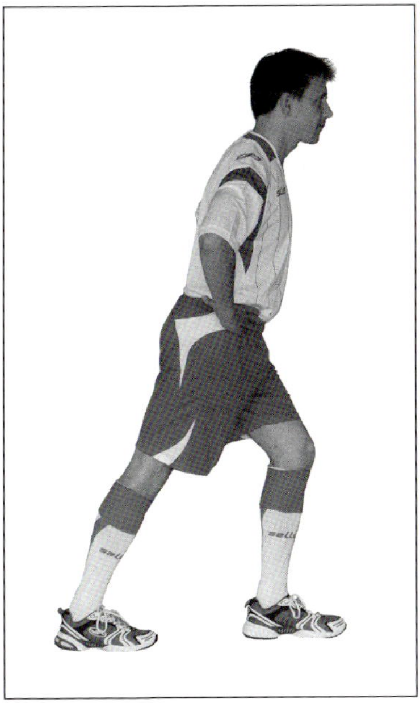

Abb. 139: Leichte Schrittstellung, vorderes Knie leicht gebeugt.

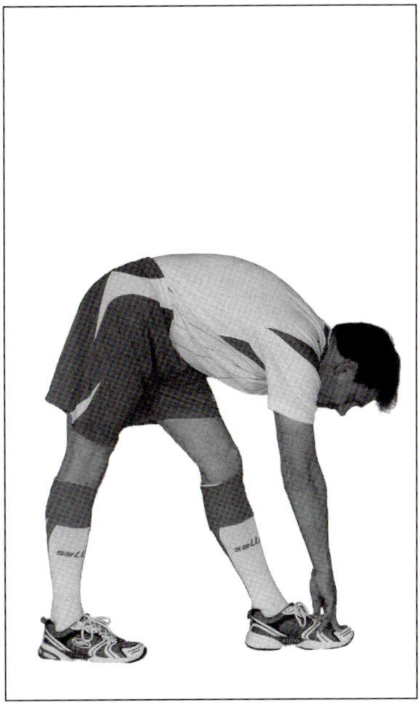

Abb. 140: Leichte Schrittstellung, beide Knie gestreckt, Oberkörper nach vorne beugen.

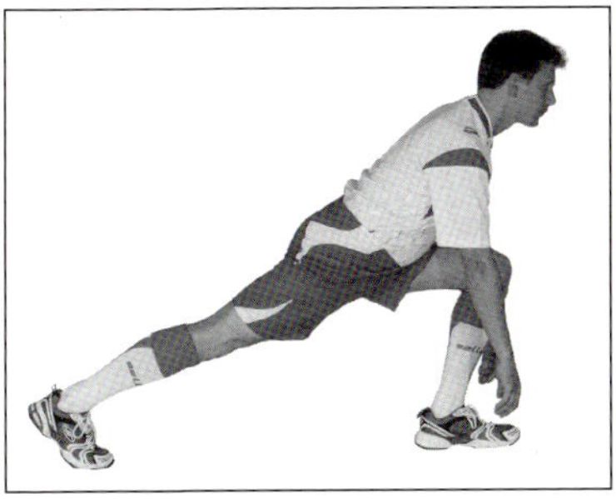

Vorderes Knie ca. 90° gebeugt. Knie des hinteren Beins strecken (Abbildung 141). Versuchen die Hüfte an die Ferse des vorderen Beins zu bringen.

Abb. 141: Ausfallschritt.

Abbildung 142: Das Knie des hinteren Bein strecken. Zunächst mit den Händen auf dem vorderen Knie abstützen, dann ohne Unterstützung. Dadurch wird die Muskulatur des vorderen Beins für eine Position vorbereitet bzw. gekräftigt, wie sie beim Startablauf (Beschleunigungsabschnitt) vorkommt. Wird die Übung im Hängen (z. B. an der Latte

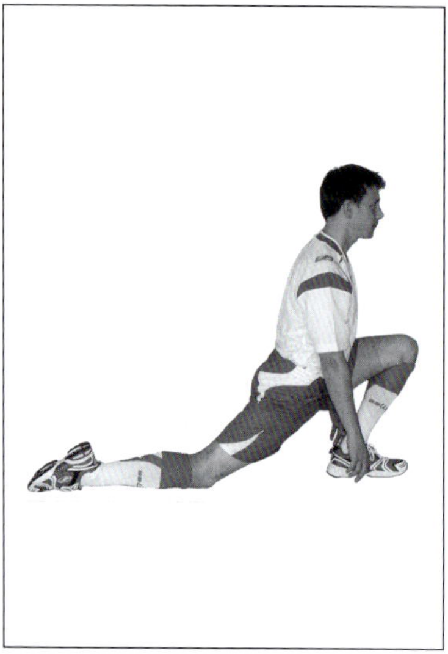

Abb. 142: Tiefer Ausfallschritt.

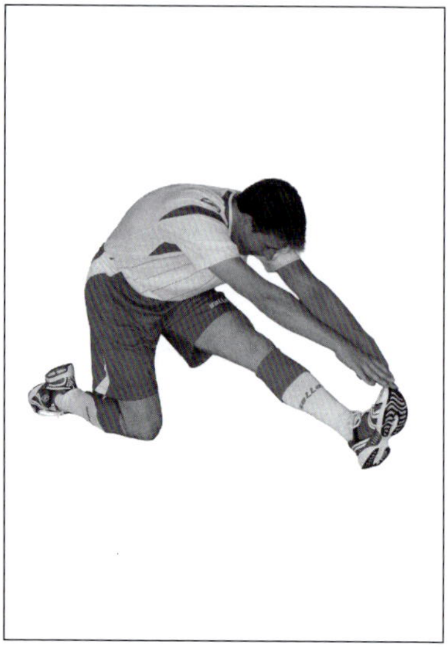

Abb. 143: In Schrittstellung auf hinterem Knie knien.

eines Tores) durchgeführt, werden die Kraftverhältnisse umgekehrt und die aktive Beweglichkeit, die unabdingbare Voraussetzung für eine entsprechende Schrittlänge darstellt, gefördert.

Die Haltung des Oberkörpers wirkt bis in die Fußspitzen

Mit den Händen an das Sprunggelenk des vorderen Beins greifen und Oberkörper auf vorderes gestrecktes Knie ziehen. Zur Intensivierung Fußspitzen anziehen. Langsam vorderes Knie beugen und strecken. (Abbildung 143).

Abwechselnd linkes bzw. rechtes Knie über die Fußspitze (axiales Arbeiten) nach vorne schieben, anderes Bein bleibt dabei gestreckt und Oberkörper aufrecht (leichte Dehnung im Adduktorenbereich). Langsam immer tiefer gehen (Abbildung 144).

Das Körpergewicht zunächst auf die Arme und Beine verteilen (wichtig: Knie über der Fußspitze, damit des Knie nicht verdreht wird) (Abbildung 145). In der einbeinigen Hocke sollten mit der Zeit beide Fersen am Boden bleiben, bleiben die Fersen nicht auf dem Boden, ist dies ein Hinweis auf eine Bewegungseinschränkung im Sprunggelenk. Der Wechsel von der einbeinigen Hocke links zur einbeinigen Hocke rechts wird anfangs durch Unterstützung der Arme vollzogen. In aufgewärmtem und fortgeschrittenem Zustand kann und sollte dies auch ohne Armunterstützung durchgeführt werden.

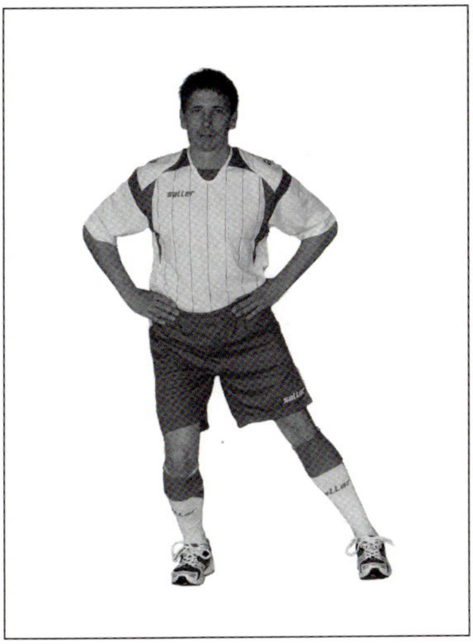

Abb. 144: Etwas breiter als schulterbreit stehen.

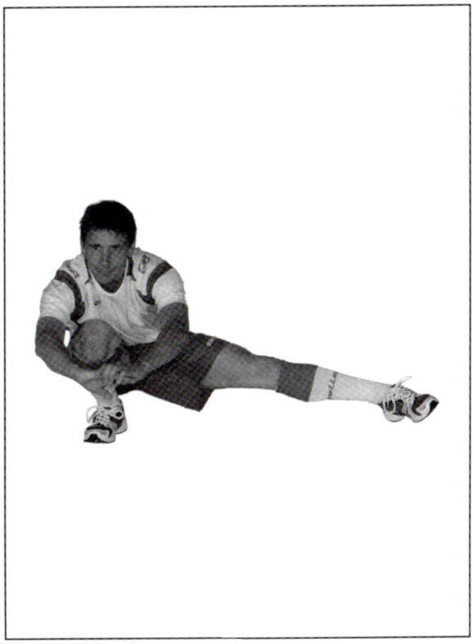

Abb. 145: Einbeiniger Ausfallschritt seitwärts.

Den Hüftbereich in alle Richtungen flexibel halten

In der tiefen Hocke den Fuß des gestreckten Beins langsam nach oben und nach vorne drehen (Abbildung 146).

Den freien Fuß auf das Knie des Standbeins legen und Knie nach außen drücken (in der Hüfte nach außen rotieren) (Abbildung 147).

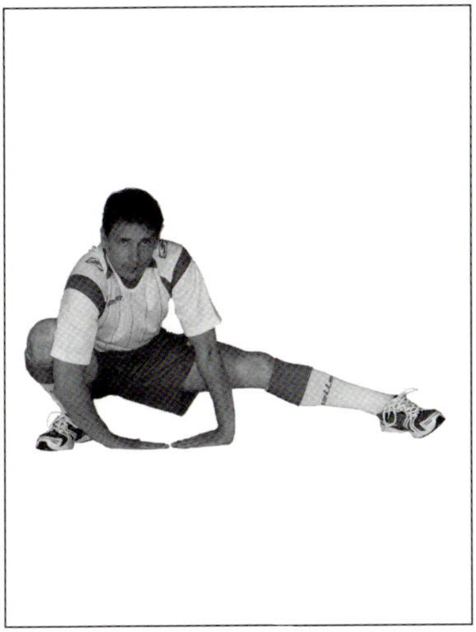

Abb. 146: Einbeiniger Ausfallschritt seitwärts.

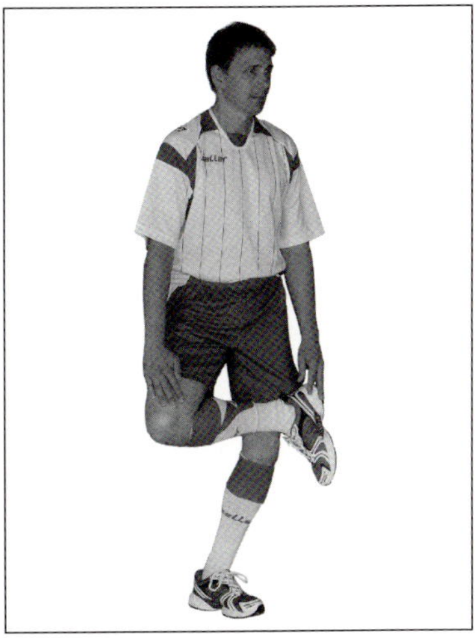

Abb. 147: Einbeinstand.

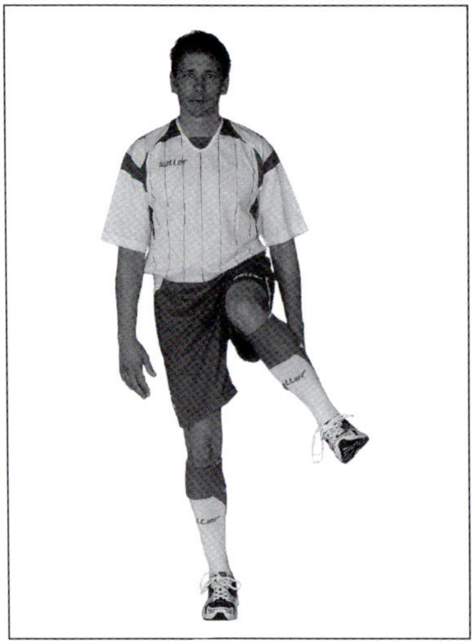

Abb. 148: Einbeinstand, Knie des freien Beins anheben.

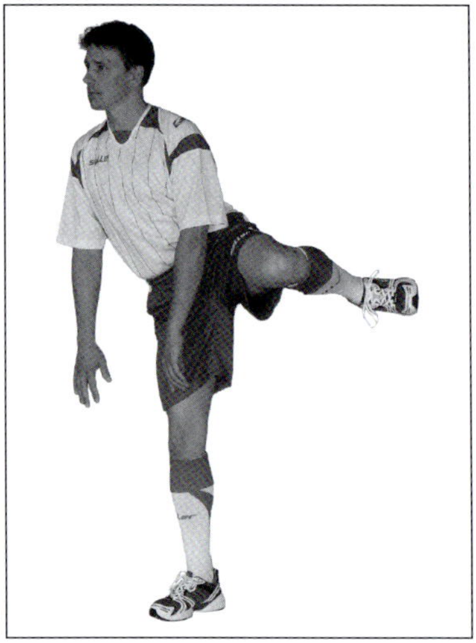

Abb. 149: Einbeinstand, anderes Bein seitlich angehoben.

Schwankungen des Stand- und Spielbeins durch veränderte Hebel vergrößern

Im Einbeinstand den Unterschenkel des freien Beins nach außen anheben (Außenkante des Fußes anheben – Hüftinnenrotation) (Abbildung 148). Bei gleicher Ausgangsposition (Abbildung 148) die Innenkante des Fußes und den Unterschenkel anheben (Hüftaußenrotation).

Oberschenkel zur Seite (Abduktion), Ferse zum Gesäß und dabei Knie und Fuß auf einer Ebene halten (eher das Knie höher) (Abbildung 149). In dieser Position das Standbein leicht beugen und wieder strecken. Im fortgeschrittenen Stadium kann in dieser Position das Knie gestreckt werden, ohne dass sich der Oberschenkel bewegt. Damit in diesen Positionen nicht zu sehr mit dem Rumpf ausgewichen und gleichzeitig die Rumpfmuskulatur gekräftigt wird, die Arme senkrecht nach oben halten. Bei Gleichgewichtsschwierigkeiten können die Arme auch zur Seite gehalten werden. Danach das Spielbein anstellen und den Oberkörper horizontal nach vorne beugen.

Belastung der Hüft- und Rückenstrecker durch den Hebel des Oberkörpers erhöhen

Den Bauch in Richtung Boden drücken, Arme seitlich am Körper (Abbildung 150). Oberkörper mit gerader Wirbelsäule langsam nach rechts und links bewegen. Zur Verstärkung können die Arme nach vorne über den Kopf gestreckt werden.

Im Liegestütz sind die Hebel im Hüftbereich noch größer

Zum Übergang in die nächste Position mit den Händen vorne aufstützen und mit den Füßen langsam auseinander wandern. Hände wieder lösen und geraden Oberkörper wieder von links nach rechts und umge-

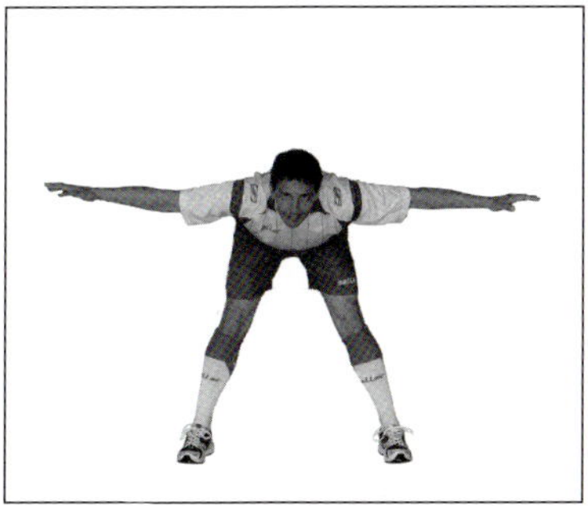
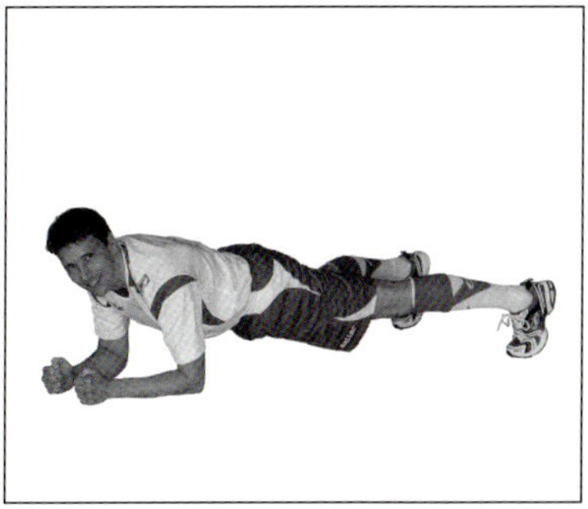

Abb. 150: Grätschstand Oberkörper horizontal nach vorne gebeugt.

Abb. 151: Liegestütz auf den Ellbogen.

kehrt bewegen. Die Ellbogen auf den Boden stützen (Abbildung 151) und mit den Ellbogen langsam nach vorne wandern bis die Hüfte kurz über dem Boden ist (nicht ablegen). Mit den Ellbogen nach rechts bzw. links wandern und in der Endposition jeweils kurz verharren (an die neue Position gewöhnen). Position langsam wieder auflösen, indem der gleiche Weg zurückgegangen wird, d. h. Oberkörper in Mittelposition, Ellbogen wandern an den Körper zurück.

5.3.3 Muskelsynergiezone III – zur Rumpf-/Beckenhaltung

Die Rumpf- und Beckenmuskulatur bilden die Brücke für die Kraftübertragung zwischen Arme und Beine

Auf die Hände stützen und mit den Händen nach hinten zwischen den Beinen versuchen soweit wie möglich zu greifen. In der Endposition verharren und das Gewicht langsam auf die Hände verlagern (Abbildung 152).

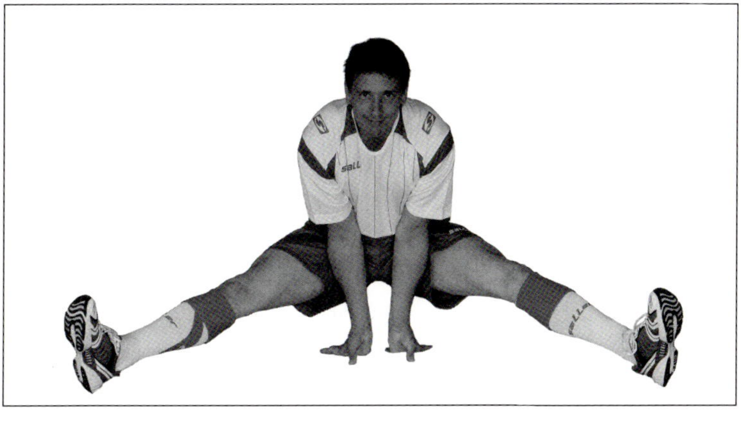

Abb. 152: Weiter Grätschstand.

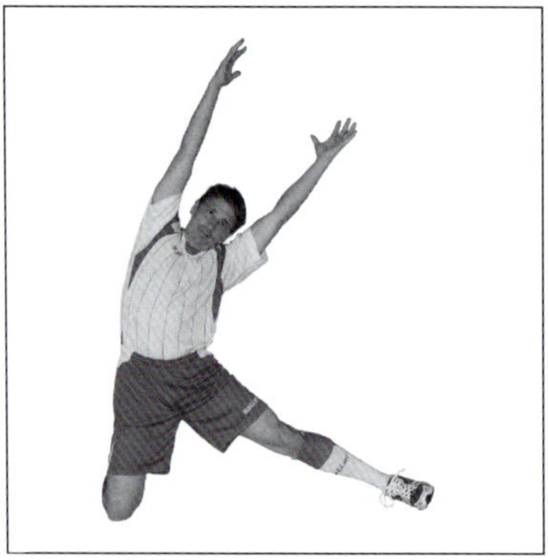

Abb. 153: Seitlich Hinknien, anderes Bein gestreckt abspreizen.

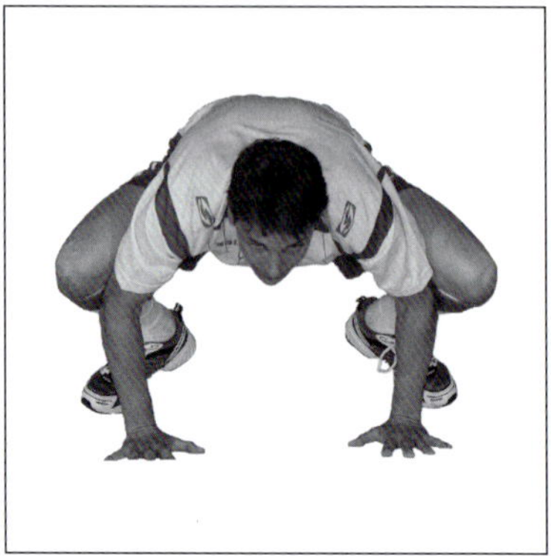

Abb. 154: Füße schulterbreit auseinander in der Hocke auf den Händen gestützt.

Abbildung 153: Oberkörper aufrichten und Arme über Kopf aus dem Körper ziehen. Aus dieser Position Oberkörper zu gestrecktem Bein neigen (nicht passiv, sondern über die Muskulatur führen). Darauf achten, dass Oberkörper und Arme stets eine Linie bilden. Auf die andere Seite neigen, bis Oberkörper und Arme die Verlängerung des gestreckten Beins darstellen. (Falls zu schwer, Arme anwinkeln und Hände hinter den Kopf, dabei jedoch die Ellbogen weit nach hinten drücken.) Ausgangsposition wie vorherige Übung. In der Hüfte abknicken und Oberkörper und Arme in unveränderter Haltung auf gestrecktes Bein legen.

Schwankungen durch entsprechende Hebel vergrößern

In die Hocke gehen und dabei die Knie über den Fußspitzen lassen. Mit den Händen zwischen den Beinen aufstützen und mit den Ellbogen die Knie leicht nach außen drücken. Mit der Hüfte nach vorne zwischen den Beinen federn. Fortgeschrittene können langsam das Gewicht nach vorne verlagern bis die Füße vom Boden abheben und dabei weiter federn (Abbildung 154).

In der Hocke gesamtes Gewicht auf eine Seite verlagern (Abbildung 155) (Knie in der Achse halten, d.h. das Knie des belasteten Beins über der Fußspitze halten) und das unbelastete Knie neben der Ferse des belasteten Beins ablegen. Beim Wechsel auf die andere Seite ist wichtig, dass immer zuerst das gesamte Gewicht auf das eine Bein mit in der Achse stehendem Knie verlagert wird.

Füße in der Hocke etwas enger stellen und Beine mit den Armen eng umschließen (Abbildung 156). Mit den Händen am Sprunggelenk festhalten und langsam die Knie strecken, dabei mit dem Oberkörper immer Kontakt mit den Oberschenkeln halten.

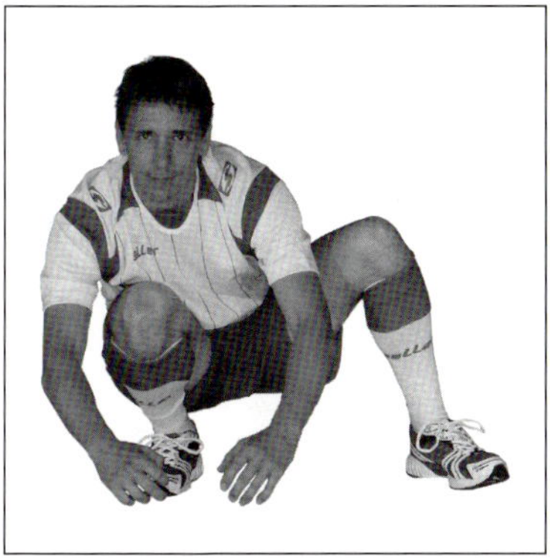

Abb. 155: Schulterbreit in der Hocke, Gewicht nach links bzw. rechts verlagern.

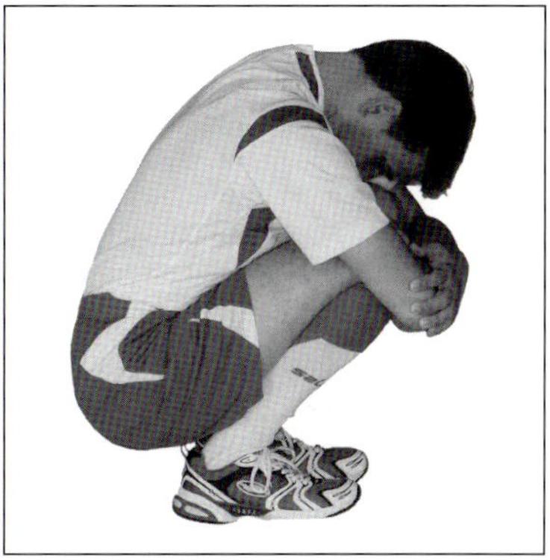

Abb. 156: In tiefer Hocke die Knie umgreifen.

Normalerweise können die Knie nicht ganz durchgestreckt werden. An der Schmerzgrenze 3 s halten und wieder langsam absenken. Oberkörper nun langsam Wirbel für Wirbel aufrichten.

5.3.4 Muskelsynergiezone IV und V – zur Armarbeit

Das Schultergelenk entsprechend seiner Kugelgelenkcharakteristik vorbereiten

Hände zusammenpressen/auseinander ziehen – Griffe wechseln:

- Vor dem Bauch.
- Vor der Brust.
- Über dem Kopf.
- Hinter dem Gesäß.

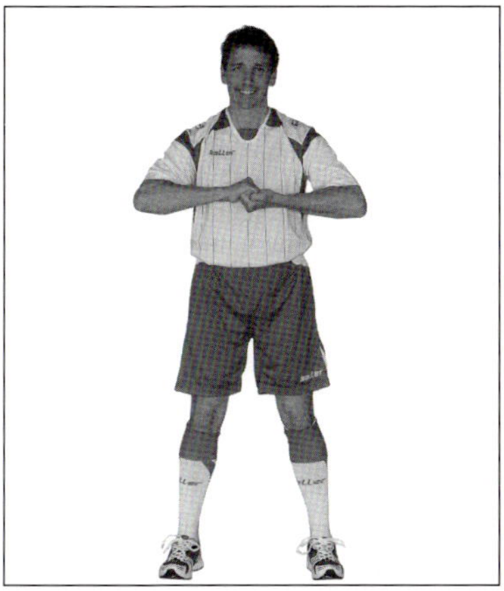

Abb. 157: Schulterbreit stehen, Hände vor der Brust auseinanderziehen.

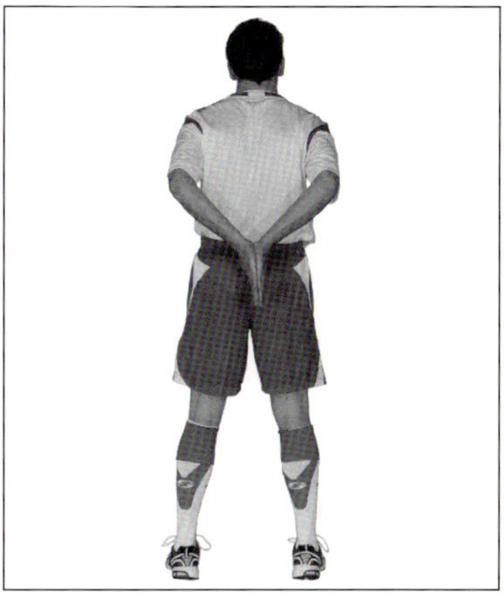

Abb. 158: Schulterbreit stehen, Hände hinter dem Gesäß zusammenpressen.

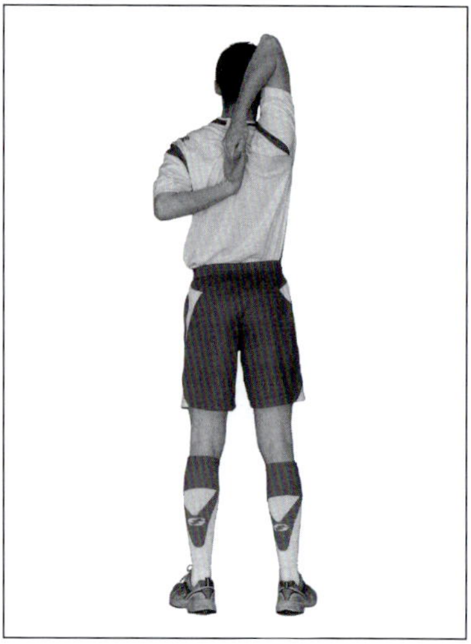

Abb. 159: Schulterbreit stehen, auf dem Rücken Hände zusammenbringen.

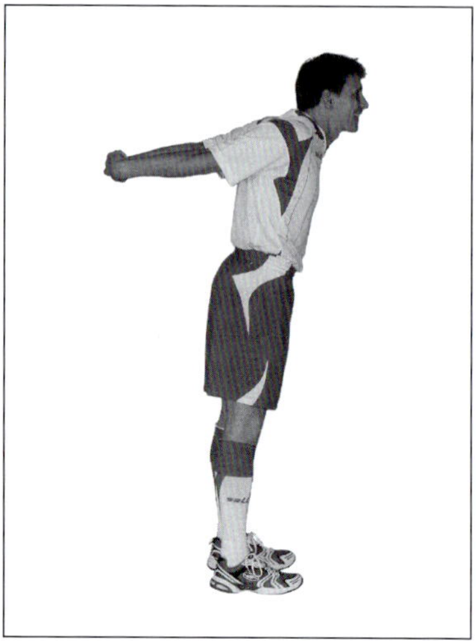

Abb. 160: Schulterbreit stehen, beide Arme gestreckt nach hinten oben führen.

Hände auf dem Rücken zusammenbringen – abwechselnd von oben und unten. Verstärken der Dehnung bzw. Kräftigung durch aktives Auseinander ziehen der Hände (Abbildung 159).

Hände über dem Gesäß falten. Arme geschlossen soweit wie möglich nach hinten oben führen (wichtig für die hintere Schwungphase der Arme) (Abbildung 160).

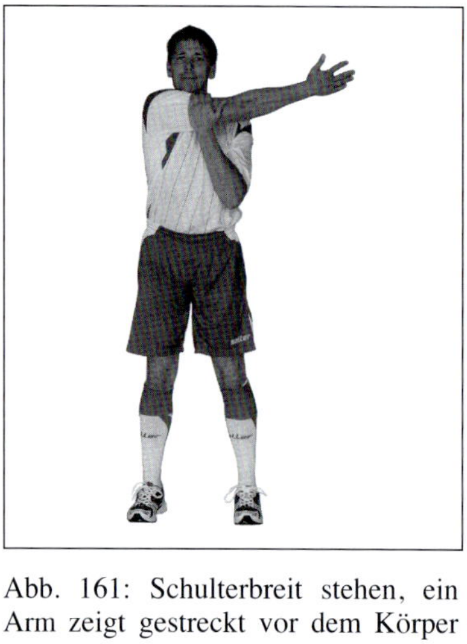

Abb. 161: Schulterbreit stehen, ein Arm zeigt gestreckt vor dem Körper auf die gegenüberliegende Seite.

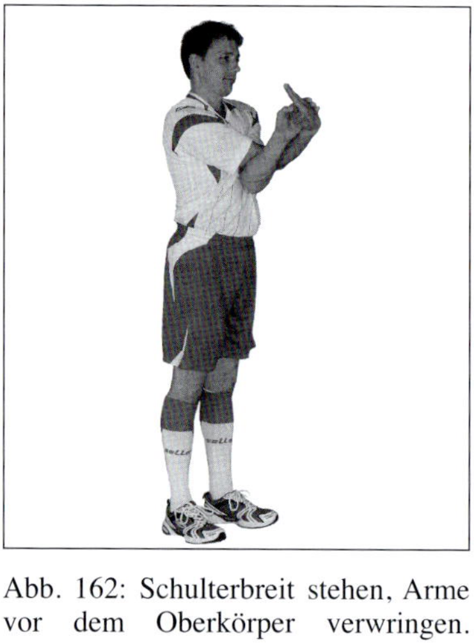

Abb. 162: Schulterbreit stehen, Arme vor dem Oberkörper verwringen.

Den gestreckten Arm mit dem anderen Arm vorne in Richtung der gegenüberliegenden Schulter bewegen (Abbildung 161).

Ein Arm wird leicht gewinkelt vor dem Körper gehalten, der andere Arm greift unter dem Ellbogen an das Handgelenk und drückt dieses leicht nach unten, wobei der Unterarm als Widerlager ausgenutzt wird und dadurch die Außenrotatoren der Schulter gedehnt werden (Abbildung 162).

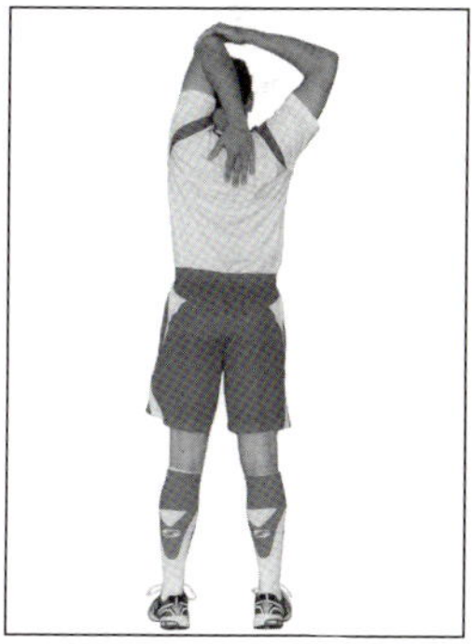

Mit einem Arm hinter dem Kopf an das andere Schulterblatt fassen und die Dehnung durch den anderen Arm am Ellbogen unterstützen. Dabei versuchen den Kopf gerade zu lassen und den Arm weit hinter dem Kopf halten (Abbildung 163).

Abb. 163: Schulterbreit stehen.

5.4 Gleichgewichts- und Stabilisationsschulung

5.4.1 Gleichgewichtsschulung

Gleichgewicht und Stabilität durch mehr Schwankungen

Mechanisch wird zwischen einem statischen und einem dynamischen Gleichgewicht unterschieden (Bergmann-Schäfer, 1974). Befindet sich ein Körper im Zustand der Ruhe oder der gleichförmigen Bewegung, d. h. die Summe der eingeprägten Kräfte ist Null, so befindet er sich im statischen Gleichgewicht. Erfährt das System hingegen Beschleunigungen, so befindet es sich im dynamischen Gleichgewicht. Hierbei besteht ein Gleichgewicht zwischen den beschleunigenden und den Trägheitskräften.

Übertragen auf den Sprint bzw. Lauf, befindet sich zwar der ganze Körper des Sportlers während des Laufs in einem dynamischen Gleichgewicht, betrachten wir jedoch einzelne Gelenke, so ist ein ständiger Wechsel zwischen statischem und dynamischem Gleichgewicht zu beobachten.[7] Das ständige Wechselspiel zwischen dynamischen und

[7] Da das statische Gleichgewicht in physikalischem Sinne beim lebenden Menschen aufgrund zahlreicher interner Schwankungen (Pulsschlag, Blutzirkulation etc.) nicht zu beobachten ist, wird hier auch von einem quasistatischen Gleichgewicht gesprochen (Fetz, 1987).

statischen Elementen ist eine Voraussetzung für den Impulsübertrag der Stütz- und Schwungelemente auf den Restkörper. Während die dynamische Komponente primärer Bestandteil der Koordinationsübungen ist, hat die Gymnastik überwiegend den quasistatischen Anteil zum Gegenstand. Im Sinne einer funktionellen und trainingsökonomischen Vorgehensweise wird dabei das Wechselspiel zwischen statischem und dynamischem Gleichgewicht auf Stand- und Spielbeinaufgaben übertragen. Hierbei übernimmt das Standbein die Stützbeinfunktion und das Spielbein die Funktion des Schwungbeins beim Sprint. Durch diesen Funktionstransfer werden sprint- bzw. laufähnliche Bedingungen geschaffen, die es erlauben, die Muskulatur sprintspezifisch nach dem Prinzip der diagonalen Koordination zu trainieren. Je nach Bewegungsrichtung und Dynamik der Schwungbeinbewegung können im komplexen Zusammenspiel der Muskulatur die Belastungen der Rumpf- und Standbeinmuskulatur variiert werden. Durch die unterschiedlichen Schwungrichtungen werden zusätzlich Muskelgruppen trainiert, deren Schwäche meist zu unbewussten Ausweichbewegungen und Fehlbelastungen führen. Eine Intensivierung der Belastung ist ferner durch Änderung der Hebellängen bei unterschiedlichen Gelenkstellungen des Standbeins sowie durch unterschiedliche Rumpf- und Armhaltungen zu erzielen.

Schwankungen zeigen die Schwachstellen deutlicher

Die Übungen zur Schulung des Gleichgewichts können in kleinem Umfang im Rahmen des Aufwärmens und bei größerem Ausmaß als eigenständiges Trainingsmittel Verwendung finden.

Zielorientierte sprintspezifische Schwankungen

Sprintschritt im Stand simulieren (Abbildung 164 und 165). Auch mit geschlossenen Augen. Mit dem Schwungbein Achterkreisen (auch mit geschlossenen Augen).

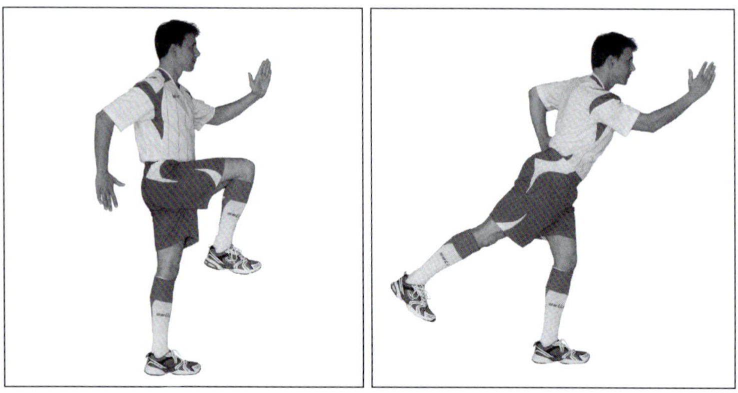

Abb. 164/165: Im Einbeinstand einen Sprintschritt imitieren.

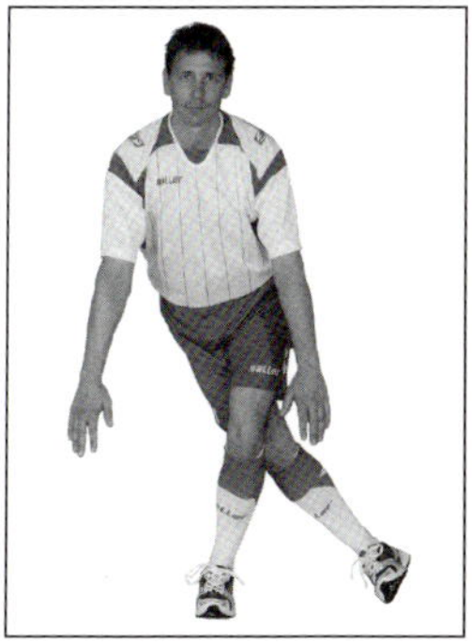

Schwungbein hinter dem Standbein soweit wie möglich auf die gegenüberliegende Seite führen (Abbildung 166). Von hier aus das Schwungbein über die Seite vor dem Standbein zur gleichen Stelle schwingen. Das Gleiche in umgekehrter Richtung und mit geschlossenen Augen.

Abb. 166: Im Einbeinstand das freie Bein hinter das Standbein führen.

Verstärkte Schwankungen für den Startbereich

Aus der Kauerstellung (Abbildung 167) werden Rumpf und beide Arme horizontal nach vorne geführt und abwechselnd das linke und rechte Bein horizontal nach hinten (Abbildung 168) – „Skilanglauf simulieren".

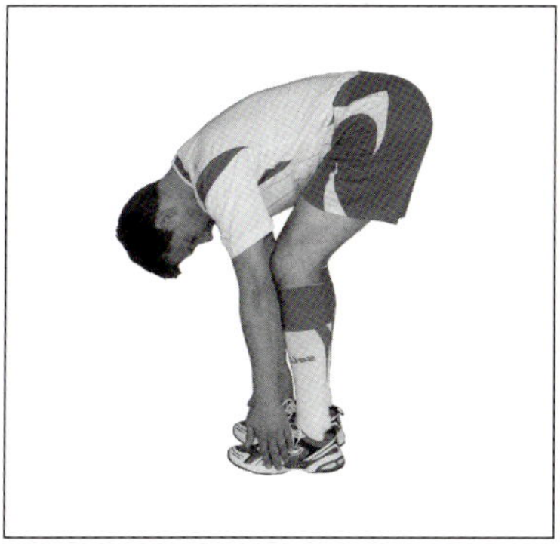

Abb. 167: Kauerstellung.

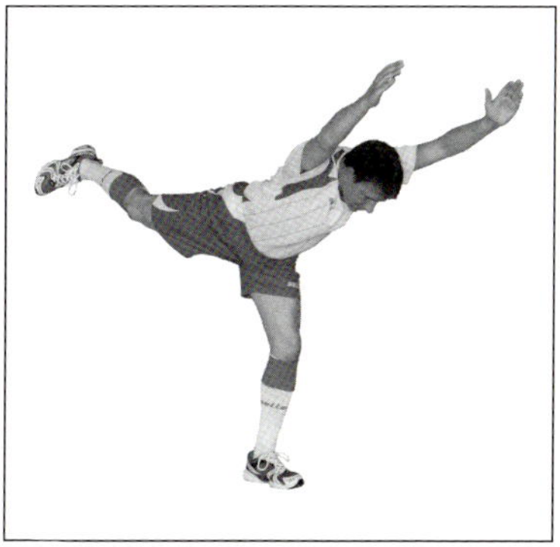

Abb. 168: Standwaage.

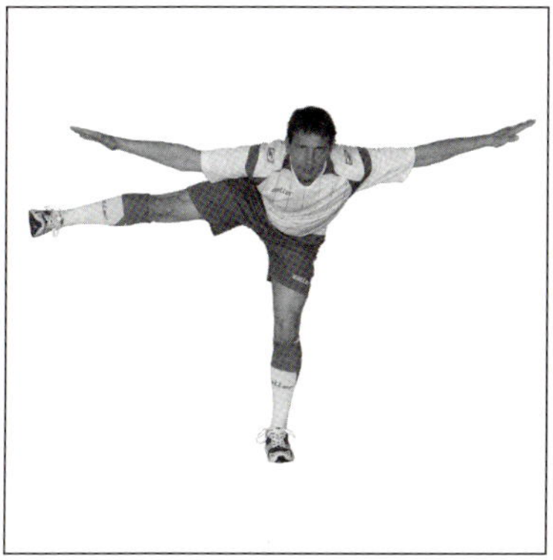

Aus der Kauerstellung den Rumpf nach vorne strecken, beide Arme und ein Bein werden horizontal zur Seite geführt (Abbildung 169). Als Variation können einseitig und beidseitig Arme nach vorne geführt und im Wechsel mit der Skilanglauf-Simulation ausgeführt werden.

Abb. 169: Im Einbeinstand Oberkörper horizontal nach vorne, beide Arme und ein Bein seitlich abspreizen.

5.4.2 Stabilisation

In Ruhe schnelles Reagieren auf Schwankungen lernen

Die Stabilisation ist als ein Teilbereich der Gleichgewichtsschulung zu betrachten, der kaum noch dynamische Komponenten enthält. Durch Stabilisationstraining wird die Fähigkeit trainiert, einer äußeren Störung des statischen Gleichgewichts entgegenzuwirken. Beim Sprint treten Störungen durch ständig variierende äußere Kräfte auf, die durch ein komplexes Wechselspiel der Muskulatur kompensiert werden müssen. Eine zentrale Rolle kommt dabei dem Rumpf-Beckenbereich zu, da hier der Impulsübertrag von den Armen und dem Schwungbein auf das Stützbein stattfindet. Durch die relativ statische Beanspruchung der Rumpfmuskulatur beim Sprint wird häufig ihre bedeutende Funktion übersehen. Oft werden sehr hohe Kraftwerte bei Kniebeugen und im Bankdrücken erzielt, die Rumpfmuskulatur jedoch vernachlässigt. Kommen die trainierten Muskelkräfte der Arme und Beine beim Sprinten dann zum Einsatz, leidet in den meisten Fällen der Bereich um die Lendenwirbelsäule oder der Lauf wird sehr steif, um diesen Bereich zu schonen. Wesentlich sind dabei nicht nur die Höhe der Belastung, sondern vor allem die Art. Während des Sprintens und Laufens findet die Belastung der Rumpf- und Beckenmuskulatur nie beidseitig symmetrisch statt, sondern stets diagonal. Auch die Belastung der Arme und Beine ist beim Sprint bzw. Lauf diagonal: das linke Bein bewegt sich mit dem rechten Arm nach vorne und das rechte Bein bewegt sich mit dem linken Arm nach hinten.

Durch Hebel und kleinere Unterstützungsflächen die Intensität der Schwankungen steigern

Entsprechend dem Prinzip der diagonalen Koordination und der Größe der Belastung sind die Übungen zur Stabilisation unter Nutzung des eigenen Körpergewichts im Vergleich zu den bisherigen Übungen noch intensiver gestaltet. Da die Belastungen der Rumpfmuskulatur beim Sport im Allgemeinen um ein vielfaches größer sind als bei Alltagsbewegungen, gehen die Intensitäten absichtlich über das von krankengymnastischen Übungen hinaus. Es soll durch eine entsprechende Intensität der Übungen auf sportliche (Höchst)leistungen vorbereitet werden und nicht nur auf Alltagsbewegungen.

Auf ruhige tiefe Atmung achten

Die stabilisierende Haltekraft der Rumpfmuskulatur wird durch einen hohen Anteil an isometrischen Übungen verbessert, die jedoch in Verbindung bzw. im Wechsel mit dynamischen Elementen angewandt. Die Dauer der Übungsausführung erfolgt über eine maximale Anspannung der Muskulatur von 6-8 Sekunden in den jeweils zentralen Grundpositionen bei definierten Gelenkwinkeln. Bei der Ausführung ist besonders auf die regelmäßige Atmung zu achten und Pressatmung zu vermeiden. Die hohen Anspannungen der Muskulatur durch diese Übungen mit hohem isometrischem Anteil erfordern nach jeder Bewegungssequenz eine intensive Auflockerung und Entspannung.

Immer wieder asymmetrische Bewegungen und Verwringungen einbauen

In Abbildung 170 und 171 das Körpergewicht mit den Armen abstützen und das gebeugte Knie über der Fußspitze belassen. Mit dem Arm der Seite des gebeugten Beins von außen an das Sprunggelenk des gestreckten Beins greifen (Abbildung 171).

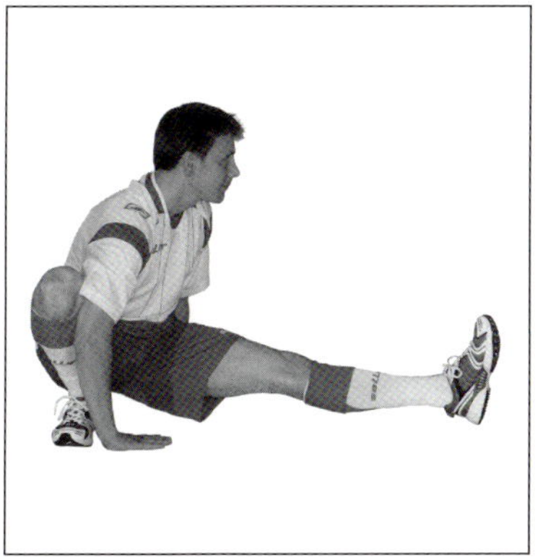

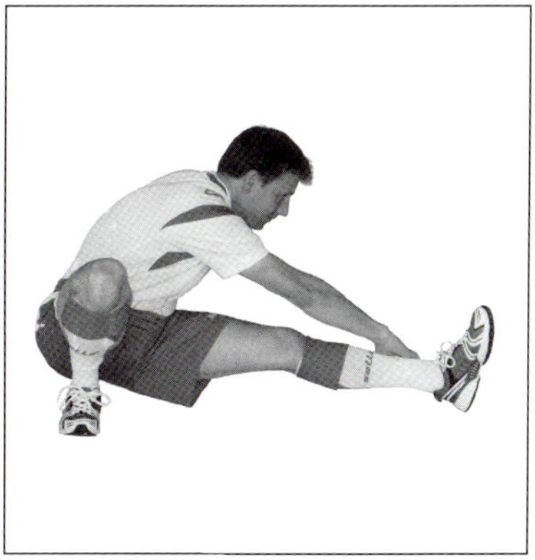

Abb. 170/171: Im weiten Grätschstand auf einer Seite in die Hocke gehen und Oberkörper zu dem gestreckten Bein drehen (170), mit dem Gegenarm an das gestreckte Bein fassen (171).

Die Position in Abbildung 172 dient u.a. der Dehnung der Abduktoren. Durch unterschiedlich starken Druck des gestreckten Beins gegen den Boden die Hüfte auf- und abbewegen.

Gewicht mehr auf die Hände verlagern und das gestreckte Bein anheben – mit und ohne Berührung des gebeugten Beins (Abbildung 173).

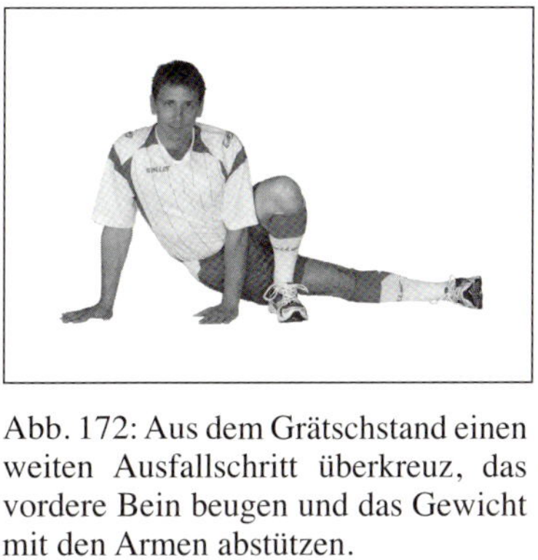

Abb. 172: Aus dem Grätschstand einen weiten Ausfallschritt überkreuz, das vordere Bein beugen und das Gewicht mit den Armen abstützen.

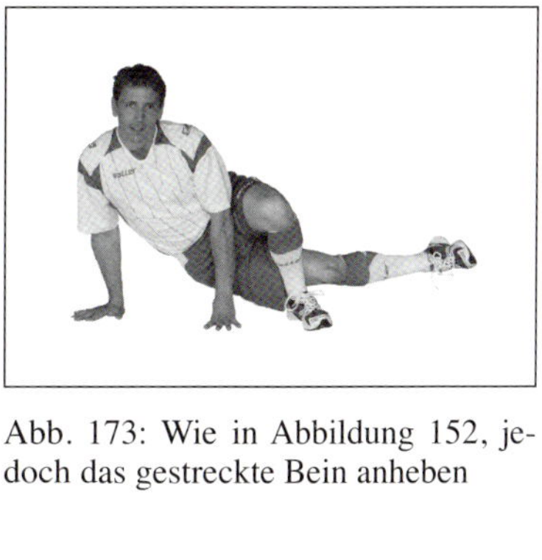

Abb. 173: Wie in Abbildung 152, jedoch das gestreckte Bein anheben

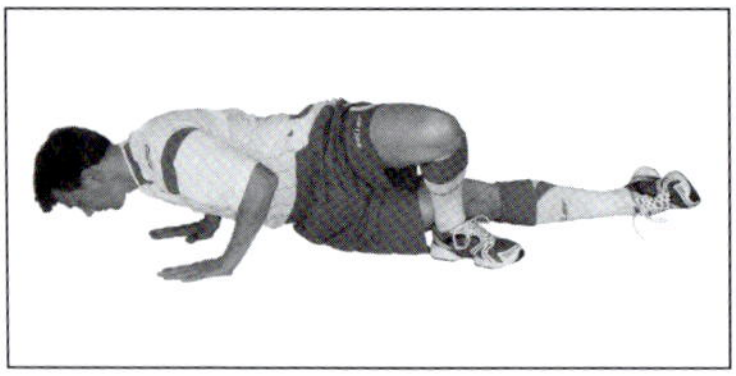

Abb. 174: Wie in Abbildung 173, nun die Vorderseite des Oberkörpers zum Boden drehen.

In Abbildung 174 sind nur noch drei Bodenkontakte durch die Hände und das gebeugte Bein.

Aus Position in Abbildungen 172 bis 174 gestreckte Bein wieder ablegen, gebeugtes Bein anheben und nach vorne strecken (Abbildung 175).

Unter Ganzkörperspannung die schräge Rumpfmuskulatur auf Störungen vorbereiten

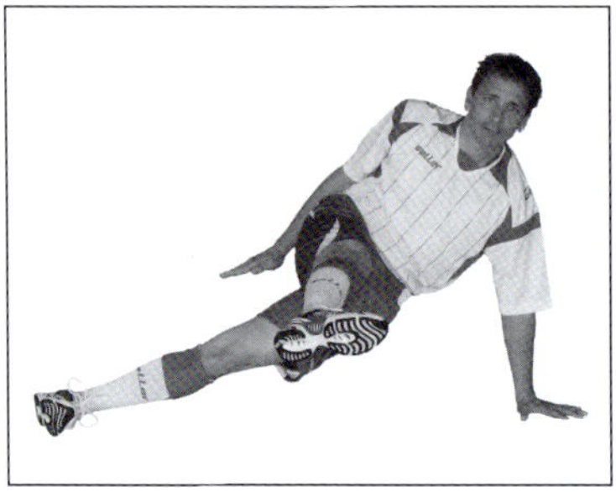

Abb. 175: Im Seitliegestütz oberes Bein nach vorne strecken.

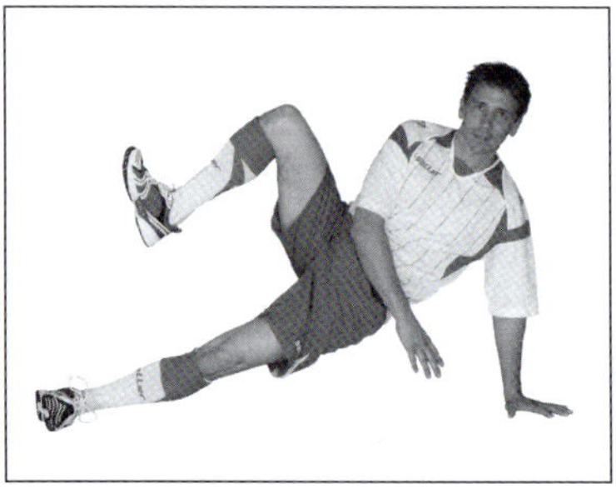

Abb. 176: Im Seitliegestütz das obere Bein gebeugt in der Hüfte außenrotiert.

Im Seitliegestütz unterschiedliche Variationen des oberen Beins:

a) Nach oben öffnen,
b) und strecken.
c) Zu Anfang können die Übungen auf dem Ellbogen durchgeführt werden.

Im Ellbogenliegestütz ein Bein gestreckt nach oben heben (Abbildung 177). Knie des freien Beins an der Seite zur Schulter führen (Abbildung 178). Linken Arm und rechtes Bein (diagonal) vom Boden lösen (Abbildung 179). Als weitere Variante Arm und Bein an der gleichen Seite anheben.

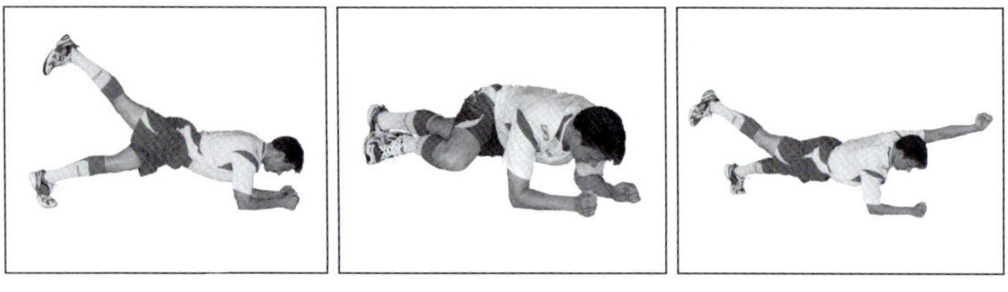

Abb. 177/178/179: Einbeiniger Liegestütz auf dem Ellbogen.

Durch größere Hebel und weniger Unterstützungsfläche die Intensität steigern

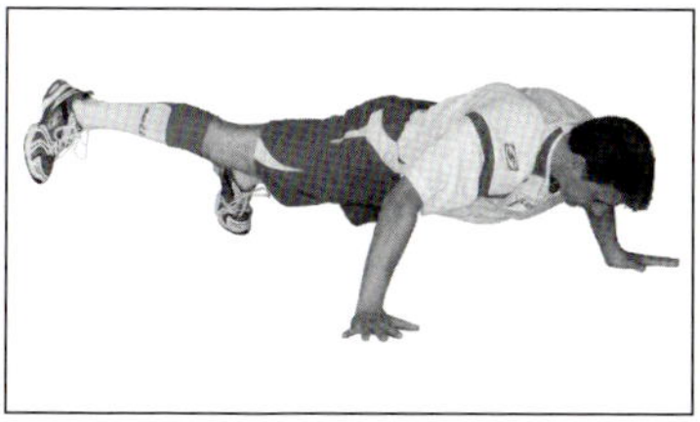

Abb. 180: Einbeiniger Liegestütz mit variablen Fuß- und/oder Handabstand.

Liegestütz mit engem, mittlerem und weitem Fuß- bzw. Handabstand (Abbildung 180). Die Hände können auch zusätzlich nach oben und unten versetzt werden. In der dynamischen Form werden Fuß und Handpositionen beim Liegestützhüpfen von Sprung zu Sprung verändert.

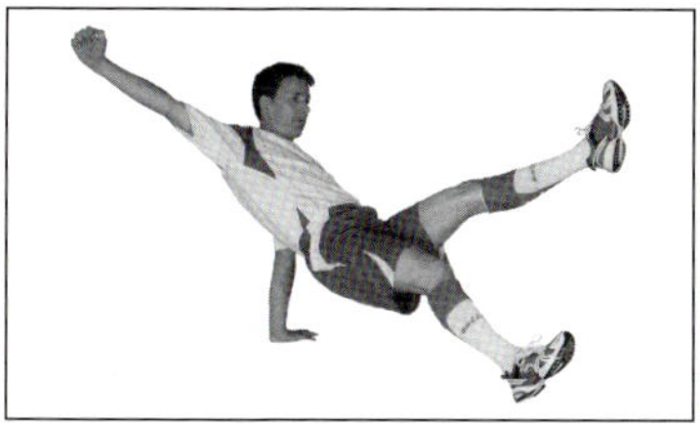

Abb. 181: Liegestütz rücklings.

Im Liegestütz rücklings
a) ein Bein abheben.
b) Knie zur Brust führen.
c) Knie des angehobenen Beins an der Seite zur Schulter führen.
d) Linken Arm und rechtes Bein (diagonal) von Boden lösen (Abbildung 181).

Noch mehr Schwankungen

Variationen:
a) Mit breiterer Arm- und Beinposition.
b) Stützen auf den Händen mit gestreckten Armen.

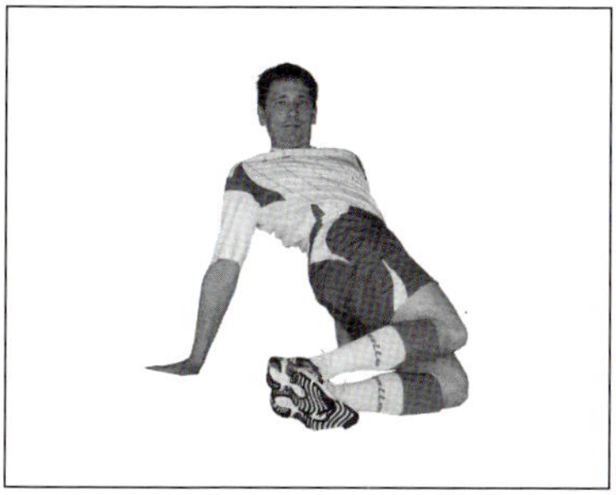

Abb. 182: Bankstellung rücklings, Knie geschlossen zur Seite ablegen.

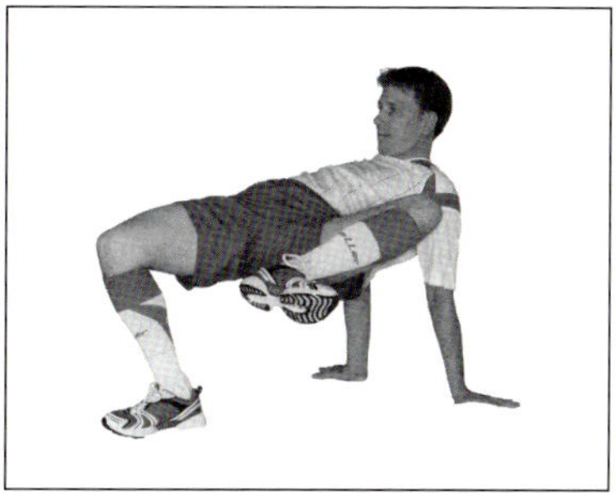

Abb. 183: Bankstellung rücklings, ein Bein angewinkelt zur Seite führen.

In Bankstellung rücklings beide Knie geschlossen auf eine Seite bewegen (Abbildung 182). Ein Bein strecken (Oberschenkel bleiben auf gleicher Höhe wie Schulter). Ein Bein angewinkelt zur Seite führen (Abbildung 183). Ein Bein gestreckt zur Seite führen. Linken Arm und rechtes Bein (diagonal) vom Boden lösen.

Bei allen Übungen versuchen, die Hüfte in gleicher Höhe des stützenden Knies zu halten.

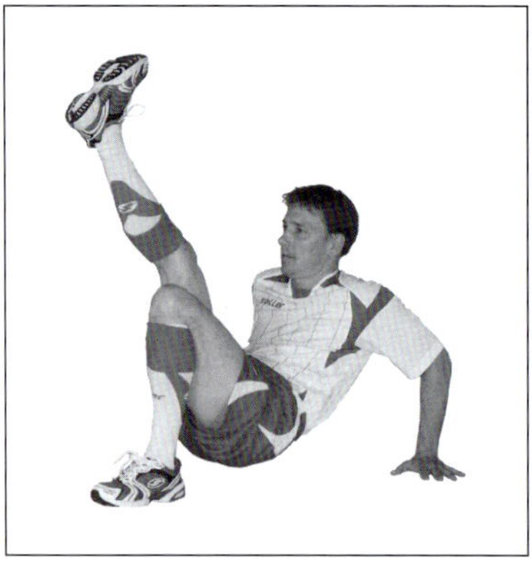
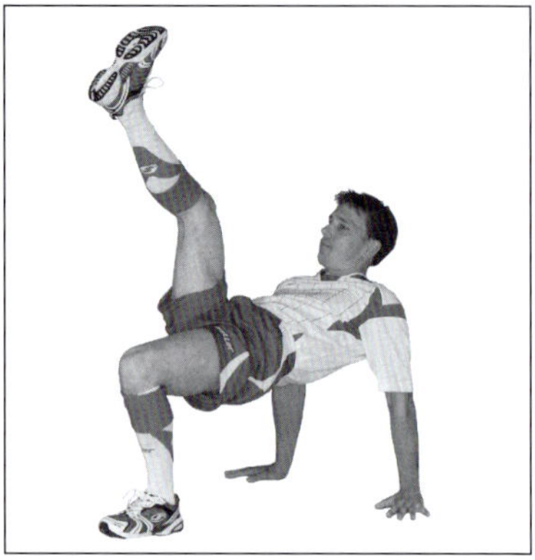

Abb. 184/185: Bankstellung rücklings ein Bein nach oben strecken und Hüfte abwechselnd absenken (Abbildung 184) und anheben (Abbildung 185).

Schwankungen auf der Stoffwechselebene durch Ermüdung erzeugen

Zur Kräftigung der unteren Rücken der Gesäß- und rückseitigen Oberschenkelmuskulatur (aktive Beweglichkeit): Bein gestreckt nach oben halten und in dieser Position die Hüfte 10 x auf- und abbewegen (Abbildung 184 und 185).

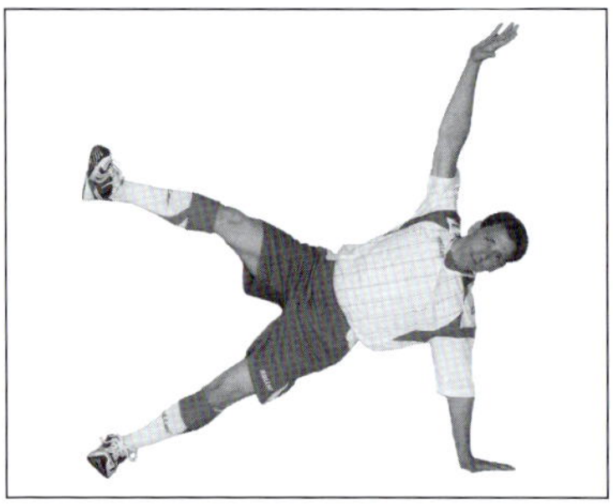
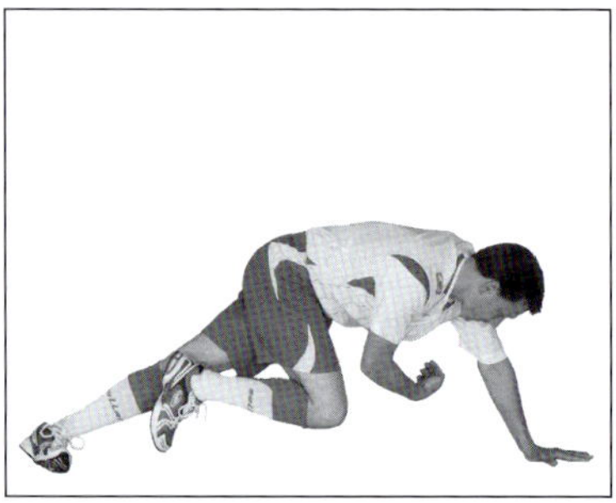

Abb. 186/187: Im Seitliegestütz ein Arm und Bein nach oben abgespreizt (Abbildung 186), Ellbogen und Knie unter dem Körper zusammengebracht.

Im Seitliegestütz nach hinten und nach vorne drehen (Abb. 186 und 187).

5.5 Bewegungskombinationen

Durch Kombinieren die Schwankungen und die Intensität steigern

Ziel der Bewegungskombinationen ist die Bewusstmachung des muskulären Zusammenspiels (Koordination). Durch die Verbindung von Übungen werden zusätzliche Freiheitsgrade des menschlichen Bewegungssystems beansprucht und somit das Bewegungsrepertoire im Bereich des Laufs und Sprints erweitert und die eigentliche Sprintbewegung gegen Störeinflüsse vermehrt abgesichert.

Durch die Erweiterung der Bewegungserfahrung wird auch der Bewegungssinn im Hinblick auf eine objektive Raum-Zeit und Spannungswahrnehmung geschult. Sie stellt eine wichtige Bedingung für motorisches Lernen dar. Durch die Schulung der kinästhetischen Wahrnehmung wird die Bewegungsempfindung sensibilisiert und der Körper reaktionsschneller, um die Eigenbewegung immer genauer kontrollieren und koordinieren zu können.

Eine wesentliche Funktion bei der Bewegungskombination hat die Bewegungsantizipation und das Bewegungsgedächtnis. Beides sind mentale Prozesse, die auf Bewegungserfahrung bzw. bereits erlernten Bewegungsmustern basieren und die Konzentrationsfähigkeit des Sportlers unter körperlicher Belastung fördern.

Eine Möglichkeit, Bewegungskombinationen zu strukturieren, bildet die Gliederung nach Muskelsynergiezonen. Grundlage für die Bewegungskombinationen sind dann Übungen, bei denen der funktionelle Aspekt im Vordergrund steht. Die aufgeführten Übungen stellen Bewegungskombinationen mit vorgegebenen Grundthemen dar, die sowohl erlernt und gefestigt werden können als auch durch eigenständige Kompositionen in Raum und Zeit zu variieren sind.

Die Bandbreite der Variationen kann dabei von der Wiederholung einer Einzelbewegung bis zu einem längeren Bewegungsablauf reichen. Wesentliches Grundthema bei den Bewegungskombinationen ist wieder das Prinzip der diagonalen Koordination.

Bewegungskombination 1

Spannungswechsel der seitlichen und hinteren Rumpf- und Hüftmuskulatur

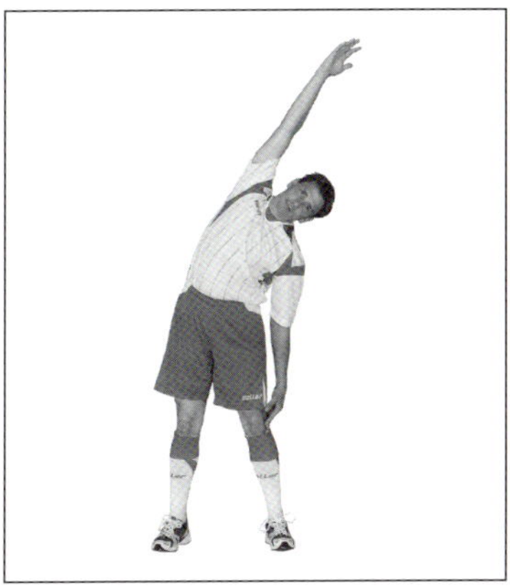

Im aufrechten Stand stehen beide Füße schulterbreit auseinander. Der rechte Arm zieht über dem Kopf diagonal aus dem Körper auf die Gegenseite (Abbildung 188).

Abb. 188: Schulterbreit stehend ein Arm diagonal nach oben strecken.

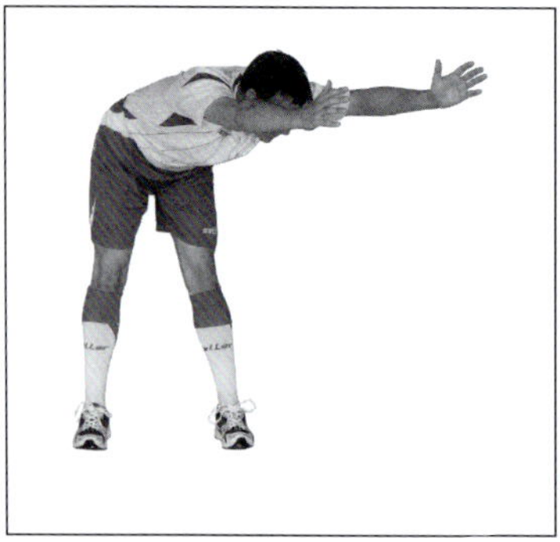

Den Oberkörper in die diagonale Position nach vorne beugen, einen Arm vorstrecken. Zur Verstärkung wird der zweite Arm mit nach vorn über den Kopf geführt (Abbildung 189).

Abb. 189: Schulterbreit stehend zeigt der Oberkörper und beide gestreckten Arme diagonal nach vorne.

Spannung auflösen und entspannte Kauerstellung in Mittelposition (Abbildung 190).

Oberkörper gerade nach vorne strecken und die Arme zur Seite führen (Abbildung 191). Über die entspannte Kauerstellung in der Mittelposition den Oberkörper Wirbel für Wirbel aufrichten. Wiederholung der Bewegungsfolge mit dem linken Arm über Kopf zur Gegenseite.

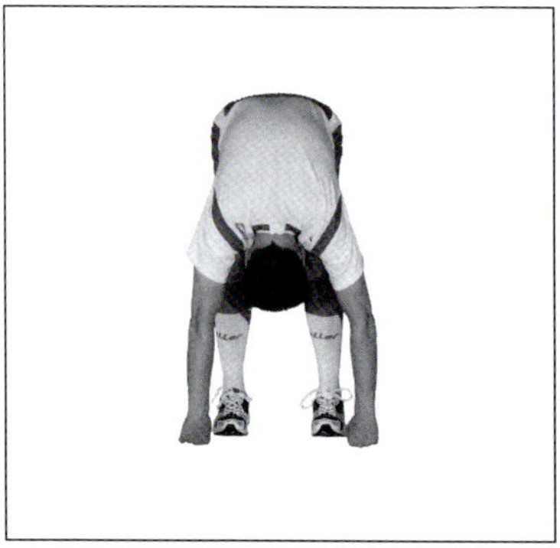

Abb. 190: Schulterbreit stehend hängt der Oberkörper entspannt in Kauerstellung nach unten.

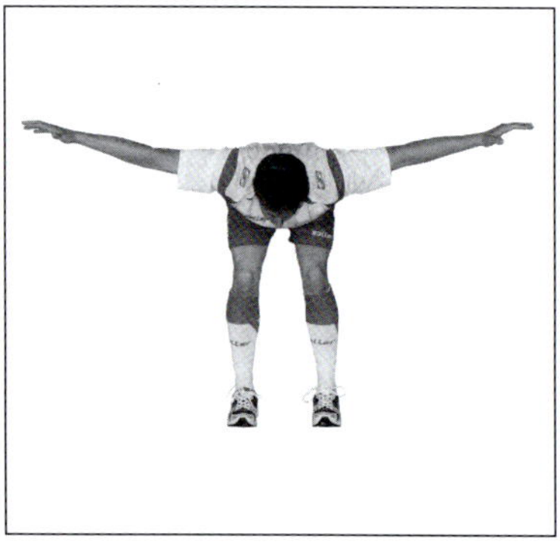

Abb. 191: Schulterbreit stehend Oberkörper nach vorne gestreckt und die Arme seitlich abgespreizt.

Bewegungskombination 2

Spannungswechsel am Schwungbein kombiniert mit Gleichgewichtsaufgaben

Im Einbeinstand (Standbein gebeugt) das Knie des Schwungbeins mit beiden Händen zur Brust ziehen (Abbildung 192). Mit geradem Rücken das Standbein strecken und dabei das Knie des Schwungbeins nahe beim Oberkörper halten. Diese Position ein paar Sekunden halten.

Standbein wieder beugen und Schwungbein nach vorne strecken, dabei können Arme zur Seite gehalten werden (Abbildung 193).

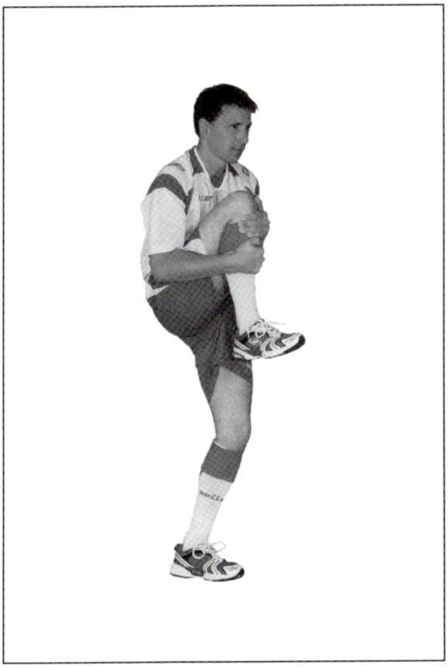

Abb. 192: Im Einbeinstand Knie zur Brust führen und mit Armen umschließen.

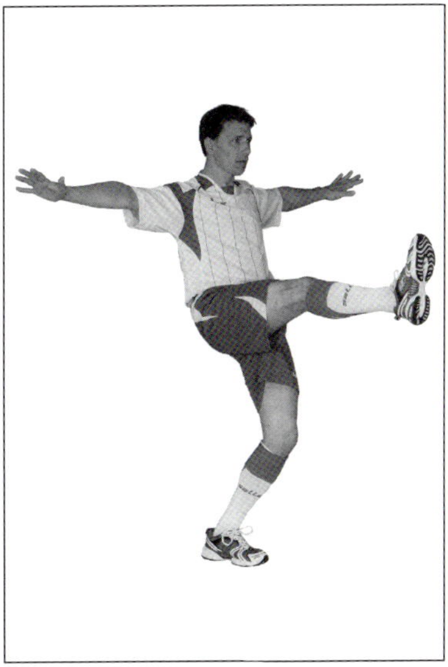

Abb. 193: Im Einbeinstand mit gebeugtem Knie das freie Bein nach vorne und die Arme zur Seite halten.

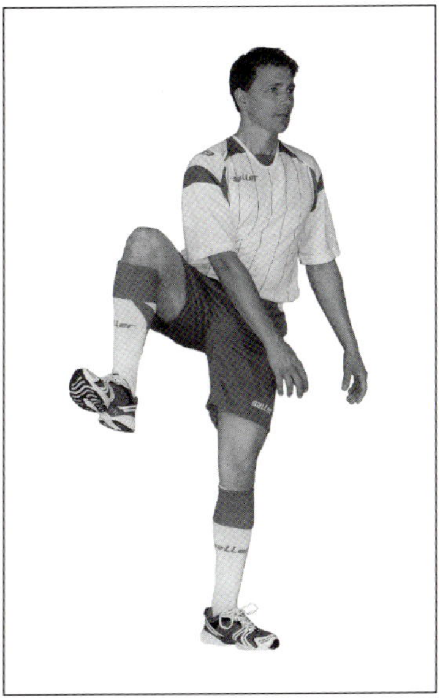

Schwungbein wieder beugen und zur Seite führen (Abbildung 194). Schwungbein anfersen und den Fuß mit beiden Händen festhalten. Oberkörper nach vorne beugen und das Knie des Schwungbeins nach hinten oben führen mit hoher Knieführung weiter nach hinten oben führen.

Abb. 194: Im Einbeinstand das freie Bein gebeugt abspreizen.

Oberkörper nach vorne beugen und das Knie des Schwungbeins nach hinten oben führen (ohne Abbildung).

Mit den Händen auf dem Boden abstützen, in den Zehenstand heben und die Ferse des Schwungbeins so hoch wie möglich vom Körper wegschieben (ohne Abbildung).

Aus dem Zehenstand Ferse absenken und das Schwungbein noch weiter vom Körper wegschieben.

Schwungbein anstellen und das Standbein wechseln. Aufrichten zum Stand und Wiederholung der Bewegungsfolge zur anderen Seite.

Bewegungskombination 3

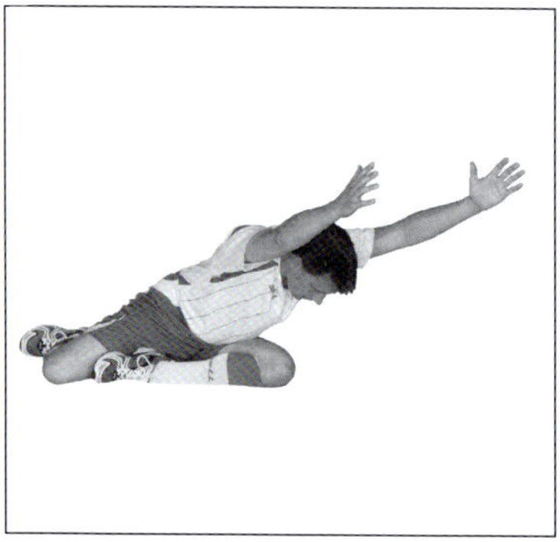

Abb. 195: Seitlich sitzend den Oberkörper mit gestreckten Armen diagonal nach schräg vorne beugen.

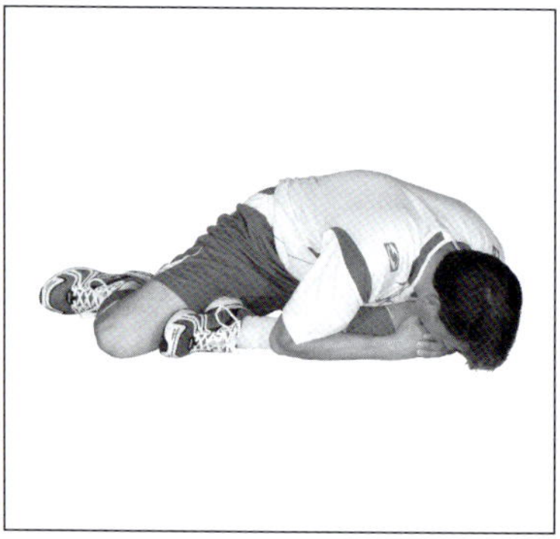

Abb. 196: Seitlich sitzend den Oberkörper auf dem Oberschenkel ablegen und mit den Armen umschließen.

Vielfältige Schwankungen mit Hebeln am Boden nutzen

Am Boden sitzend werden beide Knie gebeugt und die Füße aufgestellt. Arme gestreckt über den Kopf führen. Beide angewinkelten Beine auf eine Seite ablegen. Gerade Oberkörper in Richtung des äußeren Knies führen. Bei ca. 45° anhalten, dabei das seitlich gebeugte Bein vom Boden lösen (Abbildung 195).

Zur Verkürzung des Hebens im unteren Rückenbereich können die Arme zur Seite, hinter dem Kopf oder vor der Brust gehalten werden.

Oberkörper mit entspanntem Rücken auf dem Oberschenkel ablegen. Hände umfassen das vordere Knie (Abbildung 196).

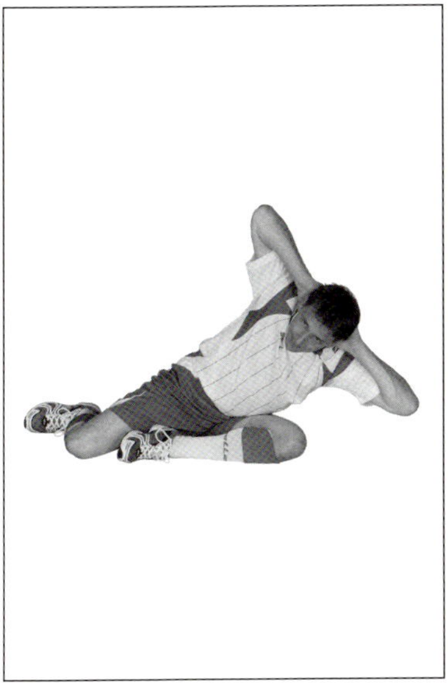

Abb. 197: Seitlich sitzend, Hände hinter dem Kopf, Oberkörper seitlich neigen.

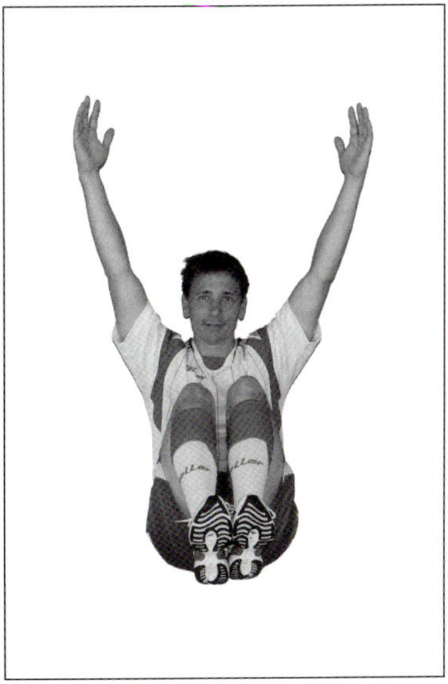

Abb. 198: Am Boden sitzend Arme über dem Kopf, Beine in den Knien angewinkelt über dem Boden halten.

Dynamisch stabilisierende Rumpfmuskulatur wirkt präventiv für Höchstleistungen

Die Wirbelsäule aus der entspannten Position heraus strecken und den Rücken gerade halten. Dabei das seitlich gebeugte Bein vom Boden lösen und die Arme zur Seite führen. Oberkörper auf 45° anheben, Hände hinter den Kopf und Oberkörper mit geradem Rücken nach vorne drehen (Abbildung 197).

Im Übergang zur anderen Seite das hintere Bein nach vorne führen und strecken. Oberkörper vollständig aufrichten, beide Beine anheben (Abbildung 198) und auf der anderen Seite wieder ablegen.

Variationsmöglichkeit nach Abbildung 196. Nachdem der Oberkörper auf dem Oberschenkel abgelegt ist, den geraden Oberkörper nach vorne drehen, einen Arm über den Kopf zur Gegenseite führen und den anderen Arm zur vorderen Fußspitze (Abbildung 199).

Durch die Geschwindigkeit der Übergänge wird die Intensität zusätzlich geregelt

Oberkörper langsam nach hinten ablegen, beide Arme zur Seite, und den oberen Fuß zur gegenseitigen Hand führen (Abbildung 200).

Dehnung durch die Hand verstärken. Fuß festhalten und gegen den Widerstand der Hand versuchen das Bein nach oben zu heben bzw. in

Richtung Ferse zu drücken. Fuß loslassen und das Bein ganz langsam und nur ein wenig anheben und wieder senken.

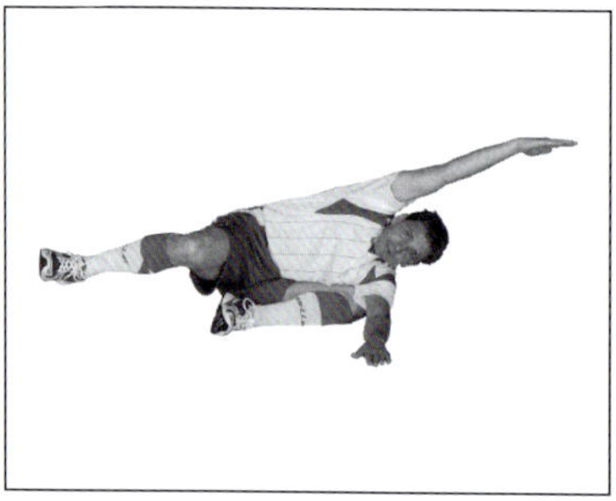

Abb. 199: Seitlich am Boden sitzend das hintere Bein anheben, den Oberkörper seitlich auf dem vorderen Oberschenkel ablegen und den oberen Arm über Kopf aus dem Rumpf ziehen.

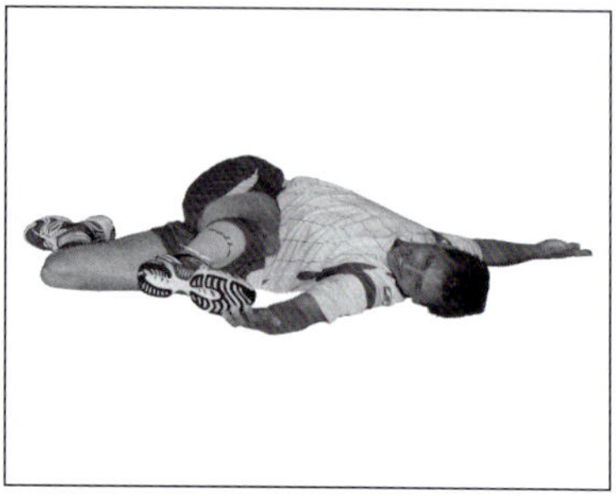

Abb. 200: Auf dem Rücken liegend Arme seitlich abspreizen und einen Fuß diagonal zur gegenseitigen Hand führen.

Intensivieren der Schwankungen durch Bodenlage

Schwierige Variante: Den Unterschenkel des gebeugten Beins stärker gegen die Unterstützungsfläche drücken, bis das Becken vom Boden abhebt (Abbildung 201).

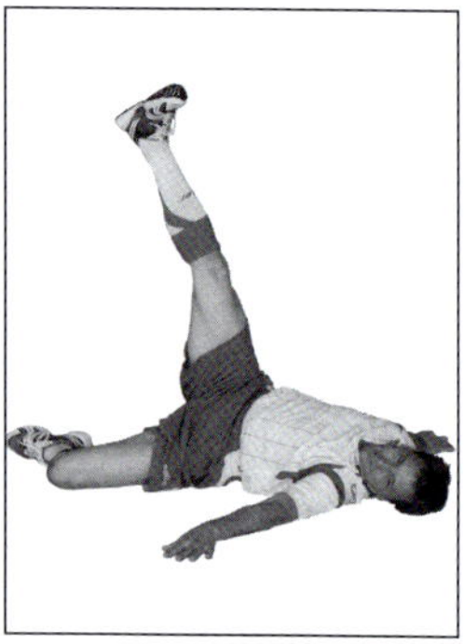

Abb. 201: Am Boden liegend die Arme zur Seite, ein Bein seitlich gebeugt abgelegt, die Hüfte angehoben, das andere Bein gestreckt nach oben zur führen.

Kapitel 6

Trainingspläne

6 Trainingspläne

Ein Versuch, traditionelles Training mit differenziellen Inhalten zu verbinden

Trainingspläne dienen meist zur kurz-, mittel- und langfristigen Systematisierung eines Trainings unter Berücksichtigung von einer Reihe von zahlreichen Trainingsprinzipien. Für das Sprint- und Lauftraining in Einzel- und Mannschaftssportarten sind dabei folgende Prinzipien von größerer Bedeutung (vgl. Letzelter, 1978).

1) Das Prinzip der optimalen Relation von Belastung und Erholung (Superkompensation).
2) Das Prinzip der Variation von Trainingsinhalten, -methoden und Belastungsnormative.
3) Das Prinzip der Individualität.
4) Das Prinzip der Dauerhaftigkeit.

Diese Prinzipien bilden eine Grundlage für die folgenden Trainingspläne. Die Trainingspläne stellen Beispiele für den methodischen Aufbau eines Sprinttrainings im Anfänger- und im Fortgeschrittenenbereich dar. Dabei handelt es sich in beiden Fällen um acht detailliert ausgeführte Trainingseinheiten, die nach einem 20-minütigen Aufwärmen, vor dem Haupttrainingsinhalt eingegliedert werden sollten. Die Trainingspläne für den Fortgeschrittenenbereich bauen auf denen des Anfängerbereichs auf. Da es sich bei der Koordinationsarbeit um zentralnervös belastende Übungen handelt, sollten sie, falls nicht speziell angegeben, zur längeren Erholung mit Zurückgehen ausgeführt werden. Zur Festigung der Übungen können einzelne Trainingseinheiten bei Bedarf wiederholt werden, dabei sollte jedoch ein Mindestabstand von zwei Tagen eingehalten werden. Bezüglich einer Wochenplanung sind zwei Trainingseinheiten pro Woche, im Abstand von drei Tagen, zu empfehlen.

Bei dieser Trainingsfrequenz entsprechen die Pläne jeweils einem Zyklus von vier Wochen und bieten sich vor allem in Spielsportarten und in der Leichtathletik in der Vorbereitungsphase an, um die Bewegungsmuster bis zur Wettkampfphase einigermaßen zu stabilisieren. In der Wettkampfphase der Spielsportarten können die Umfänge reduziert werden. Im Wesentlichen sollten die Koordinationsübungen jedoch beibehalten werden. Die konditionelle und koordinative Belastung ist über alle Trainingseinheiten zunehmend und kann nach individuellen Defiziten, durch längere Strecken, mehr Wiederholungen oder mehr Sprünge, gesteigert werden.

Nicht nur für Schüler interessant

Um vor allem im Schülerbereich das Koordinationstraining interessanter zu gestalten bieten sich die Übungen innerhalb von Spielformen an. Bei Fangspielen darf man sich dann z. B. nur noch mit aktiver Fußgelenksarbeit oder mit Anfersen fortbewegen.

Verwendete Abkürzungen:
oA – ohne Armarbeit (= Arme hängen) / **mA** – mit Armarbeit / **AüK** – Arme über Kopf / **AvKö** – Arme vor dem Körper / **AzS** – Arme zur Seite

AFG – aktive Fußgelenksarbeit / **FGD** – Fußgelenksarbeit auf Druck / **ANF** – Anfersen / **KH** – Kniehub / **STMPL** – Stampflauf / **HPL** – Hopserlauf

Training für den Anfänger

1. Trainingseinheit

Inhalt	Umfang
Aktive Fußgelenksarbeit nur rechts	2 x 20 m
Aktive Fußgelenksarbeit nur links	2 x 20 m
AFG 5 x li – 5 x re	2 x 20 m
AFG beide	2 x 20 m
Fußgelenksarbeit auf Druck nur rechts	2 x 20 m
Fußgelenksarbeit auf Druck nur links	2 x 20 m
FGD 5 x li – 5 x re	2 x 20 m
FGD beide	2 x 20 m
5 x FGD – 5 x AFG	2 x 20 m
Anfersen	2 x 20 m
Anfersen 3 x re – 3 x li Arme zur Seite Handflächen nach oben	2 x 20 m
Kniehub jeden zweiten Schritt li – jeden zweiten Schritt re	2 x 20 m
Kniehub 3 x re – 3 x li	2 x 20 m
Druckablauf	3 x 15 m
Zugablauf	3 x 15 m
Kniehebegehen	2 x 30 m
Kniehebegehen mit Unterschenkel auskicken	2 x 30 m

2. Trainingseinheit

Inhalt	Umfang
Aktive Fußgelenksarbeit 5 x re – 5 x li	2 x 15 m
AFG 3 x re 3 x li	2 x 15 m
AFG beide oA	2 x 15 m

(Fortsetzung nächste Seite)

Inhalt	Umfang
AFG beide 5x oA – 5x mA	2 x 15 m
AFG beide mA	2 x 15 m
Fußgelenksarbeit auf Druck 5 x re – 5 x li	2 x 15 m
FGD 3 x li – 3 x re	2 x 15 m
FGD beide oA	2 x 15 m
FGD beide 5 x oA – 5 x mA	2 x 15 m
FGD beide mit Armarbeit mA	2 x 15 m
5 x FGD – 5 x AFG oA	2 x 15 m
3 x FGD – 3 x AFG oA	2 x 15 m
Anfersen 3 x re – 3 x li oA	2 x 15 m
ANF beide mA	2 x 15 m
Kniehebelauf jeden zweiten li	2 x 20 m
KH jeden zweiten re mA	2 x 20 m
5 KH – 5 AFG mA	2 x 20 m
5 KH – 5 ANF mA	2 x 20 m
Startsprung aus Kauerstart mit 3 Schritten	5 x – abwechselnd li bzw. re Bein vorne
Druckablauf	3 x 20 m

3. Trainingseinheit

Inhalt	Umfang
Aktive Fußgelenksarbeit – beide oA	3 x 20 m
AFG 5 x oA – 5 x mA	3 x 20 m
Fußgelenksarbeit auf Druck – beide oA	3 x 20 m
FGD 5 x oA – 5 x mA	3 x 20 m
5 x FGD oA – 5 x AFG mA	3 x 20 m
5 x FGD mA – 5 x AFG mA	3 x 20 m
Anfersen mA 2 x li – 2 x re	3 x 20 m
ANF beide 3 x mA – 3 x oA	3 x 20 m
5 x FGD – 5 x ANF – 5 x AFG mA	2 Zyklen
Kniehebelauf nur re	1 x 20 m
KH nur li	1 x 20 m
KH 3 x re – 3 x li	3 Zyklen
5 x KH mA – 5 x ANF oA	3 Zyklen
Druckablauf 20 m – Zugablauf 20 m	2 x 20 m
Kniehebegehen – Kniehebegehen mit Auskicken	2 x 30 m

4. Trainingseinheit

Inhalt	Umfang
Fußgelenksarbeit auf Druck oA	2 x 20 m
FGD AüK	2 x 20 m
FGD 5 x AüK - 5 x mA	2 x 20 m
Aktive Fußgelenksarbeit oA	2 x 20 m
AFG AüK	2 x 20 m
AFG 5 x AüK 5 x mA	2 x 20 m
Anfersen AüK	2 x 20 m
ANF 5 x AüK - 5 x mA	2 x 20 m
Kniehebelauf nur re AüK	2 x 20 m
KH nur li AüK	2 x 20 m
KH 3 x re - 1 x li - 3 x re - 3 x li - 1 x re - 3 x li mA	2 Zyklen
5 x KH mA - 5 x AFG mA	2 Zyklen
5 x KH mA - 5 x AFG mA - 5 x FGD mA	2 Zyklen
beidbeinige aktive Fußgelenkssprünge	2 x 15 m
Steigerungslauf	3 x 50 m

5. Trainingseinheit

<table>
<tr><th>Inhalt</th><th colspan="2">Umfang</th></tr>
<tr><td>Fußgelenksarbeit auf Druck mA</td><td colspan="2">1 x 20 m</td></tr>
<tr><td>Aktive Fußgelenksarbeit mA</td><td colspan="2">1 x 20 m</td></tr>
<tr><td>FGD re - AFG li</td><td colspan="2">2 x 20 m</td></tr>
<tr><td>FGD li - AFG re</td><td colspan="2">2 x 20 m</td></tr>
<tr><td>AFG-Lauf li/re 5x - AFG-Sprünge li/re 5x mA</td><td colspan="2">2 x 3 Zyklen</td></tr>
<tr><td>AFG mA - 3 x FGD oA</td><td colspan="2">2 x 4 Zyklen</td></tr>
<tr><td>3 x AFG oA - 3 x FGD mA</td><td colspan="2">2 x 4 Zyklen</td></tr>
<tr><td>Anfersen mA</td><td colspan="2">1 x 20 m</td></tr>
<tr><td>Kniehub jeden zweiten Schritt li, jeden zweiten Schritt re</td><td colspan="2">1 x 30 m</td></tr>
<tr><td>Li 3 x ANF - 3 x KH (direkter Wechsel- ohne Zwischenschritt)</td><td>20 m</td><td rowspan="2">2x</td></tr>
<tr><td>re 3 x ANF - 3 x KH (direkter Wechsel- ohne Zwischenschritt)</td><td>20 m</td></tr>
<tr><td>li ANF - KH</td><td>20 m</td><td rowspan="2">2x</td></tr>
<tr><td>re ANF - KH</td><td>20 m</td></tr>
</table>

(Fortsetzung nächste Seite)

Inhalt	Umfang	
li ANF - re KH	20 m	2x
re ANF - li KH	20 m	
Kniehebegehen	je 20 m	2x
Druckablauf		
Zugablauf		
beidbeinige aktive Fußgelenkssprünge	4 x 15 m	

6. Trainingseinheit

Inhalt	Umfang	
re 3 x FGD - 3 x AFG mA	2 x 20 m	
li 3 x FGD - 3 x AFG mA	2 x 20 m	
FGDAFG 5 x auf Frequenz – 5 x kontrolliert re – AFG li	2 x 20 m	
5 x FGD oA – 5 x AFG mA auf Frequenz	3 x 20 m	
Aus AFG-Lauf flache AFG-Sprünge li/re abwechselnd (kurze Kontaktzeiten)	2 x 20 m	
AFG-Sprünge, etwas länger jedoch genauso flach	20 m	2x
li. Anfersen – Kniehub im direkten Wechsel	20 m	
re ANF – KH im direkten Wechsel	3 Zyklen	
li ANF KH ANF KH – re ANF KH ANF KH	2 x 20 m	
Druckabläufe	2 x 20 m	
Starts aus unterschiedlichen Positionen (auf Kommando)	5 x 20 m	
Kniehebegehen	3 x 30 m	
Kniehebegehen mit Auskicken	3 x 30 m	

7. Trainingseinheit

Inhalt	Umfang
Fußgelenksarbeit auf Druck 5 x mA – 5 AüK	3 x 20 m
Aktive Fußgelenksarbeit 5 x mA – 5 AüK	3 x 20 m
5 x FGD AüK – 5 x AFG mA	3 x 20 m
5 x AFG AüK – 5 x FGD mA	3 x 20 m

Inhalt	Umfang
3 x FGD mA – 3 x AFG mA	2 x 20 m
3 x FGD mA – 3 x AFG mA – 5 x Anfersen mA	2 x 20 m
Hopserlauf (HPL) mit AFG re betonen (Armschwung diagonal)	2 x 20 m
HPL mit AFG li betonen (Armschwung diagonal)	2 x 20 m
HPL mit greifendem aktivem Fußgelenk (lange Hopser)	2 x 30 m
HPL mit greifendem aktivem Fußgelenk (Armschwung parallel = Doppelarmschwung)	2 x 30 m
Kniehebelauf 3 x re – 3 x li mA	2 x 20 m
Stampflauf re	2 x 10 m
STMPL li	2 x 10 m
Startsprung aus Kauerstellung nach vorne über Graben	2 x li vorne/ 2 x re vorne
Startsprung aus Kauerstellung mit 5 Ablaufschritten auf Druck	2 x freie Wahl des vorderen Fußes
Druckablauf mit Steigerung	3 x 50 m (bzw. Hallendiagonale)

8. Trainingseinheit

Inhalt	Umfang
Hopserlauf (HPL) – Armschwung diagonal	1 x 20 m
HPL – Armschwung parallel	1 x 20 m
HPL mit aktiver Fußgelenksarbeit – nur leichter Kniehub	2 x 20 m
HPL mit AFG auf Länge	1 x 20 m
HPL mit AFG auf Höhe	1 x 20 m
HPL 5 x auf Höhe – 5 x auf Länge	2 x 20 m
Fußgelenkslauf auf Druck AvKö	1 x 20 m
FGD 5 x AvKö – 5 x mA	1 x 20 m
FGD 5 x AvKö – 5 x mA – 5 x AüK	2 x 20 m
Anfersen 5 x AvK – 5 x mA – 5 x AüK	2 x 20 m
Kniehebelauf jeden zweiten re (Kniehub nach vorne betonen)	20 m } 2x
Kniehebelauf jeden zweiten li (Kniehub nach vorne betonen)	20 m } 2x
ANF mA (Oberkörper waagrecht)	2 x 20 m

(Fortsetzung nächste Seite)

Inhalt	Umfang
KH mA (Oberkörper waagrecht)	2 x 20 m
Zugablauf (Oberkörper mit übertriebener Vorlage)	2 x 20 m
Druckablauf (Oberkörper mit übertriebener Vorlage)	2 x 20 m
Steigerungslauf	3 x 50 m (bzw. Hallendiagonale)

Training für Fortgeschrittene

F1 Trainingseinheit

Inhalt	Umfang
Fußgelenksarbeit auf Druck 5 x AüK – 5 x mA	3 x 40 m
Aktive Fußgelenksarbeit 5 x AüK – 5 x mA	3 x 40 m
5 x FGD oA – 5 x AFG mA	3 x 40 m
Kniehebelauf jeden zweiten re jeden 2.ten li	1 x 40 m
Anfersen 3 x re 3 x li (Arme zur Seite)	2 x 40 m
ANF – KH	je Bein 1 x 40 m
li ANF KH ANF KH – re ANF KH ANF KH	3 x 5 Zyklen
Druckablauf (70–80%)	3 x 30 m
Zugablauf (70–80%)	3 x 30 m
Reaktionsstarts aus unterschiedlichen Positionen	5 x 20 m
Fliegende Sprints (d. h. Ablauf mit 10 m Anlauf)	3 x 30 m
Kniehebegehen	3 x 50 m

F2 Trainingseinheit

Inhalt	Umfang
Fußgelenksarbeit auf Druck oA	3 x 40 m
Aktive Fußgelenksarbeit 5 x mA – 5x oA	3 x 40 m
Anfersen mit horizontalem Oberkörper mA	3 x 20 m
Kniehebelauf 3x re – 3x li	2 x 20 m
Kniehebelauf 3x re 1x li 3x re 3x li 1x re 3x li	2 x 20 m
Druckablauf (70–80%)	2 x 30 m
Startsprung (mit horizontalem Oberkörper und Armeinsatz)	3 x je Bein vorne

Inhalt	Umfang
AFG-Sprünge	2 x 20 m
Startsprung – erster Schritt auch als Sprung	3 x je Bein vorne
Stampflauf	1 x 15 m je Bein
Startsprung mit aktivem erstem Schritt	3 x je Bein vorne
Sprints	2 x 20 m, 1 x 30 m, 1 x 40 m, 2 x 20 m

F3 Trainingseinheit

Inhalt	Umfang
3 x re AFG – 3 x re FGD – 3 x li AFG – 3 x li FGD	2 x 2 Zyklen
AFG beide mA 5 x kontrolliert, 5 x auf Frequenz	3 x 30 m
5 x AFG oA – 5 x FGD mA	3 x 30 m
5 x AFG oA kontrolliert – 5 x FGD mA auf Frequenz	3 x 40 m
3 x AFG – 3 x FGD – 3 x Anfersen	2 x 40 m
5 x AFG – 5 x FGD – 5 x ANF – 5 x Kniehebelauf	2 x 3 Zyklen
AFG-Sprünge li re abwechselnd	2 x 20 m
AFG-Sprünge li li re re	2 x 20 m
AFG-Sprünge mit greifender Unterschenkelbewegung	2 x 20 m
Anfersen mit horizontalem Oberkörper	2 x 40 m
Kniehebelauf mit horizontalem Oberkörper	2 x 40 m
Reaktionsstarts aus unterschiedlichen Positionen	6
Kniehebegehen	30 m (3x)
Kniehebegehen mit Unterschenkel auskicken	30 m (3x)
Kniehebehopser li li re re	30 m (3x)
Kniehebehopser mit Unterschenkel auskicken	30 m

F4 Trainingseinheit

Inhalt	Umfang
Aktive Fußgelenksarbeit 5 x oA – 5 x AüK – 5 x AzS	2 x 40 m
Fußgelenksarbeit auf Druck 5 x oA – 5 x AüK – 5 x AzS	2 x 40 m
Anfersen 2 x li – 2 x re	2 x 40 m

(Fortsetzung nächste Seite)

Inhalt	Umfang	
Kniehebelauf re	20 m	
KH li	20 m	
5 x AFG – 5 x KH	3 x 40 m	
Druckablauf	2 x 30 m	
Startsprung + Druckablauf	3 x 40 m	
Ausfallschritte	10 Stck	3x
Zugablauf	30 m	
Druckablauf	30 m	

F5 Trainingseinheit

Inhalt	Umfang	
Fußgelenksarbeit auf Druck	2 x 40 m	
Aktive Fußgelenksarbeit	2 x 40 m	
Anfersen	2 x 40 m	
Kniehebelauf jeden zweiten re jeden zweiten li	2 x 40 m	
5 x ANF oA – 5 x KH mA	2 x 40 m	
ANF mit horizontalem Oberkörper	2 x 40 m	
KH mit horizontalem Oberkörper	2 x 40 m	
Startsprung mit Druckablauf	3 x 30 m	
15 m Zugablauf – 10 m Kniehebelauf	4 x (Pausen 3–5 min)	
Steigerungen	5 x 60 m	
Kniehebelauf	40 m	3x
Schrittsprünge	30 m	

F6 Trainingseinheit

Inhalt	Umfang
Hopserlauf	1 x 40 m
HPL mit aktivem Fußgelenk auf Höhe	2 x 40 m
HPL mit AFG auf Länge	2 x 40 m
HPL mit AFG 5 x auf Höhe – 5 x auf Länge	2 x 40 m
Anfersen 3 li 3 re	2 x 40 m

Inhalt	Umfang
Kniehebelauf re	1 x 30 m
Kniehebelauf li	1 x 30 m
li ANF-KH-ANF-KH, re ANF-KH-ANF-KH mA	3 x 4 Zyklen
3 x KH re – 1 x ANF li – 3 KH re – 3 x KH li – 1 x ANF re – 3 x KH li	3 x 4 Zyklen
Zugabläufe	3 x 30 m
fliegende Sprints (aus der Bewegung – z. B. 10 m Anlauf)	30 m-60 m-30 m-60 m-30 m

F7 Trainingseinheit

Inhalt	Umfang
Aktiver Fußgelenkslauf	2 x 40 m
Fußgelenkslauf auf Druck	2 x 40 m
li AFG re FGD	2 x 40 m
li FGD re AFG	2 x 40 m
li Anfersen – re AFG	2 x 40 m
re ANF – li AFG	2 x 40 m
li Kniehebelauf re AFG	2 x 40 m
re Kniehebelauf li AFG	2 x 40 m
li KH re ANF	2 x 40 m
re KH li ANF	2 x 40 m
Stampflauf	2 x 20 m je Bein
Druckablauf (60%)	3 x 30 m
15 m Druckablauf auf Frequenz – 10m auf Schrittlänge	2 x (Pausen bis zu 5 min)
20 m Zugablauf – 15 m KH auf Frequenz (ohne Tempoverlust)	2 x (Pausen bis zu 5 min)
Kniehebegehen	2 x 40 m
Startablauf aus Kauerposition (90 %)	2 x 30 m
Ausfallschritte	10
Startablauf aus dem Stehen	2 x 20 m
Ausfallschritte	10
Zugabläufe	2 x 30 m
beidbeinige Hürdensprünge	5 x 6

F8 Trainingseinheit

Inhalt	Umfang
Fußgelenkslauf auf Druck 5 x mA – 5 x oA	3 x 40 m
Aktive Fußgelenksarbeit 5 x normal – 5 x mit gebeugten Knie	3 x 40 m
5 x AFG mit gebeugten Knie – 5 x FGD	3 x 40 m
5 X AFG – 5 x Kniehebelauf	3 x 3 Zyklen
KH 5 x mA – KH 5 x AüK	3 x 3 Zyklen
2 x KH re – 2 x KH li – 2 x ANF li – 2 x ANF re	3 x 3 Zyklen
Startablauf aus der Kauerposition	3 x 30 m
KH mit horizontalem Oberkörper	2 x 40 m
ANF mit horizontalem Oberkörper	2 x 40 m
Steigerung mit variabler Oberkörperhaltung	3 x 60 m
20 m fliegender Sprint – 10 m KH mit maximaler Frequenz	3 x (Pause bis zu 5 min)
10 m Start – 10 m locker – 10 m max. Sprint	2 x (Pause bis zu 5 min)
Einbeinsprünge	3 x 10 je Bein
Schritt- oder Laufsprung	3 x 10

Anhang

7

Literaturverzeichnis

Literaturverzeichnis

Bauer, H. U. & Schöllhorn, W. I. (1997). Self-organizing maps for the analysis of complex movement patterns. *Neural Processing Letters, 8*, 193–198.

Beckmann, H., & Gotzes, D. (2009). Differenzielles Lehren und Lernen in der Leichtathletik – ein Sprintexperiment im Sportunterricht. *Sportunterricht, 58, (2)*, 46-50.

Bennett, D. & Simmons, R. (1984). Effects of precision of knowledge of results on acquisition and retention of a simple motor Skill. *Perceptual and Motor Skills, 58*, 758–786.

Bergmann-Schäfer (1974). *Lehrbuch der Experimentalphysik. Band I: Mechanik, Akustik, Wärme*. In: H. Gobrecht (Hrsg.). 9. Aufl. Berlin.

Bernstein, N. (1967). The coordination and regulation of movements. London: *Pergamon Press*.

Binz, C. & Wenzel, J. (1987). Dem Training der Antrittsschnelligkeit mehr Beachtung schenken! *Fußballtraining, 8*, 3–9.

Czihak, G., Langer, H. & Ziegler, H. (Hrsg.) (1984). *Biologie*. Berlin: Springer.

Daugs, R., Blischke, K., Olivier, N. & Marschall, F. (1989). *Beiträge zum visuomotorischen Lernen im Sport*. Schorndorf: Hofmann.

De Marees, H. (1987). *Sportphysiologie*. Köln: Troponwerke.

Deutsch, A. (1994). *Muster des Lebendigen*. Wiesbaden: Vieweg.

Ekblom, B. (1986). Applied physiology of soccer. *Sports Medicine, 3*, 50–10.

Engelkamp, J. (1990). *Das menschliche Gedächtnis*. Göttingen: Verlag für Psychologie.

Fassmann, R. (1979). *Über den Zusammenhang zwischen Bewegungsbeobachtung und biomechanischer Bewegungsbeschreibung*. Frankfurt a. M.: unveröffentlichte Examensarbeit.

Fetz, F. (1987). *Sensomotorisches Gleichgewicht im Sport*. Wien: Österreichischer Bundesverlag.

Flechtner, H.-J. (1979). *Das Gedächtnis*. Stuttgart: Hirzel.

Förster, H. (1960). On Self-Organizing Systems and their Environment. In: M. C. Yovits & S. Cameron (Hrsg.), *Self-Organizing Systems* (31–51). London.

Fuchs, A., Kelso, J. A. S. & Haken, H. (1992). Phase transitions in the human brain: spatial mode dynamics. *International Journal of bifucation and chaos, 2*, 917–939.

Gerthsen, C., Kneser, H. O. & Vogel, H. (1989). *Physik* (16. Aufl.) Berlin: Springer.

Gorden, A. M., Huxley, A. F. & Julian, F. J. (1966). The variation in isometric tension with sarcomere length in vertebrate muscle fibres. *Journal of Physiology (London), 184,* 170–192.

Guttmann, G. (1982). *Lehrbuch der Neuropsychologie*. Bern: Hans Huber.

Haken, H. (1983). *Synergetics*. Berlin: Springer.

Hatze, H. (1986). Motion variability – its definition, quantfication and origin. *Journal of Motor Behavior, 18*, 5-16.

Hefti, F. & Morscher, E. (1985). Die Belastbarkeit des wachsenden Bewegungsapparates. Schweiz. *Ztschr. Sportmed., 33*, (77–84).

Hennig, E. & Podzielny, S. (1994). Die Auswirkungen von Dehn- und Aufwärmübungen auf die Vertikalsprungleistung. *Deutsche Zeitschrift für Sportmedizin, 45* (6), 253-260.

Hollmann, W. & Hettinger, T. (1980). *Sportmedizin – Arbeits- und Trainigsgrundlagen (2. Aufl.)*. Stuttgart.

Hotz, A. & Weineck, J. (1988). *Optimales Bewegungslernen*. Erlangen: Perimed.

Humpert, V., Schöllhorn, W. I., (2006) Vergleich von Techniktrainingsansätzen zum Tennisaufschlag. Alexander Ferrauti & Hubert Remmert (Hrsg.) *Trainingswissenschaft im Freizeitsport Symposium der dvs-Sektion Trainingswissenschaft vom 7.–9. April 2005 in Bochum*. Hamburg: Czwalina

Jaitner, T., Schöllhorn, W. I. & Ernst, H. (1999). Identification of individual muscle activation patterns. *International Society of Biomechanics*. Calgary, Canada.

Kandel, E. R., Schwartz, J. H. & Jessel, T.vM. (1991). *Principles of nerual science (3rd ed.)*. Englewood Cliffs NJ.

Keidel, W. D. (1989). *Biokybernetik des Menschen*. Darmstadt: Wiss. Buchges.

Kelso, J. A. S. (1995). *Dynamic patterns*. Cambridge: MIT Press.

Kittel, C., Knight, W. & Rudermann, M. (1979). *Berkeley-Physik-Kurs. Mechanik (3. Aufl)*. Braunschweig: Vieweg.

Knebel, H. P. (1985). *Funktionsgymnastik*. Reinbek: Rowohlt.

Komi, P. V. (1973a). Relationship between muscle tension, emg, and velocity of contraction under concentric and eccentric work. In: Desmedt, J. E (Ed.), *New Developments in Electromyography and clinical Neurophysiology* (596–606). Basel: Karger.

Komi, P. V. (1973b). Measurement of the force-velocity relationship in human muscle under concentric and eccentric contractions. In: *Medicine and Sport, Vol. 8 Biomechanics III* (224–229). Basel: Karger.

Komi, P. V., Kaneko, M. & Aura, O. (1987). EMG activity of the leg extensor muscles with special reference to mechanical efficiency in concentric and eccentric exercise. *International Journal of Sports Medicine, 8,* 22–29 Suppl.

Komi, P. V. & Bosco, C. (1978). Utilization of stored elastic energy in the leg extensor muscles by men and women. *Medicine and Science in Sport Exercise, 10,* 261–265.

Kornhuber, H. H (1978). Blickmotorik. In: Gauer, Kramer & Jung: *Physiologie des Menschen: Sehen, Sinnesphysiologie III*. München: Urban & Schwarzenberg.

Kuchenbecker, R. & Zieschang, K. (1992). Belastungsanalysen im Hallenhandball und Ableitungen für die Trainingsplanung. *Leistungssport, 3*, 31-37.

Kuhn, W. (1984). *Motorisches Gedächtnis*. Schorndorf: Hofmann.

Laskowski, W. & Pohlit, W. (1974). *Biophysik. Band I: Struktur, Energie, Information und Bausteine belebter Systeme*. Stuttgart: Thieme.

Letzelter, M. (1978). *Trainingsgrundlagen*. Reinbek: Rowohlt.

Maffuli, N. King, J. B. (1992). Effects of physical activity on some components of the skeletal system. *Sports Medicine, 13*, 393–407.

Marteniuk, R. (1986). Information process in movement learning: capacity and structural interference effects. *Journal of Motor Behavior, 18,* 55–75.

Marteniuk, R. & Romanow, S. (1983). Human movement organization and learning as reviealed by variability of movement, use of kinematic information and Fourier analysis. In: R. Magill (Ed.), *Memory and control of action*. Amsterdam: North-Holland.

Mezernich, M. M., Recanzone, G., Jenkins, W. M., Allard, T. T. & Nudo, R. J. (1988). Cortical representation plasitcity. In: P. Rakic & W. Singer, *Neurobiology of neocortex* (41–68). Wiley & Sons.

Miglioni, O., Lund, H. H. & Nolfi, S. (1995). Evolving robots in simulated and real environments. *Artificial life, 2, 4,* 417–434.

Montare, A. (1988). Further learning effects of knowledge of results upon time estimation. *Perceptual and Motor Skills, 66,* 579–588.

Montare, A. (1985). Learning effects of knowledge of results upon time estimation. *Perceptual and Motor Skills, 60,* 817–877.

Mücke, S., Hopstein, F. & Liesen,H. (1992). Laufkoordinationsschulung im Hockeytraining: eine Möglichkeit zur Verbesserung der Schnelligkeit? *Leistungssport, 4,* 20–22.

Murch, G. & Woodworth, G. (1978). *Wahrnehmung*. Stuttgart: Kohlhammer.

Mutch, B. J. C. & Banister, E. W. (1983). Ammonia metabolism in exercise and fatigue: a review. *Medicine and Science in Sports and exercise, 15,* 41–50.

Palfai, J. (1973). *Moderne Methoden im Fußballtraining*. Leipzig.

Pöhlmann, R. & Bernien J. (1981). Zur psychologischen Bedeutung von unterschiedlichen Informationsfrequenzen im motorischen Lernprozeß. *Theorie und Praxis der Körperkultur, 30,* 930–941.

Pollmann, D. (1993). *Muskuläre Beanspruchung im Mikrozyklus des Krafttrainings*. Köln: Sport Buch Strauß.

Ramella, R. (1984). Effect of knowledge of results on anticipation timing by young children. *Perceptual and Motor Skills, 59,* 519–525.

Rosen, R. (1970). *Dynamical System Theory in Biology*. New York: Wiley.

Schäfer, C. & Päßler, M. (1970). *Einführung in die theoretische Physik (7. Aufl.)*. Berlin: Walter de Gruyter.

Rosenbaum, D. & Hennig, E. M. (1997). Veränderung der Reaktionszeit und Explosivkraftentfaltung nach einem passiven Stretchingprogramm und 10minütigem Aufwärmen. *Deutsche Zeitschrift für Sportmedizin, 48* (3), 95-99.

Schewe, G. (1988). *Die Bewegung des Menschen*. Stuttgart: Thieme.

Schöllhorn, W. I. & Bauer, H. U. (1998). Identifying individual movement styles in high performance sports by means of self organizing kohonen maps. In: H. Riehle & M Vieten, XVI. *International Symposium on Biomechanics in Sports* (574–577). Konstanz: Universitätsverlag.

Schöllhorn, W. I. (1999). Individualität – ein vernachlässigter Parameter?. *Leistungssport,* 2, 5–12.

Schöllhorn, W. I., Frick, U. & Schmidtbleicher, D. (1990). Der Einfluß der Landetechnik im reaktiven Sprungkrafttraining auf biomechanische Kennwerte des Bewegungsverhaltens. In: G. P. Brüggemann & J. K. Rühl (Eds.), *Techniques in Athletics – The first international conference* (808–814), Cologne, June 7th-9th, 1990. Köln: Sport Buch Strauß.

Schöllhorn, W. I., Sechelmann, M. ,Trockel, M., Westers, R. (2004) Nie das Richtige Trainieren, um richtig zu spielen. *Leistungssport, 34 (5),* 13–17.

Schöllhorn, W. I., Stefanyshyn, D., Nigg, B. M. & Liu,W. (1999). Recognition of individual walking patterns by means of artificial neural nets. *Gait & Posture, 10,* 86.

Schöner, G. (1990). A dynamic theory of coordination of discrete movement. *Biological cybernetics, 63* 257–270.

Schönherr, T. & Schöllhorn, W. I., (2003) Differencial learning in Basketball. In: Schöllhorn, W. Bohn,C., Jäger, J., Schaper, H., Alichmann, M. (eds.): *Mechanics, Physiology, Psychology. First European Workshop on Movement Science*. Köln: Sport Buch Strauß.

Seiler, R. & Stock, A. (1994). *Handbuch Psychotraining im Sport*. Reinbek: Rowohlt.

Simkin, N. W. & Sologub, J. B. (1974). Die Bedeutung des Zentralnervensystems für die Koordination der Bewegungen. In: K. M. Smirnow, *Sportphysiologie*. Berlin: Volk und Gesundheit.

Singer, W. (1988) Ontogenetic self-organization and learning. In: J. L. McGaugh, N. M. Weinberger & G. Lynch (eds.), *Brain Organization and memory: Cells, Systems and Circuits*. New York: Oxford university press.

Thorhauer, H.-A. (1974). Der Einfluß von Information und Erfahrung auf dem Prozeß des motorischen Lernens. *Theorie und Praxis der Körperkultur, 23*, 70–77.

Tidow, G. (1983). *Beobachtung und Beurteiluung azyklischer Bewegungsabläufe*. Ahrensburg bei Hamburg: Czwalina.

Tittel, K. (1983). *Beschreibende und funktionelle Anatomie des Menschen*. Stuttgart: Gustav Fischer.

Tschacher, W. & Schiepek, G. (1997). Eine methodenorientierte Einführung in die synergetische Psychologie. In: G. Schiepek & W. Tschacher (Hrsg.), *Selbstorganisation in Psychologie und Psychiatrie* (3–33). Braunschweig: Vieweg.

Turvey, M. (1990). Coordination. *American Psychologist, 45*, 938–953.

Ungerer, D. (1977). *Zur Theorie des sensomotorischen Lernens*. Schorndorf: Hofmann

Upton, A. R. M., McComas, A. J. & Sica, R. E. P. (1971). Potentiation of 'late' responses evoked in musclec during effort. J. Neurol. Neurosurg. *Psychiatry, 34*, 699–711.

Upton, A. R. M. & Radford, P. F. (1975). Motoneuron excitability in elite sprinters. In: P. V. Komi (ed.), *Biomechanics* (82–87). Baltimore: University Park Press.

von Cube, F. (1982). *Kybernetische Grundlagen des Lernens und Lehrens*. Stuttgart: Klett-Cotta.

von der Malsburg, C. (1987). Synaptic plasticity as basis of brain organisation. In: J.-P. Changeux & M. Konishi (ed.), *The neural and molecular bases of learning*. Chichester: John Wiley & Sons.

Weber, K. & Gerisch, G. (1992). Schnelligkeitstest im Leistungsfußball. *TW Sport + Medizin, 4*, 120–126.

Wiemann, K. (1986). Die Muskelaktivität beim Laufen. *Leistungssport, 16 (4)*, 27–31.

Wulf, G. (1994). *Zur Optimierung motorischer Lernprozesse*. Schorndorf: Hofmann.

Zajac, F. E. & Gordon, M. E. (1989). Determining muscle's force and action in multi-articular movement. *Exercise and Sport Science Reviews*, 187–230.

Zanone, P. G. & Kelso, J. A. S. (1991). Relative timing from the perspective of dynamic pattern theory: stability and instability. In: J. Fagard & P. H. Wolff, *The development of timing control and temporal organization in coordinated action* (69–92). Amsterdam: North-Holland.

Peter Hurth: Diplomsportlehrer und seit 1985 Mitarbeiter beim Zentrum für Hochschulsport der Goethe-Universität Frankfurt am Main mit den Schwerpunkten Gymnastik, allgemeine Fitness und „Rollen und Gleiten" (Inlineskaten und Wintersport). Er war bis 1985 wiss. Mitarbeiter am Institut für Sportwissenschaften der Goethe-Universität Frankfurt in der Abteilung Sportpädagogik mit dem Arbeitsschwerpunkt Rhythmusschulung (Gymnastik, Tanz, Gerätturnen und Wintersport). Seit 1998 ist er am Institut für Sportwissenschaften der Goethe-Universität Frankfurt Fachbereichsleiter (Modulkoordinator) für das Bewegungsfeld „Fahren-Rollen-Gleiten" und seine Lehrtätigkeit umfasst die theoretische und praktische Ausbildung von Magister-, Bachelor- und Masterstudierenden in den Fächern Inlineskaten und Wintersport.

Luis Mendoza: MA-Sportwissenschaften, 1987-1998 wissenschaftlicher Mitarbeiter am Institut für Sportwissenschaft der Universität Frankfurt, Arbeitsbereich Biomechanik, Promotion 1992 in Biomechanik, seit 1988 trainiert er u.a. Leichtathleten, Hockeyspieler/-innen nationalen und internationalen Spitzenklasse. Seit 1997 wissenschaftlicher Mitarbeiter am Olympiastützpunkt Frankfurt im Bereich Leistungsdiagnostik/Trainingssteuerung mit Schwerpunkt in den Sportarten Leichtathletik, Ringen und Hockey.

Erik Donner: studiert Sportwissenschaften und Informatik an der Universität Mainz. Wissenschaftliche Hilfskraft im Arbeitsbereich Trainings- und Bewegungswissenschaft. Aktiver Leichtathlet im Mittel- und Langstreckenbereich.

Fotomodelle: **Oliver Schulte-Mäter,** ehem. Deutscher Jugendmeister 200m, JEM und JWM Teilnehmer.

Ralph Schumacher, ehem. nationale Spitzenklasse der Jugend 400m Hürden.

Hendrik Beckmann, wissenschaftlicher Mitarbeiter im Arbeitsbereich Trainings- und Bewegungswissenschaft der Universität Mainz. Promotion im Bereich motorisches Lernen. Von 2002 - 2008 Leichtathletiktrainer im Schüler- und Jugendbereich mit Endkampfteilnehmern, Platzierungen und Titeln bei Westfälischen, Westdeutschen und Deutschen Meisterschaften. Ehemals Stützpunkttrainer Wurf für den FLVW (Kreis Münster-Warendorf) und Fördertrainer Mehrkampf (LG Ratio Münster). Ehemaliger Leichtathlet (u.a. mehrfacher Vize-Niedersachsenmeister mit der Zehnkampf-Mannschaft).